本成果受到中国人民大学

"中央高校建设世界一流大学（学科）和特色发展引导专项资金"支持

明|德|群|学
总主编 ◎ 冯仕政

明德群学
社会治理与社会政策
陈那波 主编

Using Real Case Scenarios
in Teaching Social
Work with Children

儿童社会工作
教学案例

祝玉红 ·········· 主编

中国人民大学出版社
· 北京 ·

总　序

　　一八九五年，其时之中国，积弱不振，在甲午战争中节节败退。作为中国第一批留学生中的一员、北洋水师学堂的总教习，严复先生对国事深感痛惜，扼腕奋舌，发表《原强》一文，文中先谈达尔文进化论的思想，后论斯宾塞的社会学原理。在文中，严复首次使用"群学"概念翻译"sociology"一词，该概念借自荀子"人之所以异于禽兽者，以其能群也"，严复称群学之中心为"人伦之事"，认为斯宾塞之群学"约其所论，其节目支条，与吾《大学》所谓诚正修齐治平之事有不期而合者"，而《大学》中言，"诚、正、修、齐、治、平"为"明德"之道，所以，"明德群学"在社会学引入中国之始，便已是题中应有之义，严复先生所论之群学，也从一开始就和国家强盛之道关联在一起。严复先生从洋务运动的失败进而思考国家强盛的根本，认为国家富强之道在于鼓民力、开民智及新民德，此三者为强国之本。

　　一八九七年起，严复先生陆续翻译了英国社会思想家斯宾塞《社会学研究》一书中各篇，一九〇三年结集出版时取译名为《群学肄言》。该书是斯宾塞关于社会学的奠基性作品，主要讨论社会学的基本方法论问题，从日常的生活现象开始，分析社会现象为什么需要科学的研究，回答社会学能否成为科学，鼓励人们摆脱以"上帝""伟人"视角来对社会做出解释的习惯，从中抽离和"祛魅"。在该书中，斯宾塞分析了社会现象的特性以及开展针对社会现象之科学研究的困难，系统地阐述了可能影响社会现象之研究结果的各种因素。对于严复先生而言，尽管斯宾塞之群学和中国圣贤之论有不期而合者，但斯宾塞所论述的群学是成体之学，是有体系的科学新理。严复表明他的翻译及论著均旨在以西方科学新理重新解释中国过去治乱兴衰的根源，并据此提出其救亡经世之方，所谓"意欲本之格致新理，溯源竟委，发明富强之事"。

　　时至今日，距严复先生发表《原强》一文，已然一百多年，斗转星移，沧海桑田，中国的社会发生了翻天覆地的变化：中国建成了世界上规模最大的教育体系、社会保障体系、医疗卫生体系，全体人民摆脱绝对贫困，生活全方位改善，人均预期寿命、人均受教育程度、居民人均可支配收入均持续提高，严复先生一百多年前的强国梦想，已经在一代一代中国人的努力下阶段性地实现。当然，我们仍然面临新的问题，人民日益增长的美好生活需要和不平衡不充分的发展之间的矛盾仍然存在，城乡和区域间的发展差距仍然显著，人口增长开始步入下降通道，未富先老问题正在显现，实现高质量的发展仍需努力。挑战总在不断出现，有些是中国所独有的，也有些是人类所共同面对的，在斯宾塞先生的故乡——英国，也产生了众多斯宾塞不曾预料到的问题：移民无序涌入、政治分裂、社会福利不公、社会流动困难等等。全球共此凉热，人类社会迎来了日新月异的技术变化，唯对我们自身的了解和研究并没有迎来同等水平的提高和进步，社会学研究也因此依然任重道远。

中国人民大学的社会学学科肇基于中国人民大学的前身——陕北公学（1937 年），社会学系是陕北公学首创的五个学系之一，且为当时招生规模最大的学系。1950 年中国人民大学命名组建后，陈达、李景汉、吴景超、赵承信、戴世光、陈文仙、全慰天等一大批老一辈社会学家来中国人民大学工作，为中国人民大学社会学学科的发展建立了优良的传统，奠定了坚实的基础。在改革开放新时期，以郑杭生、刘铮、邬沧萍、沙莲香为代表的社会学家，带领广大师生高举建设"中国特色社会学"的旗帜，面向国民经济和社会发展需要，扎根中国大地，一代接力一代开展学科建设，中国人民大学社会学逐渐发展为二级学科门类齐全，师资力量雄厚，培养体系完整，在学科建设、科学研究、人才培养、资政启民等方面均具有重要影响的中国社会学教学和研究重镇。

2022 年 4 月 25 日，习近平总书记在中国人民大学考察时强调"加快构建中国特色哲学社会科学，归根结底是建构中国自主的知识体系"。中国正在经历一个伟大的时代，面对百年未有之大变局。伟大的时代将会催生伟大的作品和伟大的理论，社会学有着更大的责任去发挥学科所长，深入调研和了解中国，以中国之实践滋养中国之知识、中国之理论，建构中国之自主知识体系。

为进一步推动中国社会学学科发展，服务中国社会建设和社会治理实践，中国人民大学社会学学科组建"明德群学"丛书系列。丛书暂设以下分系列：

"中国社会变迁"丛书，由李路路教授主编；"中国社会学史论"丛书，由奂平清教授主编；"社会治理与社会政策"丛书，由陈那波教授主编。"明德群学"丛书系列将有组织地汇集社会学一级学科下众多优秀作品，聚焦中国社会建设和社会治理的伟大实践，聚力推进中国式现代化进程，致力构建中国社会学自主知识体系，以"群学"求"明德"，为实现中华民族伟大复兴的中国梦做出学科应有的贡献。

序 言

2008 年 12 月，我跟随北京大学马凤芝老师带领的团队奔赴四川的德阳。汶川地震后，在德阳有中国社会工作教育协会组织的社会工作院校对口支援的中小学学校社会工作项目，我们去做项目评估。

学生和老师们还在简易房中上课，甚至还有从异地搬迁来的学校师生仍住在简易房中。所到之处仍能见到倒塌或墙体开裂的原教学楼。虽然地震过去了 7 个多月，但我仍然能够感受到它对校园生活的巨大冲击和影响。这次评估给我印象最深的是，有一半的学生表示，如果没有项目所提供的服务，自己就不能顺利度过 9 月开学以来的这段时间。受访学生说："社工老师让我想通了以前想不通的问题。""同学看我很轻松，但我心里不舒服，压抑。（现在）心里舒服，做事也顺手。"那些建在板房里的社会工作站成了学生可以信赖的度过艰辛时光的地方。当时的儿童社会工作还处于起步阶段，但已经充分彰显了它宝贵的社会价值。

15 年之后，当我阅读这本新鲜出炉的《儿童社会工作教学案例》时颇为感慨、感动，我看到了儿童社会工作在过去的这些年中的高速发展，它已经成为守护孩子童年幸福的重要专业力量，不仅工作场域大大拓展，而且发展出了具有中国特色的服务手法，在专业化程度上有了质的飞跃。

教学案例的第一要义是真实。这本书的教学案例均来自一线社工的直接经验，都是对真实事件的叙述。案例的背景描述，事件所处的人、事、时、地、物等时空架构，呈现了其所在的具体社会情境和文化脉络，从中可以看到儿童社会工作的多面性和复杂性，社工要应对的都是鲜活的现实问题，时常会出现教科书上没有写、学术论文里没有讲的情况，要在"非标准化"条件下开展工作。这让我想起看过的深圳大学易松国老师的一篇论文，题为《社会工作认同：一个专业教育需要正视的问题》。其中的数据显示，社会工作专业本科四年级学生未来不愿意从事社会工作的比例显著高于本科一年级学生，远高于本科三年级学生。大学里的专业实习大多安排在本科三年级，接触真实的服务对象和场域使课堂中营造的神圣的专业服务光环消失了，所带来的冲击和无力感常常是学生对未来从事社会工作望而却步的重要原因之一。如何直面错综复杂的从业环境，并在其中发挥专业所长，实现理想抱负，本书的案例非常有启发性。

作为教科书，本书的另一个宝贵之处是它的多样性。它呈现了在个人、家庭、学校直到社区和社会政策各个层面开展儿童社会工作服务可以采取的切入点，也带来了从不同相关方角度看待儿童需要的视角。除此之外，本书中还描述了儿童社工要面对的多种多样的情境：从突然之间少小失依的危机、智力障碍儿童复杂的行为问题到探索建立完善县域儿童福利体系、城市流动儿童安全社区营造等等。丰富的儿童社会工作实践案例不仅尽可能地展现了儿童社会工作的全景图，而且描述了多种社会工作干预方法，为全面学习和掌握儿童社会工作的实践方法提供了丰富的养料，同时也为更好地探索和打磨儿童社会工作专业技能提供了有价值的素材。

特别值得一提的是，本书描述了在我国特定的社会体系、组织架构和文化传统等背景因素的共同作用之下，社工如何做开创性工作，如何把国内外儿童发展的研究成果转化为地方实践。每个案例都让我们看到具有中国特色的儿童社会工作的面貌。这对于建立中国独特的儿童社会工作知识体系、造福千千万万的儿童，非常有意义。

期待这本书被广泛用于儿童社会工作的教学之中，也期待受这些案例启发的老师和学生能成为儿童福祉强有力的保护者、儿童健康成长卓有成效的促进者。

隋玉杰
2024 年 4 月 24 日

目　录

上篇　儿童社会工作实务

下篇 儿童保护政策实践

案例六 儿童福利体系建设的县域实践

赵记辉 王晴晴

上篇

儿童社会工作实务

案例一 ｜ 孤儿危机介入与监护安置服务

雷　杰　黄结笑　董沛兴①

摘要：孤儿是民政部门儿童福利和社会救助业务重点关注的对象。本案例的目的是探讨在重大危机情况下，社会工作是如何依托未成年人保护体系，开展困境儿童的危机评估和安置干预工作的。面对一名因家庭变故而丧亲的孤儿，社工在深入分析孤儿的危机困境、正式与非正式支持系统后，以危机介入模式、社会支持理论为支持，因应危机发生、应对、解决、恢复等四个阶段制定重点干预方案，不但有效地解决了孤儿临时无人照料的危机，落实了长期监护的安排，还成功地重建了孤儿的社会支持系统，并帮助其顺利适应福利院的新生活。

关键词：儿童福利　监护安置　社会工作　社会支持　危机介入

第一节　案例

一、案例背景

孤儿、事实无人抚养儿童是国家民政部门的重点兜底保障群体。民政部公布的数据显示：截至 2022 年，全国孤儿数量为 15.8 万人，其中儿童福利机构养育的孤儿为 4.7 万人②，事实无人抚养儿童达 35.1 万人③。

---

① 雷杰，南京大学社会学院教授。黄结笑，广州市启创社会工作服务中心儿童服务总主任。董沛兴，广州市启创社会工作服务中心执行总监。

② 2022 年民政事业发展统计公报.（2023-10-13）[2024-07-01]. https：//www.mca.gov.cn/n156/n2679/c1662004999979995221/attr/306352.pdf.

③ 民政部举行二〇二二年第四季度例行新闻发布会.（2022-10-31）[2024-07-01]. http：//smzt.gd.gov.cn/mzzx/qgmz/content/post_4037722.html.

广东省人民政府 2016 年将困境儿童划分为五种类型，包括孤儿、自身困境儿童、家庭困境儿童、安全困境儿童以及临时困境儿童[①]。这些类型的困境儿童均呈现出相似的特点，即：由于各种原因，他们无法完全依赖家庭帮助他们妥善地应对日常生活中的各种风险；如果未能得到及时的外部支持，那么他们基本的生存权、受保护权、发展权、参与权不仅仅无法得到保障，甚至会有进一步恶化的可能。因此，如何为困境儿童建立一个多方合力、稳定有效的未成年人保护网，是目前全社会迫切需要解决的问题。

（一）江门市蓬江区儿童福利工作概况

本案例发生在广东省江门市蓬江区。该区地处江门市东北部，辖区面积为 324 平方公里，属于江门市的中心城区，下辖 3 个镇和 3 个街道。《2021 年江门市蓬江区国民经济和社会发展统计公报》显示：2021 年年末，全区常住人口达 86.57 万人，户籍人口为 53.33 万人[②]。全区民政集中供养孤儿 40 人，散居孤儿 14 人，困境儿童和农村留守儿童共 600 余人。

2020 年以来，蓬江区民政局践行"我为群众办实事"，坚持"民政为民、民政爱民"理念，落实兜住基本生活保障底线，加强儿童福利政策有机衔接，严格落实儿童巡访制度，出台儿童福利新政策，完善儿童福利服务体系，定期举办基层儿童工作队伍培训，成立未成年人保护工作领导小组，推进区级未成年人救助保护机构建设，大力促进蓬江区儿童福利事业高质量发展[③]。

（二）江门市蓬江区儿童福利指导中心概况

2020 年，蓬江区成立区级儿童福利指导中心（以下简称"指导中心"），是区内首个聚焦困境儿童服务的综合性场所。指导中心以健全区内农村留守儿童关爱服务和困境儿童保障工作为目标，依托辖区内的基层儿童工作队伍，充分发挥社工机构的专业力量，纵向打造区、镇（街）、村（居）三级关爱保护工作

---

① 广东省人民政府关于加强困境儿童保障工作的实施意见 .（2016-12-14）[2024-04-04]. http：//www. gd.gov.cn/gkmlpt/content/0/145/post_145649.html#7.
② 2021 年江门市蓬江区国民经济和社会发展统计公报 .（2022-05-07）[2024-04-04]. http：//www.pjq. gov.cn/zwgk/tjxx/tjnb/content/mpost_2597774.html.
③ 携手关爱 助力成长：推进全区儿童福利事业高质量发展 .（2021-09-10）[2024-04-04]. http：// www.pjq.gov.cn/jmpjqmzj/gkmlpt/content/2/2411/post_2411152.html#629.

网络，横向发挥多部门的联动协调与社会资源整合的优势作用，着力形成"家庭尽责、政府兜底、部门联动、社会参与"的互动式服务保障平台。此外，指导中心还通过政府购买服务的方式，引入第三方社工机构——广州市启创社会工作服务中心，配备5名专业社工，具体落实相关的救助保护工作和关爱服务。

（三）江门市蓬江区孤儿的特点

2021年6月至11月，指导中心与机构社工对全区600余名困境儿童和农村留守儿童开展了关于服务需求的调研。针对当中的40名集中供养孤儿和14名散居孤儿，本次调研采取问卷调查和入户访谈等方式了解了他们的需求。结果显示，蓬江区孤儿均能得到基本的生活保障，但在以下三方面具有迫切的需求。

1.孤儿通常没有及时得到丧亲创伤处理

约50%的孤儿在年幼时经历家庭变故，尤其是父母因病或意外离世对他们的心理影响较大。如果在早期没有对孤儿进行心理疏导，给他们提供支持，他们就很容易产生心理困扰，从而影响其对生活、学习、人际交往、未来发展等方面的态度。

2.部分孤儿因缺乏正向引导而产生偏差行为

调研发现，部分散居孤儿因其监护人的教导方式有问题，出现了辍学、沉迷网络的情况，甚至经多方介入后仍未能得到完全解决。

3.孤儿普遍存在对学业帮扶和生涯规划的需求

大部分散居孤儿由祖辈照顾，但祖辈在访谈中多表示存在孩子学习兴趣不足、祖辈辅导课业困难等问题。而生活在市福利院的14～18岁孤儿，很快面临升学甚至进入社会的情况。由于长期处于院舍生活，他们对于未来学业和职业等方面的规划有较大的需求。

二、服务过程

（一）个案背景

小华（匿名），13岁，是一个正在读初三的男生。处于青春期的他，在充满朝气的同时带有一点叛逆，喜欢运动、与人交流，但也曾有在好朋友偷窃时把风的行为。2021年11月，一次家庭纠纷变故让他一夜间变成了孤儿。在小华承受丧失双亲的痛苦时，小华的亲属皆不愿意成为其监护人。

在核实小华的情况后，区民政局高度重视并让指导中心开展紧急介入。小华在居委会工作人员的陪同下来到指导中心接受临时监护。驻指导中心社工为小华提供紧急评估、心理支援、生活照料等服务。

（二）个案预估

社工在接案后，首先开展了对基本信息的收集工作，其内容包括：个人基本情况，包括健康、教育、行为规范、生活保障、家庭监护等方面；朋辈、家庭、学校、社区等社会支持情况；学校、居委会、公安以及其他部门已介入的情况。随后，社工结合个人访谈和问卷调查等方法，对小华开展全面的预估，内容和结果如下。

1. 风险程度，重点了解小华生活保障、家庭监护等方面的情况

小华因家庭变故、双亲一夜离世，暂处于无人监护照料的情况。同时，小华丧亲的哀伤、愤怒等情绪，急需疏导。小华亦有厌学情绪，并自初中以来受到不良朋辈的影响，曾经有帮助盗窃团伙把风的偏差行为，需要提防因家庭变故而使偏差行为加剧的可能性。

2. 受伤害程度，重点了解小华的生理和心理方面的情况

小华身体状况良好，但双亲离世对其心理造成了巨大的创伤。同时，小华的亲属因为各种原因，都表示无法接手抚育小华，这让小华再一次遭受"遗弃"的打击。

3. 社会支持程度，重点了解朋辈、学校、居委会、民政部门等提供的支持

在事件发生后，区民政局领导、社区儿童主任、驻指导中心社工及时介入本案；几个同小华从小玩到大的朋友也很主动地关心小华。

4. 亲属意愿，重点了解亲属接手抚育小华的想法

在小华父母去世当晚，小华的奶奶和姑姑不愿接听居委会的电话，拒绝协助照顾小华，导致小华只能被临时安排在派出所居住。

从上述预估报告可以看出，小华处于无人监护及照料的危机当中，且有明显的哀伤情绪。社工认为小华处于最高危等级的困境，需要迅速为其提供专业

的服务。

（三）介入方向

根据以上分析，社工厘定了介入小华案例的介入方向，具体如下。

1. 监护与照料

小华因家庭变故而处于无人监护的状态，社工需通过临时监护为他提供生活保障，同时要从最有利于未成年人的原则出发，为其制订长期监护安置的计划。

2. 情绪疏导

小华遭遇突如其来的家庭变故，社工需要通过哀伤辅导疏导小华的哀伤、愤怒等情绪。

3. 教育保障

小华需要面对生活安排的变化，如未来的居住地、上学地点等。社工需与教育部门、目标学校保持联络，确定小华后续的返校安排。

4. 偏差行为纠正

由于小华存在一定的偏差行为，因此社工需帮助其树立正向的行为观念，重新发展正面的朋辈关系，避免小华因朋辈压力而再次出现偏差行为。

5. 社会支持

双亲的离世和亲属支持的薄弱，意味着小华需要建立新的社会关系。

（四）介入过程

1. 介入目标

社工按照危机介入模式和社会支持理论，制定了以下服务目标：

第一阶段（危机发生阶段）：

确保生活保障，提供临时庇护。在小华暂未确定未来去向时，通过指导中心的临时监护职能，保障其基本生活。

第二阶段（危机应对阶段）：

哀伤处理及输入希望。小华遭遇突发的危机，社工为小华提供情绪疏导和心理支持，帮助小华恢复原来的状态，重拾对生活的信心。

第三阶段（危机解决阶段）：

提供支持，重建社会支持系统。通过多方沟通，确定小华后续的长期监护安置，同时加强小华的亲属、朋友对小华的支持。

第四阶段（危机恢复阶段）：

恢复自尊心和培养自主能力。社工结合此次危机事件，不断与小华一起进行总结，肯定小华在克服困难的过程中所表现出来的长处。

2. 具体介入过程

第一阶段（危机发生阶段）：

接案后，区民政局迅速成立危机介入工作小组，选取儿童福利股室的工作人员为组长，负责统筹工作；选取指导中心的男性社工负责对小华的生活照料，并开展个案工作；选取指导中心的多名社工负责与各级民政部门、居委会、小华的亲属协调跟进事宜。

小华在进入指导中心接受临时庇护后，全程由同性社工跟进陪伴。尤其是第一天，小华哀伤情绪明显，同时因为进入陌生环境的缘故，防备心较强。社工通过真诚陪伴和耐心倾听，迅速与小华建立了专业关系并开展了个案预估。第一天晚上，小华就可以与社工进行深入交谈，愿意表达自己对妈妈的思念，并有哭泣的情况，情绪得到了宣泄。

第二阶段（危机应对阶段）：

随后两天，社工继续利用哀伤辅导的方法，帮助小华发泄负面的情绪，使其情绪由低落、难过转向较为积极。同时，社工还发动小华的多个好朋友每天与其进行电话或者视频联系；朋友们的支持给予小华很大的鼓励，其哭泣的次数以及与人交谈的次数明显增加。

为了协助小华逐渐恢复正常生活，社工通过与小华订立每日的学习、娱乐、运动等活动的时间表，让小华逐渐适应在指导中心的生活。其后，社工陪伴小华拿着妈妈的遗物到殡仪馆送别妈妈，帮助小华表达对妈妈的情感和思念。至此，小华的整体情况明显好转，更愿意主动提及有关妈妈的事情。

第三阶段（危机解决阶段）：

（1）多方协调，解决监护问题。

区民政局作为当地未成年人保护工作的牵头部门，推动区未成年人保护工作领导小组马上召开多部门联席会议，共同讨论小华的长期监护问题。从最有利于未成年人的原则出发，联席会议制定了两套方案：一是由民政工作人员、社区儿童主任、社区儿童督导员、派出所干警、妇联主任、社工等一起动员小华的亲属担任监护人；同时，民政部门要做好社会救助的保障工作，教育部门要针对小华的就学做好支持，社工要与心理专家联合跟进小华的心理状况。二是由市福利院直接进行长期监护的兜底保障。

（2）开家庭会议，做亲属抚养动员。

在联席会议结束后，民政工作人员、社区儿童主任、社区儿童督导员、派出所干警、妇联主任、社工等迅速奔赴小华家所处的居委会，分别与小华的姥爷、舅舅、姨妈开家庭会议。但这些亲属最终因为各种原因，无法提供长期的监护照顾支持。

（3）提高小华亲属的沟通技巧，重建小华的家属支持系统。

尽管没有亲属能够或者愿意履行监护职责，但社工仍然希望这些亲属可以通过线上或探视等形式保持与小华的联系，给予小华情感上的支持。例如在服务过程中，社工通过与小华的姨妈进行面谈，倾听其难处，与之同理，并协助其学习与小华的沟通技巧。

第四阶段（危机恢复阶段）：

（1）开展转院的心理引导，增强亲属的关爱支持。

由于第一套由亲属抚养的方案无法实施，因此小华需要按照第二套方案在临时监护的第三天后，转至市福利院接受集中抚育。社工安抚好小华的失落情绪，同时正面引导小华看到民政部门日后会照料好他的健康成长，他的亲属也会继续关心他。随后，社工通过与居委会的沟通，安排小华与其亲属进行道别，并让其亲属承诺会保持与小华的联系。

（2）进行适当的入院适应准备，增强小华的自我控制感。

入院前，社工与市福利院的社工做好了充分的对接准备，清晰地说明了小华目前的情况，并为小华争取了一个专门的养育员帮助其更好地进行过渡。同时，社工也通过照片提前向小华介绍了市福利院的生活和学习环境，帮助小华提前做好入住的心理准备。而且，社工还与小华商量宿舍床位的布置，提升小华对布置新居住环境的参与感。

入院时，社工和居委会工作人员陪同小华来到了市福利院，协助小华办理了入住手续，并再次结合小华的情况与市福利院进行沟通，同时鼓励小华表达自己对福利院生活环境的困惑。

（3）促进小华的院舍生活适应和融合，增强小华的自尊和自主能力。

入院后，市福利院社工接手小华的个案。头几天内，社工全面了解了小华的需求，缓解了其焦虑的情绪。随后，社工不但与小华共同制定了一份院舍生活作息表，还邀请小华负责图书馆整理工作，提升其自我效能感。小华非常开心地接受了社工所布置的任务，尤其对图书馆整理工作感到非常自豪，找到了自己在新生活环境中的价值。社工继续结合小华的长处，让小华担任宿舍管理员，负责管理两名年纪更小的孩子，督促他们整理、清洁自己的房间——他们在小华的督促下甚至获得了院舍"清洁小能手"的称号。

（4）提供定期的心理监测与辅导，及时给予适当的社会支持。

在入院的首个周末，市福利院邀请了国家二级心理咨询师来对小华进行个案预估，结果没有发现小华具有较高程度的心理危机。因此，市福利院决定由社工开展日常的个案跟进。

在后续的哀伤辅导中，社工继续帮助小华表达哀伤和思念，例如陪同小华办理父母的身后事、鼓励小华通过整理父母的遗物来进行告别、在情绪低落的时刻陪伴小华等。

（5）保障小华就学和接受教育的权利，拓展小华的社交网络。

为了避免小华再受原来不良朋辈的影响，在咨询小华的意愿以及经过多部门的协调后，小华在市福利院附近的学校就近入读。首先，通过市福利院社工与新学校的积极沟通，学校安排了一名温和健谈、成绩较好的学生与小华同桌。其次，社工引导小华学会与他人相处，例如遇到同学询问其家庭状况时，可根据自己的想法回答，不要因自己的"身份"而自暴自弃。再次，市福利院社工为小华链接了院内老师和志愿者，帮助他在放学后复习功课，使他在学习上得到了支持和帮助。最后，市福利院社工经常带小华到篮球场上进行运动，也鼓励他与院内其他孩子一起跑步、跳绳等，以增强其社交网络，使其更快地融入院舍生活。

（6）帮助小华提前开展生涯规划，积极为未来人生做好准备。

随着时间推移，小华还有一个学期就要参加中考。市福利院社工对小华进行了霍兰德职业测试，使其全面认识自己的兴趣、性格、能力等。通过以上分析，小华更加明确了自己的目标，并面向护理或汽修等职业规划自己的未来。

三、服务成效

通过访谈、观察等方法，社工从危机解除、监护安置、院舍生活、偏差行为纠正、生涯规划、社会支持等方面进行成效评估，情况如下：

（1）在危机解除方面，社工在民政部门的支持下，及时提供临时庇护服务，解决了小华无人照料的危机。

（2）在监护安置方面，通过多部门联席会议，妥善处理了小华长期监护的问题，决定由市福利院为他提供良好的监护和生活照料。

（3）在院舍生活方面，在社工持续的支持和鼓励下，小华通过参与院内义工活动和接受情绪疏导，已适应院舍"大家庭"的生活。

（4）在偏差行为纠正方面，小华通过学习朋辈交往技巧，已经能很好地处理与院内孩子和在校同学之间的关系，不再与过往的不良朋辈有所联系并出现偏差行为。

（5）在生涯规划方面，通过社工的分享和引导，小华也明确了自己要当一名技术人员的职业规划方向，一改过往厌学的态度，积极为中考做准备。

（6）在社会支持方面，通过社工的引导，小华的姨妈和舅舅能够时常与小华进行线上沟通；学校安排了合适的同学对小华进行陪伴；居委会则通过定期的联系，对小华的情况进行回访追踪。

四、总结反思

（一）清晰的干预流程能有效地提升危机介入的效率

困境儿童危机的发生往往十分突然，其问题的严重性也可能是非常严重，因此迫切需要一个清晰的干预流程作为跟进指引。在本案例中，社工按照相关流程，快速地成立了工作小组，开展个案的资料收集和评估。这不但对妥善解决个案的危机起到了关键的作用，还为专业同行提供了可供借鉴的宝贵经验。

（二）多方参与和支持对解决复杂的困境儿童个案起着至关重要的作用

在本案例中，社工践行社会支持理论。在正式支持方面，充分调动民政部门、指导中心、市福利院、居委会、学校等部门、组织的支持；在非正式支持方面，重建亲属、朋辈等支持系统。事实证明，只有正式支持与非正式支持有机结合，未成年人保护工作才会得到更好的保障。

（三）打破部门界限壁垒，共建未成年人保护网络

随着未成年人保护工作的推进，跨部门联动协作显得越发重要。社工在开展工作前要厘清政府各职能部门和各群团组织的工作范畴和权限，这样才有可能在介入时借助民政部门的统筹角色，精准、有效地促进各部门、各组织的主动参与，最终形成合力为困境儿童解决问题。

第二节 教学手册

一、教学目标与案例用途

（一）教学目标

加强学生对危机介入模式的理论和实务的学习；加深学生对重大危机下儿童的心理特点和需求的了解；促进学生对监护安置工作机制的掌握；引发学生对当前我国未成年人保护政策和实务的思考。

（二）适用对象

本案例适用于社会工作专业硕士研究生。

（三）适用课程

本案例适用于"个案社会工作""高级社会工作实务""社会工作行政"等课程。

二、启发思考题

本案例中的启发思考题将结合教学目标提出，需要学生在课前查阅相关知识以及与本案例相关的信息。

（1）什么是危机介入模式？危机介入模式有几大原则？处于危机中的个体一般会有什么特征和身心反应？危机介入对社工的要求是什么？

（2）面对成长过程中的重大变故，儿童会有哪些心理和行为特点？他们会有哪些方面的需求？社工一般要从哪些方面来评估他们的需求？

（3）目前我国是如何开展针对困境儿童的监护安置工作的？这些制度安排对未成年人起到了怎样的保护作用？

（4）我国推进未成年人保护工作的发展历程是怎样的？目前我国未成年人保护工作涉及哪些法律、政策、法规？

（5）社工参与未成年人保护工作，可以扮演什么角色？在开展未成年人保护相关工作时，社工可能会碰到哪些困难与挑战？

三、分析思路

本案例涉及社会工作如何介入一个遭遇家庭重大变故而成为孤儿的危机个案。根据不同课程的需求，可从以下两方面进行案例分析。

（一）"个案社会工作""高级社会工作实务"

以危机介入模式为主线，分析危机事件对个体所产生的影响；学习危机介入的目标、原则及步骤；结合服务对象的特征和需求，学习危机介入的微观技巧；学习如何评估和分析遭遇危机事件的服务对象的社会资源，以及如何对这些资源进行整合。

（二）"社会工作行政"

以我国未成年人保护工作体系为主线，了解相关法律、政策；掌握具体的工作机制和工作指引；了解社工在未成年人保护工作中的角色、功能及其面对的挑战。

四、理论依据与分析

（一）危机介入模式

本案例主要运用的介入理论为危机介入模式。其主要目的是减轻危机事件对服务对象所产生的负面影响，协助服务对象解决其正面临的困难和危机，恢复正常的应对机制，并通过对本危机事件的有效应对，进一步提高其适应现实生活的能力。

1. 危机的定义

危机是指一个人因正常生活受到意外危险事件的破坏而陷入身心混乱的状态①。危机事件分为两种，一种是普通生活经历的危机，另一种是特殊生活经历的危机。普通生活经历的危机往往与升学、工作、恋爱、生子等相关，是每个人在成长过程中都可能遭遇的；特殊生活经历的危机是特殊人群遭遇的困难，如家庭破裂、自然灾害和战争等。当服务对象经历的事件超出服务对象的能力

---

① 王思斌.社会工作综合能力（初级）.北京：中国社会出版社，2010：128.

范围，而且会阻碍服务对象目标的实现、引发服务对象心理失衡时，这些事件就可被认定为危机事件[①]。

2. 危机的四大发展阶段

第一阶段：危机发生。

危机发生阶段是个体遭遇危机的最初阶段。随着危机事件的出现，个体生活压力剧增，生产和生活受到干扰，开始感觉到无法抑制的紧张或者不安。

第二阶段：危机应对。

这一阶段，个体开始运用自身已有的经验尝试解决危机。个体如果解决危机不成功，就会面对极度的困扰。如果危机事件涉及家庭，那么还会导致家庭关系紧张或家庭破裂。

第三阶段：危机解决。

在此阶段，服务对象开始调整自己的行为方式，寻找适应环境的方法和解决问题的新方法；但服务对象也有可能消极应对，用逃避的方式，停止解决这个问题。

第四阶段：危机恢复。

在此阶段，服务对象会从混乱的生活中重拾自信，恢复正常生活，寻找到新的身心平衡状态。如果危机事件涉及家庭，那么此阶段还会出现家庭关系的重建[②]。

3. 危机介入的基本原则

（1）及时处理。社工要及时接案，接案后要及时处理，尽可能减少危机事件对服务对象及周围他人的伤害。

（2）限定目标。社工要将有限的时间和精力集中在有限的目标上，以危机调适和危机治疗为首要目标。

（3）输入希望。社工要为处于迷惘、无助和失望状态中的服务对象输入希望，帮助服务对象找回行动的动力。

（4）提供支持。社工要充分利用服务对象的资源为其提供支持。

---

① 王思斌.社会工作综合能力（初级）.北京：中国社会出版社，2010：128.
② 同①.

（5）恢复自尊。在经历危机的过程中，服务对象的自尊感会下降，社工要了解服务对象对自身问题的看法，帮助服务对象恢复自尊和自信。

（6）培养自主能力。在经历危机的过程中，服务对象的自主能力会下降，社工要帮助服务对象增强自主能力，以面对和度过危机[1]。

（二）社会支持理论

1.社会支持

所谓社会支持，是指人们在互动中形成并能提供工具性和表达性资源的社会结构。它更广泛的含义是：社会支持是个体拥有的重要他人（家人、亲密朋友、合作伙伴），通过直接或间接联系，在出现危机时可以发挥援助功能的一种社会互动。社会支持的内容主要包括物质、情感、信息等方面。[2]

2.社会支持网络

社会支持网络是指一组个体之间的接触，通过这些接触，个体得以维持社会身份并且获得物质、情感、服务等内容的支持。社会支持网络通常分为两种：正式的和非正式的。前者主要来自正式组织，如政府、社会组织等的支持，具有持续性、稳定性等特征；后者主要来自家庭、亲属、朋友、邻居等所提供的支持，更多地体现了个体之间的联系。[3]

（三）哀伤辅导

哀伤是指个体在失去对其有重要意义的人（一般是亲人或者依恋对象）的时候，所经历的一种过程和状态。哀伤包括悲伤和哀悼两个部分。哀伤的程度以及对生活的影响，一般会随着时间推移而减弱；但也有小部分人未能处理好哀伤情绪，有可能一直出现无法平复的强烈的哀伤反应。哀伤辅导就是协助服务对象在合理时间范围内，学习面对失去和悲伤，帮助他们重新投入正常的生活，以阻止其向非正常的哀伤演变[4]。

---

[1]　王思斌.社会工作综合能力（初级）.北京：中国社会出版社，2010.

[2]　范明林.社会工作理论与实务.上海：上海大学出版社，2007.

[3]　张友September.社会支持与社会支持网：弱势群体社会支持的工作模式初探.厦门大学学报（哲学社会科学版），2002（3）.

[4]　袁乐欣，周英，唐秋碧，等.香港哀伤辅导的发展及对中国大陆的启示.医学与哲学（A），2016，37（2）.

美国心理学家库伯勒·罗斯提出了哀伤辅导的五阶段任务：

（1）拒绝。在刚得知丧失亲人的消息时，丧亲者会感到震惊和麻木，倾向于在心理上拒绝这一事实。此时，辅导者可以安慰丧亲者跟身边亲近的人诉说自己内心的困惑、无奈和伤痛。

（2）愤怒。在度过"拒绝"阶段后，丧亲者很可能会变得愤怒，责怪自己或其他人当初做得不够好，从而产生自责、内疚和后悔等情绪。此时，辅导者可以让丧亲者明白自己是由于失去至爱的人才会产生这些情绪，才会对自己或者他人要求苛刻。

（3）讨价还价。在经历愤怒情绪之后，丧亲者会企图通过和自己或他人进行讨价还价，来"换回"失去的亲人。此时，辅导者可根据丧亲者的人生观进行安慰，或者鼓励丧亲者通过一些有意义的仪式来缅怀逝者。

（4）抑郁。当之前两个阶段的症状都不能减轻甚至持续加重时，辅导者要及时察觉丧亲者所经历的情绪困扰是否持续时间过长。若是，则需建议其尽快接受更为深入的心理治疗。

（5）接受。这是哀伤的最后阶段，意味着丧亲者已经能接受事实并且妥善处理。此时，辅导者应巩固丧亲者在以下三方面的进步：一是能够接受现实，坦然面对逝者的遗物，并恢复生活和自理功能；二是能够开始适应没有逝者存在的生活，并对周围的人和事恢复一定的兴趣；三是能够坦然地与他人重新建立亲密而有意义的关系[1]。

五、背景信息

近年来，党和政府出台了多个加强困境儿童保障工作的指导文件，并对建设未成年人救助保护机构提出了明确的工作方向。其中，《关于进一步健全农村留守儿童和困境儿童关爱服务体系的意见》提出：建立区县、镇（街）、村（居）的三级服务体系；完善困境儿童分类保障措施；提升未成年人救助保护机构和儿童福利机构的服务能力；加强基层儿童工作队伍的建设；鼓励和引导社

---

[1] 丁亚丹，郑凡凡，黄栎株，等.哀伤辅导及哀伤应对策略的研究进展.循证护理，2022，8（13）.

会力量广泛参与未成年人保护工作；等等。2024年新修正的《中华人民共和国未成年人保护法》则提出从家庭、学校、社会、网络、政府、司法等六方面开展未成年人保护工作的具体内容。

六、关键要点

（一）社工在未成年人保护工作中的重要角色

在本案例中，社工扮演了多个专业角色以有效地解决小华所面对的危机。在危机介入中，社工作为倾听者、辅导者和引导者，帮助小华处理父母双亡的哀伤情绪，并促进小华重获积极生活的动力。在朋辈支持方面，社工作为资源链接者，重新帮助小华建立正向的朋辈关系。针对亲属支持，社工作为家庭会议的组织者和引导者，发动小华的亲属共同就小华的监护安置和生活照料进行讨论。

（二）社会工作与社会工作行政的相辅相成

在参与未成年人保护工作的过程中，社工不但要清楚政府各职能部门、各群团组织的相关职责，还要尽力促进多部门、多组织的协调，形成合力。在本案例中，社工成功地协调了以下相关部门，为小华危机的解决发挥了各自的作用：

（1）民政部门：是未成年人保护工作的统筹部门，同时亦是监护安置的兜底部门。

（2）派出所：在危机事件发生后，马上提供紧急安置。

（3）居委会：第一时间发现困境儿童并进行上报；中期联系并协调家庭会议；后期提供定期的关爱服务。

（4）教育局：为小华的转学和入学提供保障。

（三）社工专项能力的深化和提高

未成年人保护工作的新时代要求必然要求社工具备相关的能力。针对未成年人保护领域，我国社工教育尚缺乏合适的教材和方法指引。因此，专业教育需要与实务社会工作通力合作，共同总结与归纳相关的知识内容。这包括：熟悉与未成年人保护相关的法律法规；掌握农村留守儿童和困境儿童的政策保障；清楚政府各职能部门、群团组织所承担的角色和功能；在个案预估、危机介入、监护安置等环节熟练运用专门的社会工作方法；等等。

七、建议课堂计划

（一）课前计划

请学生在课前阅读案例材料和启发思考题，并搜索文献进行初步思考。

（二）课中计划

第一，教师简要地介绍课程目的和学习目标（5 分钟）。

第二，教师扼要地介绍案例（5 分钟）。

第三，学生分组对个案的需求和介入进行分析（30 分钟）。

第四，小组报告讨论结果（每组 10 分钟）。

第五，教师对每组的报告进行逐一点评（每组 5 分钟）。

第六，教师介绍案例的真实处理情况，并进行归纳总结（15 分钟）。

（三）课后计划

学生在本地寻找类似的案例，并追踪观察社工在实际工作中是如何进行介入的。

案例二 | 智力障碍儿童社会康复促进的个案管理服务

彭君芳　甄建雷 [①]

摘要：本案例描述了社工为一名智力障碍儿童提供个案管理服务的故事。案例呈现了智力障碍儿童所面临的复杂行为问题以及社会环境障碍，同时描述了社工最初与服务对象接触并建立专业关系、对服务对象问题进行预估与分析、制定服务目标与开展具体服务、提供持续性服务以及评估的完整过程。案例描绘了社工运用个案管理模式为智力障碍儿童提供服务的动态过程和所扮演的角色，呈现了社工在服务期间的所思所想、理念和价值观以及服务的结果。

关键词：智力障碍儿童　社会康复　个案管理

第一节　案例

一、案例背景

小智（化名），男，10岁，三级智力残疾，就读于北京市某培智学校。小智曾患淋巴瘤疾病，语言表达能力较差；有基本的自理能力，能独立进行穿衣、吃饭、洗漱等日常基本活动；性格较为内向，自信心弱，有意愿与同辈群体交往，但经常因为方式不当而遭到拒绝。

小智与三位亲人一起居住，分别是其妈妈、姥爷和姥姥，其中其妈妈和姥

---

① 彭君芳，北京农学院讲师、高级社会工作师。甄建雷，北京市通州区心港残障社会服务中心主任。

爷也患有智力障碍，家里的大小事情全靠姥姥操持。家庭主要经济来源为低保补贴、残疾人补贴以及土地分红，家庭经济状况一般，但能满足基本的生活需求。随着小智不断长大，一方面，小智的教育需求和社会交往需求越来越明显；另一方面，文化水平和智力障碍的限制，使家庭的日常生活经常出现困难。

北京市通州区心港残障社会服务中心（以下简称"心港"）是一家残障社会工作专业组织，属于民办非企业单位，2018 年在通州区民政局登记注册。该组织一直遵循"每个人内在具足"的理念，通过社会康复的模式开展助人自助的工作。该组织认为："社会康复的实现，不仅要靠残障人自身的努力，还要靠社会环境的无障碍。"社会康复是从社会因素着眼，通过创造有利于残障者康复的社会条件来对残障者进行帮助的一系列活动。它与医疗康复、职业康复、教育康复同为全面康复的基本内容。社会康复的措施有些是针对残障者及其家庭的，以个案工作为主、小组工作为辅；有些则涉及法律和制度，以及残障者离开医院、康复机构后的生存环境，等等。[①] 社会康复在医疗康复、职业康复、教育康复的基础上，强调环境的重要性，重视环境的无障碍建设，旨在从社会的角度，采取各种有效措施为残障群体创造一种适合其生存、创造、发展、实现自身价值的环境，并使残障群体享受与健全人同等的权利，达到全面参与社会生活的目的。

社会康复的实现，一方面依靠残障群体自身的努力，另一方面依靠社会的大力帮助。专业的社工在帮助服务对象社会康复的过程中，通过扮演服务者、教育者、资源整合者等角色，有利于调动包括服务对象亲属在内的社会各个方面的力量积极参与社会康复工作，对于帮助智力障碍儿童回归社会，在物质、情感和社会方面获得支持，重新参与社会生活都有重要的意义。在本案例中，机构社工结合小智及其家庭的具体情况，以促进其社会康复为核心目标，为小智及其家庭提供社会工作专业服务。

二、服务过程

鉴于小智及其家庭所面临问题的多重性——包括个人复杂行为问题及社会

---

① 马洪路．残疾人社会工作．北京：中国社会出版社，2010：166-177.

环境障碍，机构社工运用个案管理模式为服务对象提供服务。结合社会工作通用实务模式，主要服务过程如下。

（一）接案

在接案阶段，社工通过开展入户个案会谈来初步了解小智的基本情况并建立信任的专业关系。

1. 服务缘起

2019 年，心港社工承接了"通惠明天"儿童福利服务项目，项目由通州区民政局主办、中国福利彩票公益金资助，旨在建设有通州区特色的适度普惠型儿童福利和保护体系，维护儿童健康成长权益。项目通过采购专业的儿童社会组织的服务，秉承"以儿童为中心"的工作理念，为社区（村）层面成立的儿童之家注入服务力量，面向辖区内的一般儿童开展社区活动，面向辖区内的困境儿童开展个案服务和小组活动。

项目落地点在通州区某街道，因该街道的街道办事处刚成立不久，关于低保、低收入以及残疾儿童的很多数据缺失，因此在项目初期，没有困境儿童的确切名单。为了解该街道的困境儿童尤其是需要帮助的特殊儿童的基本情况，社工到各个社区开展了走访行动，通过居委会工作人员及社区居民等渠道，探访了解了该街道的重病儿童、残疾儿童、困难儿童或者事实无人抚养儿童等困境儿童的基本信息和具体情况：

> 在去各社区调查残疾儿童的时候，社工从社区工作人员那里知道了小智。
>
> 社区工作人员："他们家比较困难，一家子三个残疾人——孩子、孩子妈妈、孩子姥爷，只有孩子姥姥是正常的。"
>
> 社工："孩子几岁了？"
>
> 社区工作人员："10 岁，在培智学校上学。"
>
> 社工："那孩子爸爸呢？"
>
> 社区工作人员："早些年就走了，不知道去哪儿了，之前也找过，但没找到。"
>
> 社工："哦，那这孩子属于事实无人抚养儿童。"

社区工作人员："什么是事实无人抚养儿童？"

社工："指虽然父母没有双亡，但家庭没有能力或没有意愿抚养的儿童。像小智父母一方失联，另一方患有重度残疾，就属于事实无人抚养儿童。"

社区工作人员："哦，那是不是有什么政策或者补贴，可以帮助他们家。"

社工："如果认定了事实无人抚养儿童，当然是有补贴的，我们先去他们家里看看情况吧。"

2. 明确个案服务类型

在社区工作人员的陪同下，社工来到小智家。小智家所在的小区属于回迁小区，而社区工作人员也住在这个小区，所以和小智家非常熟悉，这让第一次入户变得很顺利。在小智的姥姥开门之后，社工表明了身份和家访的目的，姥姥请社工进屋里坐。屋里的光线比较暗，甚至刚进去时都看不清屋里的样子，即使开灯也没有亮多少，客厅处于背阴面，地上也显得有一些潮湿。小智的姥爷笑着迎接社工，小智的妈妈也非常开心家里来客人，小智则躲在妈妈的身后，偷偷看着社工。家里有一张用来吃饭的大方木桌，一条老式的木制沙发，一面贴墙的镜子，还有一套机柜，上边放着一台黑色电视机。家里的家具非常简单，零零散散地摆放着。

社工通过入户了解到的小智家庭的一般情况：

小智在培智学校上四年级，由妈妈每天骑自行车接送。小智的爸爸为外地人，当年在本地打工，经人介绍和小智的妈妈认识并结婚。小智的妈妈患有智力障碍，但具备基本的生活能力和沟通能力。小智在出生后，被检查出也患有智力障碍，小智的爸爸在小智 4 岁的时候离家出走，之后便再也没有出现过，法院宣布小智的爸爸失联。2018 年，法院将小智的抚养权判给其姥姥。

小智的姥姥负责全家老小的生活。她省吃俭用。但随着年龄的增长，她对社会中不断更新的科技手段难以适应。没有网络和智能手机让他们家还保持着好多年前的生活方式：出门打车要拦出租车，去医院挂号要天不亮就去排队，坐哪一路公交车也只能依靠记忆和询问。小智的姥姥想给家里装上宽带，但是又怕小智在网络中学坏。据小智的姥姥讲，小智的妈妈缺乏照料孩子的能力，小智从小跟姥姥睡。培智学校对孩子的要求普遍很低，所以小智在放学回家后基本上都在玩。小智具备一定的学习能力，但是姥姥不知道该怎么教。姥姥担心这样下去，孩子要被耽误了。她希望小智能够学习一技之长，具备基本的社会交往能力，但是小智年龄太小，根本不理解。

经过初步评估，小智的家庭面临多方面的需求，包括教育需求、社会融入需求，以及家庭日常帮助需求等。小智的个案属于智力障碍儿童家庭支持个案。

3. 建立信任关系

在接案阶段，建立信任关系是社工的重要任务之一。只有建立了良好的信任关系，社工才能更好地开展个案工作，帮助服务对象解决问题。起初，因为有社区工作人员的陪同，所以入户的难度比较小。但服务对象对社工深层的接纳、心灵上的接受，是伴随着社工的倾听、包容与坦诚，以及服务对象在社工服务过程中感受到的真诚与关怀，而逐步实现的。

（二）预估

在与服务对象建立专业关系后，社工进一步收集和了解到小智及其家庭的详细资料。

1. 服务对象基本情况介绍

（1）个人基本情况。

小智今年 10 岁，三级智力残疾，和妈妈、姥爷、姥姥一起生活。小智的妈妈、姥爷皆患有智力障碍，小智的爸爸在小智 4 岁的时候离家出走，从此再无音讯。家里唯一智力正常的姥姥今年 60 岁，患有高血压，她负责照顾全家人的生活，其中也包括小智的饮食起居和学习成长。

（2）身体状况。

小智患有智力障碍和淋巴瘤，智力障碍是先天的，淋巴瘤大约在小智 6 岁的时候被检查出。经过医院治疗后，淋巴瘤病情已经稳定下来，近些年没有加重。小智的智力水平影响他正常的认知和发音。他对生活中的事物可以认识，也能基本实现生活自理，但对于抽象的道理很难理解，算术能力比较差，发音不清晰，说话会拖长音。

从家庭成员身体状况来看，小智的妈妈智力障碍水平和小智相似，可以与人沟通，但对于复杂的事情不理解，发音不清晰，对对方说的内容要进行复读才可以理解。小智的妈妈会使用手机接打电话，但是手机的其他功能则使用不了。她每天骑自行车接送小智，可以独自乘坐公交车——但要靠以往的记忆和经验，来到陌生的地方则很难找到公交路线。小智的姥爷很少出门，智力低于小智及其妈妈的水平，发音不清晰，即使是简单的词语也很难听懂。小智的姥姥身体状况一般，在接案之初，手指总疼，尝试了很多办法，后来在医生和理疗机器的帮助下稍微有所缓解。

（3）经济状况。

家庭经济来源主要靠政府的补贴，包括低保补贴、残疾人补贴以及土地分红，每个月2 000多元。此外，小智的妈妈负责社区的清洁工作。小智的姥姥说："社区知道我们家的情况，所以这个活一直让我们干，也轻松，每天上午干两个小时，清扫马路，每个月给800块钱。"

小智家庭的经济收入可以满足基本的生活需求，一家人除了吃饭、购买生活必需品以外，很少花钱，姥姥会偶尔给小智买玩具或者图书，但也非常节省。家里拆迁时分了两套房，现在小智和姥姥、姥爷住一套，小智的妈妈自己住一套。

（4）居住环境状况。

小智的家，给社工最大的感受是"阴暗"。他家住在一层，房子背阴，只有卧室的窗户是向阳的，客厅的窗户朝西，被西侧另一个单元的房子挡住了阳光，当小智的姥姥开灯（大约是15瓦的节能灯）以后，屋里依然很暗。家里还摆着回迁之前平房里使用的大方木桌、木制沙发，房间的门是木头门，家里没有空调，只有一台落地扇。

小智没有自己的卧室，从小就和姥姥一起睡，到现在依然如此。据姥姥说，小智不敢自己睡，也从来没有跟他妈妈一起睡过。小智的家里没有学习桌，如果需要写作业就趴在刚进门的大方木桌上写。

（5）社会支持状况。

社工刚开始接触小智时，发现他比较内向，自信心不强，兴趣爱好少，不愿意学习新知识。这让小智的姥姥感到发愁，她希望社工能够多与小智沟通，激发他对新事物的兴趣，提高他的学习动力。

（6）全面康复状况。

随着小智年龄的增长，医疗康复手段逐渐显现出局限性，而小智处于未成年阶段，接受职业康复又为时尚早，小智目前接受的康复主要是教育康复，即培智学校的特殊教育。特殊教育为小智提供了一个学习和成长的环境，基础的学科教育让小智逐渐学会了写自己的名字。另外，通过长期的教育和训练，小智的日常生活技能，如自理能力、社交技巧也有所提高。

从社会康复的角度来看，首先，在享受政策方面，小智属于事实无人抚养儿童，社工对新出台的相关政策需要及时跟进、梳理。其次，在社会交往能力方面，小智表现出明显的不足。他在与人交往时常常显得局促不安、缺乏自信。由于家庭环境的限制和家长缺乏正确的教育方式，小智在面对生活中的各种问题时往往感到无助和困惑。最后，在享受社区公共设施服务方面，小智由于智力障碍和社交能力的限制，经常受到邻居和同龄人"另眼相待"，难以像普通孩子一样享受丰富多彩的休闲娱乐活动。

2. 基于优势视角理论进行预估

从社会工作的"人在情境中"以及社会康复的"重视环境的障碍"理念出发，结合优势视角理论，社工采用优势视角模型对服务对象进行了预估（见图2-1）。

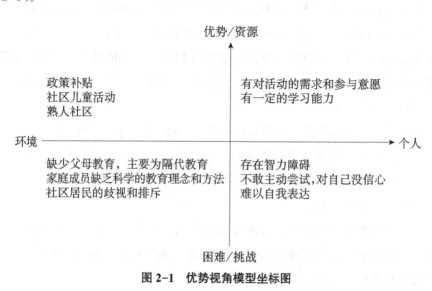

图2-1 优势视角模型坐标图

根据以上模型，服务对象的具体表现如下。

（1）个人优势（资源）。

A. 小智自身非常期待与他人建立关系，虽然社区的其他孩子对他有歧视的行为，但他依然主动去和别人一起玩。社工在接案之后，很快地与小智建立信任关系。对社工组织的社区活动，小智和妈妈每次都会参加。小智自身对社会交往和集体参与的意愿，是社工引导他发生改变非常重要的因素。

B. 三级智力残疾（中度），实用技能不完全，生活能部分自理，能做简单的家务，但阅读和计算能力很差，对周围环境辨别能力差。小智虽然属于三级智力残疾，但生活基本可以自理，穿衣、吃饭、洗漱、叠被子等都可以自己完成，并且有一定的学习能力和阅读能力。

（2）个人困难（挑战）。

A. 自身学习习惯、生活规律难以养成。

由于智力障碍的特殊性，智力障碍孩子的学习主动性普遍不强。小智的学习习惯养成也是困扰其姥姥的难题。小智的姥姥说："因为培智学校的孩子都智力不高，很多还不如小智，所以学校基本上教不了什么，小智每天也没有作业，回家也从来不学习。"据了解，在因为疫情居家的几个月中，看电视成了小智最热爱的事情，他每天要看6～8个小时电视，姥姥没有别的办法，只能劝说，但是起不到任何作用，时间久了反而引起小智的逆反心理。

此外，小智的生活规律也很难养成，例如按时洗脸、刷牙，起床后叠被子，都要在姥姥的催促下才能完成。

B. 不敢主动尝试，对自己没信心。

智力障碍儿童相比一般儿童学习能力差，并且经常会遭遇失败，对于挑战性的学习和生活任务，常常表现出缺乏自信、追求成功的动机低及预期失败的心理，往往还没有尝试就退缩或过分依赖别人的协助。例如，在学习骑自行车时，虽然小智的身高已经足够达到骑上车后双脚着地，但是他仍然害怕摔跤，不敢尝试。另外，小智每次参加社区活动，都要与妈妈一起，不敢独立面对社会交往活动。他本人的性格特征，使得他与同龄儿童不能融洽地相处，反而比较喜欢和年龄小的儿童一起玩。

此外，小智在遇到突发事件时缺乏弹性及随机应变的能力，不会因应情境而调整自己的行为，所以也会用拒绝、退缩、固执、压抑等行为方式来处理冲突。

C. 发音不清晰，很难清晰表达自己的想法。

影响小智社会交往的还有另一个重要的原因，即发音不清晰，陌生人很难听懂他的意思。社工在和小智的前几次聊天中，需要特别注意听他讲话。小智说话时常用词汇较少，说的语句较短，不太能说出包含抽象内容的语句。而且他通常不会配合情境适切地表达，发音不清晰、不准确或有错误的情形时常发生，语言理解能力也较差。

在与社区儿童交往的过程中，对方不明白小智表达的内容，加上"口口相传"的"傻大智"，社区儿童很少听小智讲话，代之以逗弄小智取乐。小智看到别人嘲笑自己，就会生气地追上去，如果追不到就更生气，这越发强化了其他儿童对小智的取乐和贴标签行为。

（3）环境优势（资源）。

A. 从正式的社会支持系统来看，首先，服务对象拥有一定的政策支持，在接案之前，小智的家庭属于低保家庭，享受低保补贴和残疾人补贴两项补贴，加上土地分红，每个月收入 2 000 多元，保障了家庭最基本的生活支出；其次，区儿童福利院会定期为事实无人抚养儿童组织公益夏令营，旨在为特殊儿童提供成长、受教育的机会；最后，居委会对小智一家非常关注，社区儿童主任对小智一家也很关心，逢年过节总是帮忙争取慰问品等福利。

B. 从非正式的社会支持系统来看，首先，小智所在的社区经常组织开展儿童活动，例如儿童手工活动、儿童趣味运动会。虽然在接案之前小智参加的次数很少，但是从客观上讲存在参与社会活动的机会。心理学家皮亚杰认为认知发展不是数量上的简单积累，而是认知图式不断建构的过程。在儿童成长的过程中，社会环境的作用非常重要，儿童参与社区活动，通过相互作用和社会文化的传递，可能会加速其认知图式的发展。其次，小智所生活的小区属于回迁小区，由传统的农村拆迁后就地上楼，所以许多邻居都是原来村里的亲戚、邻居，相互比较了解，遇到困难时能相互帮助。

（4）环境困难（挑战）。

A. 小智作为事实无人抚养儿童，缺失父母尤其是父亲的监护。小智的父亲在小智 4 岁的时候离家出走，至今联系不上，在小智的成长过程中没有起到监护人的作用。小智的母亲因自身存在智力障碍，在陪伴与日常生活照料方面可以简单地满足小智的需求，但教育的任务则都落在姥姥身上，小智从小就和姥姥一起睡，一直到现在。

B. 姥姥的教育理念相对落后，也缺少科学的教育方法。这一方面表现为会限制小智的探索，例如在孩子们打雪仗的时候，姥姥总是劝说小智回家；另一方面表现为对小智成长中出现的问题束手无策，例如小智常常在家看电视，姥姥想让小智读书，但是说了小智也不听，只能不了了之。

C. 熟人社区的优势是彼此之间相互了解，社区中的邻居都比较了解小智的情况，这带来的负面作用就是产生歧视和被贴标签。"傻大智"一直是社区其他居民对小智的称呼，在平时的娱乐中，其他孩子以逗弄小智取乐，小智生气就追他们，他们看到小智生气就兴奋，以此形成恶性循环。

（三）服务计划

1. 服务理念及价值观

该案例的服务提供者主体为社工，因此本次服务遵循社会工作的基本价值理念，在整个服务过程中能够采取尊重、真诚、接纳的态度，运用专业方法针对小智及其家庭开展服务，帮助其改变现状，更好地融入社会。本次服务主要坚持以下服务理念及价值观。

从专业价值观而言，社会工作的服务对象为社会弱势人群，扶助弱势人群、促进助人自助、用生命影响生命是社会工作的价值观之所在。残障人士是特殊的弱势人群，服务对象小智为智力障碍儿童，其所在的家庭中也有多位直系家庭成员有智力障碍，因此，帮助小智及其家庭走出困境、融入社会、过上更好的生活，符合社会工作专业的使命和责任。在服务过程中，尊重、接纳、平等对待服务对象是社工工作的指南，这一理念也源自社会工作专业长久以来的信念——所有人都有价值，无论其是否伤残。

社会工作注重"人在情境中"，个人所面临的问题与其所处的社会环境息息相关，鉴于小智及其家庭所面临的多重困难和问题，社工认为个案管理模式有助于链接多方面的资源，为小智提供整合服务，协助小智管理好自己的生活，帮助小智及其家庭获得相对有力、有效、可持续的社会支持——包括正式和非正式支持、物质和情感支持，并在小智需要专业支持或者遭遇危机的时候给予支持，帮助小智及其家庭最大限度地发挥社会功能。

2.服务目标

通过对小智所面临问题及需求的预估，社工计划从以下两个方面进行介入。

第一，对个人需求的回应。旨在提升生活技能，提升自信心，增强人际交往能力，促进服务对象的个人成长与发展。

第二，在环境方面的支持。进一步发挥社会支持系统的作用，改善人际关系，建立良性朋辈支持网络，促进社会康复。

社工根据较为全面的预估结果，结合小智的生理、心理和社会特点，将服务的总目标界定为：改善服务对象的社会支持网络，促进服务对象身心健康成长，帮助其进行社会康复。

具体服务目标如下：

（1）帮助小智申请事实无人抚养儿童生活补贴，为小智争取最大的政策资源保障。

（2）帮助小智挖掘个人潜能，培养个人爱好，训练表达个人需求，学习骑自行车，参与设计自己的卧室，提升自信心，提高自我效能感。

（3）促进家庭环境的无障碍和监护人能力的建设，提高监护人学习使用网络、智能手机的意识和能力，帮助监护人掌握科学教育方法。

（4）为小智提供与同龄人交往和互动的活动机会，减少社区居民对小智的歧视性看法。

3.服务策略

个案管理服务是提供给那些正面临多重问题且需要多个助人者同时介入的服务对象的服务。它强调两个方面的内容：一是注重发展或强化资源网络；二是除了增进服务对象使用资源的知识、技巧和态度外，更重视培养服务对象获得及运用资源的能力。[①]

鉴于小智及其家庭的问题呈现出复杂性和多样性，社工认为，在服务过程

---

① BALLEW J R, MINK G.个案管理.台北：心理出版社股份有限公司，1998.

中需要引入多方资源，帮助其建立多重社会支持系统。因此，社工在与小智及其姥姥商量后，根据小智的实际情况，计划采用机构为本的个案管理模式，依托心港，为小智及其家庭提供一站式的整合性服务，满足其多重需求，帮助小智进行社会康复。

具体服务策略如下：

（1）协助服务对象认定事实无人抚养儿童，以享受政策带来的福利；为服务对象链接区福利院、街道办事处等正式资源，协同社区儿童主任为服务对象争取经济救助、图书、学习用品等资源。

（2）定期前往服务对象家中开展陪伴服务，提升服务对象的生活技能，传授给服务对象的监护人科学的教育方法，帮助服务对象制订学习计划，促进服务对象的健康成长。

（3）邀请服务对象参与社区活动，帮助服务对象融入同辈群体，建立同辈群体社会支持网络；改善社区居民的理念与看法，使他们尝试接纳服务对象。

（4）参与服务对象家庭的物理空间改造，减少家庭环境中的障碍，同时协助服务对象及其家庭成员学习科技手段，学会使用微信、看地图、医院挂号等简单的网络操作。

（四）介入

在明确个案管理服务的策略之后，社工开始为小智提供具体的服务。

1.建立专业关系，全面收集信息

社工以兴趣爱好等话题为突破口，利用同理心与服务对象沟通，进一步获取服务对象的信任，并通过观察服务对象的眼神、肢体动作，了解服务对象的性格、行为特点，收集服务对象的信息。

小智喜欢消防车，但家里没有人会给他买消防车玩具，他只能看消防车动画片。小智刚开始不愿意说话，社工有时也听不清、听不懂小智说的话。社工从小智的兴趣爱好出发，鼓励小智学习骑自行车，并承诺在小智学会骑自行车后将圆小智的消防车梦。在这样的沟通中，小智的表达积极性增加，变得更愿意与社工交流，社工也由一开始的多提问转变为多倾听，为之后进一步的服务开展奠定了良好的基础。

通过面谈，社工找到了与小智进行交流的共同话题，赢得了小智的信任。之后，根据服务对象自决原则，社工在说明可以提供的帮助以及服务对象需要配合的地方后，由服务对象自己决定是否接受社工的服务。社工通过个案访谈全面了解了服务对象的情况，如基本信息、健康状况、成长经历、日常行为特点、性格特点等，这为服务的顺利开展提供了有力的信息支撑。

2.直接服务与间接服务同步进行

在直接服务方面，社工针对小智本人开展个案辅导及服务，帮助提升小智的生活技能。社工通过个案工作的行为主义治疗模式，帮助小智改变消极的学习态度，树立积极学习的意识，提高自控能力。在个案辅导中，当小智掌握骑自行车技能后，社工将这种正向的改变作为一种动力，促使小智进一步加强学习的动力，使其在日常学习中能够自主学习。

（1）通过体验成功来提升自信心。

自信心与成功是相辅相成的，有自信心的儿童会更有可能成功，而成功的事件，也会强化儿童的自信心。小智的姥姥同社工说："小智该学骑自行车了，他妈妈就是像他这么大时学的。"社工问："小智，你想学骑自行车吗？"小智回答说："想，但是太难了。"社工鼓励他只要勇敢尝试，一定会有收获。接下来的几天，社工和小智的姥姥、妈妈陪着小智，每天下午在公园练车。从练习推车，到单脚溜车，再到起步上车，一连串的动作，一遍遍练习，累了的时候，就由大人扶着车，小智坐在上面掌控方向。几天下来，小智仍然没有学会，于是小智便开始怀疑自己，认为自己不可能学会，他的姥姥和妈妈也犯了愁。

通过一遍遍分解动作，社工发现小智学得还是挺快的，但是使用的自行车比较老旧，是小智的妈妈每天骑着接送小智上学的车，车后座还有一个儿童座椅，让车身非常不平衡。社工觉得小智需要一辆更适合他骑的自行车。社工联系了区福利院，正好区福利院正在举办困境儿童微心愿征集活动，社工很快就为小智争取到了一辆崭新的儿童自行车。得到新自行车以后，小智很快就学会了骑车。当他发现自己可以驾驭自行车的时候，开心地喊了出来。

智力障碍儿童与普通儿童一样，自信心的建立与勇敢品质的养成，都需要身边人的鼓励和帮助——帮助他们通过完成目标来感受自己的能力，从而建立自信，走向社会康复。

（2）家庭陪伴成长计划。

小智在学会骑自行车以后，每天都会在姥爷的陪伴下在小区里骑行半小时。与此同时，社工的陪伴学习计划正在推进——每周一次陪伴小智复习学校的课堂内容，以及与小智一起做手工、给小智讲绘本。在社工陪伴学习的过程中，小智学习到更多的知识。姥姥发现，有社工陪伴的时候，小智学习得非常开心，但是当自己在家或者只有姥姥看管的时候，小智并不喜欢学习，而总是选择看电视。

为了解决这个问题，社工决定召开家庭会议。会议由小智、姥姥、姥爷、妈妈共同参加，但是姥爷不参与做决定。最后达成一致：其一，日常还是由姥姥进行学习辅导，但是姥姥也要学习，学习有趣的故事，然后讲给小智听，而不是一味地要求小智自己学。其二，制订一个积分反馈计划，通过积攒小星星的方式，来记录和督促小智学习。并且，不光是学习，每天的日常洗漱、做家务等项目也被列入积分反馈计划中，每天每完成一个项目就可以得到一颗小星星，当集齐规定颗数的小星星时，可以选择使用小星星换取一次满足心愿的机会。

一方面，通过家庭陪伴成长计划的实施，姥姥也感受到了小智的变化，明白了对孩子的教育不是一味地灌输和要求，而是要更多地关注孩子的想法和感受，用更多适合孩子的方法，来让孩子明白其中的道理。另一方面，小智通过积攒小星星，不仅实现了自己的心愿，也提高了自控能力。社工通过个案辅导帮助小智改变了消极的学习态度，树立了积极学习的意识，提高了自控能力。小智逐渐能够积极主动地履行计划。至结案时，小智的表现十分优秀。

（3）团体活动中的社会康复。

社工依托"通惠明天"儿童福利服务项目，开展社区儿童成长发展活动，小智的积极参与进一步促进了他的社会康复。因为有和社工建立的信任基础，每次活动小智都愿意参加，但是需要妈妈的陪伴。在一次活动的中间休息时间，社工正在收拾东西，一个孩子跑进来说："报告老师，'傻大智'又开始追人了，他到处追人。"社工把小智和两个被追着跑的孩子叫到房间里，仔细一问，发现原来这两个孩子本就认识小智，这次和小智说话，但是小智说的话他们听不懂，于是嘲笑小智，小智就生气地追他们。社工澄清了小智的回应，但他们听不明白，在社工再次澄清之后，两个孩子明白了小智不是不理他们，也不是听不懂他们说的话，只是回答不清楚。社工告诉他们，如果想和小智做朋友，就要比别人更有耐心，这样就能听懂小智说的话了。其中一个孩子点点头，说："老师，我愿意跟小智做朋友。"社工转头问小智，小智开心地回答："我也愿意跟他做朋友。"

类似这样的不理解，发生过多次。社工为小智提供了参加社区活动的机会，鼓励小智在社区活动中勇敢表达自己。在前几次社区活动中，小智与其他儿童很少有互动。对此，社工搭建沟通的桥梁，经常陪同小智与社区其他儿童一起做游戏，并从旁给予鼓励与支持。在参加多次社区活动后，小智的状态变得放松，与社区其他儿童的互动增多，进一步提升了人际交往能力。

在间接服务方面，社工积极扮演中间人和资源链接者的角色，通过社区平台，寻找良性社会支持。

（1）链接社会资源，巩固社会支持网络。

从正式支持系统来看，对于残障家庭的保障，政策保障起着非常重要的作用。政策保障对困难家庭来说有兜底的作用，保障了家庭的基本生活。在初期了解到小智家庭的情况之后，社工便积极联系社区儿童主任，共同为小智申请认定事实无人抚养儿童，这样，在原来的低保补贴和残疾人补贴的基础上，小智家庭每个月可以多领取近 1 000 元的补贴。并且，社工在居委会、慈善协会和区福利院等组织和机构的支持下，给小智带去了图书、台灯、书包、水杯等日常用品。

（2）对监护人的教育理念和教育方法的支持。

家庭教育是小智实现社会康复的保障，因为小智的妈妈和姥爷的智力状况，所以教育的任务都落在姥姥的身上。但是，一方面，面对即将进入青春期的小智，姥姥的教育方法依然是"劝说""管教"，这引起了小智的逆反心理。另一方面，姥姥对于儿童社会功能的发展意识比较差，不太注重小智的社会参与和社会交往能力的训练，而是更多地培养小智做一个好人。

通过个案服务过程中社工理念的影响，小智的姥姥也开始理解小智社会发展的需要——不断发展的现代化社会对小智的社会参与、社会交往能力的要求是越来越高的。在一次服务时，社工刚走到小智家楼下，就看到小智在和别的儿童打雪仗，他们有说有笑，但是小智的姥姥看到后，就叫小智回家，小智虽然很不理解，但还是很不情愿地回家了。社工给小智的姥姥讲了小智参与儿童活动的重要性，以及他必须在参与活动过程中学会成长的道理，强调了监护人要适当放松对孩子的保护。小智的姥姥也意识到自己的行为出于内心的焦虑。后来，小智的姥姥有意识地带小智去商场、超市、公园，并鼓励小智及其妈妈参与社区活动，一改之前的做法。

（3）教会家庭成员使用网络和智能手机。

小智的姥姥、妈妈一直使用的是老年手机，家庭的生活方式也非常传统。小智的妈妈想尝试学习使用智能手机，但是听别人说网络上有很多虚假信息，会被别人骗，所以一直不敢尝试。

社工在服务过程中，根据小智妈妈识字的这一优势，帮助她购买了一部智能手机，教她购买了流量套餐，以及学会了用微信。当然，小智的妈妈在使用的过程中遇到了很多困难，社工想了很多办法来帮助小智的妈妈理解清楚。通过此措施，小智妈妈的生活技能得到了提升，也解决了很多日常问题，提升了家庭生活的质量。

（4）周边人群的接纳与改变。

前面提到，小智生活的小区是回迁小区，社区中的邻居也都了解小智的情况。但是，"远离"和"躲闪"的表情挂在许多人脸上，许多人对"智力障碍者"还保持着疏离甚至恐惧的态度，不愿意让自己的孩子与小智交往。在个案管理服务的过程中，社工积极联络社区儿童主任，在社区活动中倡导更多的邻居接纳小智和他的家人，传递"每个人都是不同的，每个人都需要他人的尊重"的理念，逐渐有越来越多的邻居开始接纳小智。

3.持续性服务

随着服务的开展，小智进入青春期，青春期的第二性征也开始凸显出来：喉结开始越来越明显，发音也开始变粗。但随之而来的还有自我冲突，正如埃里克森的"人生发展八阶段理论"所提出的，进入青春期的孩子面临着自我同一性和角色混乱的冲突，自我意识、独立意识明显增强，希望得到他人的承认和尊重，希望摆脱成人的约束，渴望独立。小智开始有自己的理解和想法，也变得不太听姥姥的话。

　　小智的姥爷也存在智力障碍，他陪伴小智长大，是小智最好的玩伴。但近期，小智开始对姥爷产生不满。姥爷仍然像原来那样，拿他当孩子逗，小智开始拒绝这种互动，和姥爷犟嘴、向姥爷发脾气的次数也越来越多。社工再一次倾听了姥姥对小智越来越不听话的担忧，在综合考虑之后，再次召开了家庭会议。小智提出，姥爷总是和他开玩笑，姥姥总是让他做他不喜欢做的事。社工告诉小智的姥姥、姥爷，小智开始有独立思考的意识，开始思考自己的处境、身份，这是成长的表现，是好事。监护人应该转换和小智的沟通方式，不能仅仅要求小智做一个完全听话的乖孩子，这样不利于他的成长和发展。姥姥在听明白之后，和姥爷强调不能再像原来那样无节制地跟小智开玩笑了，孩子已经长大了。

　　另外，还有一个重要的问题，那就是小智分房睡的问题。因为智力水平的原因，姥姥一直耐心照料小智，生怕他出现危险，久而久之，也就形成了习惯，没有觉得小智跟她一起睡是个问题。社工提出，小智已经到了青春期，要开始学会自己睡，并且要学习一些性别知识。姥姥说正好家里准备装修房子，可以给小智单独收拾出一个房间。小智没有回答愿意或者不愿意，好像自己也没有想明白。但是听到自己可以布置一个新房间的时候，小智非常高兴。社工和小智一起上网看了一些儿童卧室的布置方案，小智开始思考什么物品摆放在什么位置，对自己的新房间充满期待。2022年春天，房子终于完全装修好。5月16日，准备正式入住。到了搬迁的那天，社工来到小智家，小智的姥姥招呼社工："快进来，快来看看阿姨家的新房子。"小智也非常开心，向社工炫耀他的大床。新装修的房间非常明亮，一改之前的灰暗，社工由衷地为小智一家感到开心。

三、服务成效

　　该个案管理服务从2019年6月开始，到2022年6月结案，服务持续了三年时间。服务完成后，社工从服务过程、服务效果、服务对象满意度三个方面对本次介入进行了全面的评估。

（一）服务过程评估

在个案工作过程中，服务对象从最初拘谨、胆怯，到后来与社工建立了良好的信任关系，积极参与各种社区活动，在社区活动中大胆表达自己的想法，虽然发音仍然存在障碍，但是可以与同辈群体建立关系，这些都展现了服务对象作为智力障碍儿童社会康复的成效。

（二）服务效果评估

首先，从服务对象的社会支持网络来看，通过服务过程中的网络搭建和资源链接，服务对象的社会支持系统更加完善——既包括正式社会支持网络的建立（如认定了事实无人抚养儿童），也包括非正式社会支持网络的拓展，从身边监护人的教育理念的转变，到社区邻里的接纳与支持，再到区福利院、社区儿童主任等的参与和支持，从各个层面改善了服务对象的生活现状。以社会康复的视角看，社工将已有的社会障碍因素转变成了社会支持因素，减少了服务对象生活环境中的障碍。

其次，从服务对象自身的改变来看，通过前后对照的方法可以非常明显地看出，服务对象的改变非常大：介入前服务对象是胆怯的、害怕的、依赖监护人的、足不出户的，结案时服务对象是开朗的、主动的、积极的、自信的。家庭陪伴成长计划的实施，让服务对象明白了事情的结果有好有坏，每个人都要为自己的行为负责。

再次，从家庭监护人的改变来看，两次家庭会议的召开，也让家庭成员明白了，一个孩子的成长，会受到全家人的影响。监护人观念的转变，将直接影响到服务对象的成长和发展。目前，小智的姥姥已经可以缓解陪伴教育过程中的焦虑，当遇到问题时可以做到和小智沟通，询问小智的想法。

最后，从服务对象的家庭生活环境来看，在社工的引导和教育下，服务对象已经意识到自己应该拥有独立的空间。这提高了服务对象对自己行为环境的掌控，消解了因青春期教育不当而引发个人问题的风险。

（三）服务对象满意度评估

在最后的结案过程中，社工与服务对象及其家庭成员共同回顾了个案服务的整个过程，让服务对象及其家庭成员看到了自己的变化与成长。社工对服务对象长达三年的个案服务，让服务对象与社工之间形成了深厚的友谊。满意度调查结果显示，服务对象对社工的服务非常满意，很感激社工一直以来对他的帮助。

四、总结反思

社工对该个案管理服务案例有很多思考和体会，总结如下。

（一）社会康复的实现是一个综合的过程

残障人群社会康复的实现，本就是一个综合的过程：工作方向既包括服务对象个人的改变，又包括社会无障碍环境的改善。在本案例中，社工对小智的社会康复服务包括：个案辅导，制订家庭陪伴成长计划，一起参与社区活动，从小智自身能力的改变和自信心的提升入手，提高小智在社会康复中自身的能力和积极性；通过动员周边资源，拓展社会支持网络，促进周边社会环境的无障碍，最终从多个方面促成服务对象的社会康复。

（二）群体的改变，需要理念传递

改变人的行为需要从改变观念着手。在促进其他群体对残障人群的接纳、促进环境的无障碍方面，目前最重要的是理念的传递：让更多的周边群体认识到"人有万般状态"以及"障碍意味着什么"，促使他们反思自己已有的认知体系，重新思考如何看待残障人群。当然在此过程中，社工要通过活动等方式，努力让周边群体产生对残障人群的同理心和共情。

（三）聚焦现实，将理论与实际相结合

社会工作的理论学习与实际应用有所不同，这就要求社工在实务工作中将理论与实际相结合，以"随机应变、灵活应用"的方式来处理在服务过程中遇到的问题。例如，如何澄清社工的身份，如何分清社工与服务对象的关系到底是专业服务关系还是朋友关系，如何对待服务对象对社工表达的感谢，以及如何看待周边群体对残障人群已有的认知，这些都要结合现实因素和我们的文化传统来处理。在促进服务对象社会康复的总目标不变的情况下，可灵活处理各种问题，为促进目标的积极实现而选择相对正确的方式。

第二节 教学手册

一、教学目标与案例用途

（一）教学目标

进一步加深学生对残障社会工作理论与实务模式的学习；通过学习，思考个案管理模式在残障社会工作领域的应用；学习使用优势视角模型进行需求预估；加深学生对残障者社会康复和全面康复的认识和理解；了解既有的与残障儿童相关的服务、福利、政策及社会组织的情况，思考增进残障儿童福利保障的可能性及策略。

（二）适用对象

本案例适用于社会工作专业硕士研究生及高年级本科生、社会工作领域的研究者与实务社工。

（三）适用课程

本案例适用于"残障社会工作""儿童社会工作""社会组织管理""社会工作行政""社会政策""本土社会工作实务"等课程。

二、启发思考题

（一）残障儿童群体社会康复所面临的困境有哪些？

答题思路：

（1）从宏观来看，要思考社会政策、社会资源对社会康复的影响。个案管理模式强调链接多方资源，解决服务对象的多种问题，满足服务对象的多种需求。另外，残障儿童社会康复的实现，受医疗康复、教育康复的影响，在这两者的基础上，可进一步实现残障儿童社会功能的恢复。

（2）从中观来看，可关注社会康复服务机构的综合实力及专业水平，理论上的社会康复服务如何落地，现实中的社会康复无障碍环境，以及家庭照顾者的认知水平、精神压力、精力，儿童及其家长对社会康复的认识与期待。

（3）从微观来看，结合儿童自身的特点，以及残障给儿童带来的困难，思

La

考社工如何与服务对象建立专业关系、达成共同目标，发挥社会工作的服务效果，整体提升残障儿童社会康复的水平和进度。

（二）机构为本的个案管理模式的特点有哪些？

答题思路：

（1）服务的提供基本上以一个机构为主，从一个切入点开始，为服务对象提供全面的服务。为每个服务对象开展个人需求评估，制定规划，内容包括社会支持、住房、娱乐、就业以及社会融入的时间安排等。

（2）个案管理者既是倡导者、经纪人、同事/合作者、协调者、评估者、疏通者，又是策划者、记录保留者、服务监测者和修订者。

（3）它的优点是所有服务都在一个地点提供，对服务对象的需求评估是多面向的，涉及个人生活的方方面面。服务规划是个性化的，很容易监测。服务提供者能够在一个团队中朝着一个共同的目标前进。它的缺点是在采取这一模式开展工作时，一个机构内部有时很难满足服务对象的所有需求；另外，服务对象往往会对机构产生一种依赖性。

（三）如何运用优势视角模型进行需求评估？

答题思路：

（1）专业关系必须是真正平等的合作伙伴关系。

（2）从完全不同的角度看待服务对象及其环境现状；不是孤立地专注于问题，而是将目光投向可能性。

（3）立足于发现、寻求、探索和利用服务对象的优势及资源。

（4）与生态系统理论具有高度内在契合性，注重"人在情境中"，强调完整与全体。

（四）相较于主动求助型的服务对象，外展型的服务对象在建立专业关系方面有什么不同？

答题思路：

（1）服务对象主动求助意识薄弱，主动求助机会渺茫。

（2）服务对象自我认知和对自我行为的判断存在偏颇。

（3）需要社工主动出击。

（4）需要社工保持敏锐的观察，揣摩服务对象的处境。

（5）需要社工巧用工具，把握时机，建立专业关系。

三、分析思路

这一案例重点讲述了通过个案管理模式为智力障碍儿童开展专业服务的过程，可以从以下三个方面进行案例分析，供不同的专业课程教学研讨使用。

（一）社会工作实务通用过程模式方面

本案例的整个服务流程是怎样的？什么是社会工作实务通用过程模式？社会工作实务通用过程模式包含哪些基本步骤？各个步骤之间是什么关系？怎样建立专业关系？怎样进行需求评估分析？怎样达成共同目标？服务对象是谁？怎样理解服务过程中的专业视角？社会工作实务通用过程模式在社会工作实务中是如何发挥专业作用的？

（二）残障社会工作方面

怎样评估和界定残障者的需求？怎样界定社会康复需求？如何有效地促进和实现残障者的社会康复？残障社会工作的目标是什么？衡量服务品质的关键指标是什么？如何理解社会康复、社区康复、全面康复、残障社会工作的区别？如何看待残障社会工作方法中四大康复（医疗康复、职业康复、教育康复、社会康复）的逻辑关系？残障社会工作的服务特点是什么？

（三）机构为本的个案管理模式方面

什么是个案管理模式？个案管理模式有哪些类型？机构为本的个案管理模式的特点有哪些？个案管理模式中社工面临的挑战有哪些？当前我国的社会资源如何影响个案管理模式的开展？

四、理论依据与分析

（一）正常化理论

正常化理论有两种含义。

第一种含义是正确看待服务对象的行为。以服务对象为本的社会工作价值理念认为：由于贴标签的缘故，以往把残障人士等一些服务对象的行为视为异常行为，并采用主流社会通行的所谓"正常"的方法去治疗他们实际上是失之偏颇的。因为在一些助人者眼里不正常的行为，其实在服务对象群体那里完全是正常的行为。问题在于助人者把自己看问题的眼光强加于服务对象身上。换言之，问题实际上出自助人者对服务对象的任意标定。

第二种含义是为服务对象提供如平常人一样的社会生活环境。即为服务对象提供与平常人一样的社会生活环境，让他们回到自己熟悉的平常社会中，过平常人的生活。英国倡导和推行的社区照顾就含有这种意义。美国智力障碍协会曾对正常化做以下界定：所谓正常化就是帮助残障人士获得一种尽量接近正常人的生活方式，使他们的日常生活模式及条件尽量与社会中的大多数人一样而不是有意地将他们区隔开来。在社会工作实务中之所以强调这一点，是因为社会工作承认所有人（包括残障人士等）都具有尊严和价值。[①]

正常化理论带来的启示表现在：在开展残障社会工作服务时，要警惕用社会的一般"标准"来看待残障者，包括对他能力的期待，而应站在残障者的角度来看待他的需求。因此，在小智的服务案例中，社工在建立起信任关系后，和小智及其监护人共同思考需求，商定服务目标。

（二）社会系统理论

社会系统理论是由德国社会学家卢曼开创的理论，形成于 20 世纪 80 年代中期。该理论在批判帕森斯的社会系统理论的基础上，将由智利生物学家马图拉纳和瓦芮拉首创的关于生命系统的自我再生系统理论移植到社会学中，将"通"（而非"人"或者"行动"）看作社会系统的基本要素。该理论认为，社会系统是一种在一个封闭循环的过程中不断地由沟通制造出沟通的自我制造系统，

---

① 马洪路. 残疾人社会工作. 北京：中国社会出版社，2010：89.

它既具有（操作上的）封闭性，又具有（对于环境的）开放性。

任何一个组织本身即为一个社会系统，而这个社会系统之中又包含着许多的小社会系统。任何社会系统都具备四项基本功能。

（1）适应（adaptation）。当内外环境发生变动的时候，系统需要有妥当的准备和相当的弹性，以适应新的变化，并减少紧张、摩擦等不良结果。

（2）达成目标（goal-attainment）。所有社会系统皆拥有界定其目标的功能，并会动员所有能力、资源来实现目标。

（3）模式维持（pattern maintenance or latency）。一方面补充新成员，另一方面又通过社会化使成员接受系统。

（4）整合（integration）。维持系统之中各部分的协调、团结，以确保系统稳定并对抗外在重大变故。[①]

社会系统理论带来的启示表现在：每个人都处于系统之中，系统自身具备解决问题的功能，许多残障者的系统不能发挥作用，需要社工去影响和改变。在小智的案例中，家人、邻里、同辈群体都是系统之中的影响因素，他们的理念、行动都影响着小智，社工在开展社会融入服务的过程中，主动推动系统中他人理念、行动的转变。

（三）社会支持理论

社会网络这个概念最初由社会人类学家所创，至今，社会网络理论在社会工作领域里受到广泛重视。"支持"意为支撑、主持和供给。在社会学中，"支持"一词意味着人们相互沟通、往来，通过彼此之间的支持，构建出可以覆盖整个人类社会的支持网络。

从社会支持方式上看，社会支持主要分为表达性支持和工具性支持两个方面。其中，表达性支持是指向他人表示尊重和关心，肯定他人价值，积极接纳他人；工具性支持是指提供物质资源方面的支持，例如入学支持、就业支持或直接提供经济帮助。

从构成要素上看，社会支持系统由三个方面组成：主体、客体与媒介。其

---

① 邓伟志.社会学辞典.上海：上海辞书出版社，2009：77.

中，社会支持主体既可以指个人、朋友、同事，也可以指成员间的社会联系，还可以指国家、企业、社区间的关系。在狭义上，社会支持客体一般是指需要各种援助的社会弱势群体；在广义上，社会支持客体则是指所有需要与他人交往、联系的社会成员。而社会支持主体与社会支持客体之间的联系，则是由社会支持媒介完成的，这里的媒介包括具体行为、心理支持、资源链接等等。[①]

在本案例中，社工从以下几个方面着手提升服务对象的社会支持。

（1）家庭。对孩子在青春期容易出现的行为问题进行解读，培训监护人增长教育知识和能力，缓解监护人的压力，提高监护人对智能手机的使用水平。

（2）社区。通过带领服务对象参与社区活动，协调服务对象与社区他人的关系，提高社区邻里对智力障碍者的接纳度，致力于创造无障碍的社区康复环境。

（3）社会。为服务对象链接社会资源，争取正式和非正式支持，形成合力帮助服务对象。

（四）优势视角理论

优势视角是一种关注人的内在力量和优势资源的视角。它意味着应当把人及其环境中的优势和资源作为社会工作助人过程中所关注的焦点，而非仅重点关注问题和症状。优势视角理论基于这样一种信念，即个体所具备的能力及资源使之能够有效地应对生活中的挑战。

（1）优势视角理论相信人可以改变，每个人都有尊严和价值，都应该受到尊重。

（2）优势视角理论认为每个人都有自己解决问题的能力与资源，并具有在困难环境中生存下来的抗逆力。即便是处在困境中备受压迫和折磨的个体，也具有与生俱来的潜在优势。

（3）优势视角理论认为在社会工作助人实践过程中关注的焦点应该是服务对象个人及其所在的环境中的优势和资源，而非问题和症状，改变的重要资源

来自服务对象自身的优势，个人的经验是一种优势资源。[①]

优势视角理论带来的启示表现在：社会康复与其他康复服务最大的区别之一就是理念不同。社会康复关注服务对象的潜在优势，注重社会外部环境支持与服务对象内部潜力的有机结合，强调在为服务对象营造康复环境的同时实现服务对象从被动康复参与到主动康复参与的转变。

（五）社会康复理论

社会康复（social rehabilitation）是全面康复的组成部分，是社工从社会的角度，运用社会工作方法帮助残障人士弥补自身缺陷、克服环境障碍，采取各种有效的措施为残障人士创造一种适合其生存、创造性发展、实现自身价值的环境，使他们平等地参与社会生活、分享社会发展成果的专业活动。社会康复的实现，一方面依靠残障人士自身的努力，另一方面也依靠社会的大力帮助。社会康复的措施，有的是针对残障人士个人的，有的是针对社会整体的，主要包括：

（1）协助政府机构制定法律、法规和各种政策，以保护残障人士的合法权益，使其平等地分享物质生活和文化成果。

（2）保障残障人士的生存权利，使其在衣食住行、婚姻家庭方面得到公平对待，获得适合其生存的必要条件。

（3）为残障人士自身的发展提供帮助，使其有接受教育和培训的机会，提高其生活自理能力、就业能力和社会参与能力。

（4）消除家庭、社会中的物理性障碍，使残障人士获得生活起居的方便，并享受社会的公共设施服务。

（5）大力提倡人道主义精神，消除社会上对残障人士的歧视和偏见，激励残障人士的自强不息精神，营造一种和谐的社会生活环境。

（6）组织残障人士与健全人一起参加社会文化、体育和娱乐活动，支持残障人士组织自己的社团活动，形成全社会理解、尊重、关心残障人士的好风尚。

（7）采取措施帮助残障人士实现经济自立，或提高其经济自立能力，保障

[①] 何雪松.社会工作理论.上海：上海人民出版社，2007：199-213.

其在经济生活中不受歧视。

（8）鼓励和促进残障人士参与社会政治生活，保障其政治权利，为残障人士参与社会政治生活创造条件、提供帮助。[1]

五、背景信息

虽然随着"儿童福利服务项目"的结项，个案管理模式的专业服务已经结束，但小智已经被认定为事实无人抚养儿童，每两个月社工会上门探访一次。小智的姥姥现在可以更从容地跟小智沟通交流，在做决定时尊重小智的想法和选择。

小智依然在培智学校上学，课后会和姥姥一起骑车去买菜、去公园，也会和妈妈一起参加社区组织的活动，例如垃圾分类活动、各种节日活动等。随着青春期的到来，小智的声音变得比较浑厚，说话也比之前更稳重，对各种事物的理解能力也有所提高。家庭环境的改善，让小智有了个人空间。姥姥说，小智现在会经常看一些图书，也会将书上的内容讲给她听。

六、关键要点

（一）社会工作实务通用过程模式

本案例分析的关键在于界定残障者的问题和需要，根据残障社会工作的工作方法，在医疗康复和教育康复的基础上，社工要关注服务对象社会康复的需求，关注服务对象整个系统的功能发挥。残障社会工作的干预服务实施过程与通用社会工作模式大致一致：前期筛选、需求评估、达成共同目标、设计计划、实施服务、干预评估、追踪及反思。

（二）服务对象的长期发展

服务对象从培智学校毕业后，会面临如何就业的问题：是选择去残疾人职业康复站还是尝试社会性就业？在考虑现在残疾人职业康复站康复服务的专业

---

[1] 马洪路.社会康复学.北京：华夏出版社，2003：7-12.

度和培训上岗链条的完整度的基础上，探讨我国智力障碍者职业康复的发展现状和可能措施。

七、建议课堂计划

与前述分析思路相对应，分别从社会工作实务通用过程模式、残障社会工作、机构为本的个案管理模式等三个方面设计课堂计划。

（一）社会工作实务通用过程模式

建议在"残障社会工作""儿童社会工作""本土社会工作实务""社会工作实习"等课程中使用。时间安排3~4课时。

（1）课前预习案例内容。

（2）课上简要回顾案例内容，以分组的方式组织对以下问题的讨论：本案例的整个服务流程是怎样的？什么是社会工作实务通用过程模式？社会工作实务通用过程模式包含哪些基本步骤？各个步骤之间是什么关系？怎样建立专业关系？怎样进行需求评估分析？怎样达成共同目标？服务对象是谁？怎样理解服务过程中的专业视角？社会工作实务通用过程模式在社会工作实务中是如何发挥专业作用的？

（3）教师点评，引出以下知识点：社会工作实务通用过程模式的基本阶段和步骤，各个阶段之间的关系，每一个步骤的侧重点（如建立专业关系的重要性、需求评估中优势视角模式的运用），以及该模式的本土化应用，等等。

（4）知识点介绍、案例拓展及总结。

（二）残障社会工作

建议在"残障社会工作""本土社会工作实务""社会工作实习"等课程中使用。时间安排2课时。

（1）课前预习案例内容。

（2）课上简要回顾案例内容，以分组的方式组织对以下问题的讨论：怎样评估和界定残障者的需求？社会康复需求怎样界定？如何有效地促进和实现残障者的社会康复？残障社会工作的目标是什么？衡量服务品质的关键指标是什么？如何理解社会康复、社区康复、全面康复、残障社会工作的区别？如何看待残障社会工作方法中四大康复的逻辑关系？残障社会工作的服务特点是什么？

（3）教师点评，引出以下知识点：残障者的特点与需求，残障社会工作的主要方法及服务原则，社会康复及残障社会工作的基本概念，等等。

（4）知识点介绍、案例拓展及总结。

（三）机构为本的个案管理模式

建议在"社会组织管理""社会工作行政""本土社会工作实务""社会工作实习"等课程中使用。时间安排 2 课时。

（1）课前预习案例内容。

（2）课上简要回顾案例内容，以分组的方式组织对以下问题的讨论：什么是个案管理模式？个案管理模式有哪些类型？机构为本的个案管理模式的特点有哪些？个案管理模式中社工面临的挑战有哪些？当前我国的社会资源如何影响个案管理模式的开展？

（3）教师点评，引出以下知识点：个案管理的概念、特点及分类，机构为本的个案管理模式的特点及本土化应用，等等。

（4）知识点介绍、案例拓展及总结。

案例三 │ 青少年偏差行为矫治的个案服务

祝玉红　马梦晗　王庆林　贾泽婕[①]

摘要: 青少年是社会工作的主要服务对象之一,在不同的服务理论和服务模式的指导下,社会工作通过运用不同的专业方法,如个案工作、小组工作、社区工作等,有针对性地为青少年制订服务计划,发掘青少年的优势与资源,协助青少年矫治偏差行为,建立和增强青少年的社会支持系统,促进青少年回归正常的家庭、学校和社会生活。

本案例以个案工作为工作方法,对青少年社工为具有偏差行为的青少年及其家庭提供的个案服务进行描述与分析,介绍该服务的服务流程与服务内容,展现青少年社工实施服务计划的过程,并基于服务过程和服务内容对该服务进行反思。对该服务案例的学习,有助于社会工作专业的学生和一线实务工作者对青少年社会工作进行进一步认识,深刻体会到在服务过程中秉持社会工作价值观的重要性,了解与学习在为青少年开展偏差行为矫治服务的过程中的重点任务,将课堂理论知识学习与实践相结合,提升实务能力。同时,基于案例反思当前社工为青少年开展矫治个案服务面临的困境,促进学生和一线实务工作者的思考,推动相关制度与法规政策的完善,促进青少年社会工作服务更加专业与规范。

关键词: 青少年社会工作　偏差行为

---

① 祝玉红,中国人民大学社会学院教授。马梦晗、王庆林,中国人民大学社会学院2022级社会工作专业硕士生。贾泽婕,中国人民大学社会学院2024级社会学博士生。

第一节　案例

一、案例背景

青少年的健康成长对国家和社会的长远发展来说至关重要。青少年时期是个体生理、心理、社会化方面快速发展的关键时期，在这个时期，青少年一方面具有强烈的独立意识和欲望，但另一方面由于身心发育尚未健全以及社会经验缺乏，因此不得不依附于家庭，面临独立与依附的矛盾。同时，随着社会的变迁与转型，家庭、学校和社会等青少年成长的环境发生了急剧变化，加上纷乱的价值观和信息的影响，青少年群体面对的压力和诱惑与日俱增。由于无法协调自我意识与外界环境之间的关系，一些青少年常常感到无所适从，出现了思想上和心理上的困惑与失衡，进而引发了诸多偏差行为。研究表明，如果对青少年心理或者行为偏差问题不加以正确引导和矫治，偏差行为就可能会演变为违法犯罪行为，进而给社会带来更为严重的负面影响[1]。

青少年阶段的认知发展和行为养成具有明显的可塑性，对青少年偏差行为及时、有效的干预，能最大限度地降低偏差行为的危害性，防止其演变成未成年人犯罪，维护青少年的合法权益和身心健康，促进其回归正常的家庭、学校和社会生活。

（一）青少年偏差行为的特点及表现

对于青少年偏差行为的界定，不同学者有不同观点。从广义上讲，青少年偏差行为指青少年阶段违反社会准则、道德规范以及社会主流价值观的一系列行为；从狭义上讲，青少年偏差行为主要包括青少年逃学、打架、沉迷网络等行为。根据不同学科基础，对青少年偏差行为可做不同分类。目前使用比较广泛的是以心理学为基础进行的分类：根据偏差行为的驱动因素，可分为外部性偏差行为与内部性偏差行为；按照破坏性程度，可分为不适当行为、不道德行为、异常行为、自毁行为、反社会行为；等等[2]。

---

[1] 王礼申. 去个体化效应：群体偏差行为的心理学解释. 科协论坛（下半月），2009（6）.
[2] 卢巧玉. 农村青少年偏差行为的个案矫治研究. 兰州：甘肃政法大学，2022.

（二）青少年偏差行为的影响因素

青少年偏差行为的影响因素是多样且复杂的，主要包括社会因素、家庭因素、个体因素、朋辈因素等。社会因素如社会转型期容易出现各类社会问题，影响青少年的行为意识，以致其产生偏差行为，偏差行为的产生过程也是社会对青少年贴标签的过程。家庭因素如家庭的教育方式、青少年对父母的依恋程度等。个体因素如个体的抗逆力、人际关系、自我认知、人格特点、性别、年龄、社会态度等。朋辈因素如朋辈交往方式、群体亚文化等。[①]

青少年偏差行为的产生具有复杂性、多样性，并非决定于单一因素的作用，而是多种因素相互作用的结果，需要全面看到青少年所处的社会、家庭、学校、社区环境，对青少年的具体问题做具体分析，制定具有针对性、个别化的策略，实现介入目标，有效满足青少年的需求、解决青少年的困境。

（三）青少年偏差行为的矫治

从心理学角度出发，当青少年出现失眠、情绪暴躁、抑郁等精神问题时，在干预过程中应结合相应药物进行辅助治疗；针对青少年暴力行为以及再犯风险，司法矫治是行之有效的矫治方法；针对青少年网络欺凌，可倡导正向教育方式以预防青少年产生偏差行为。

可借助角色扮演、情景再现等方法，让需要接受干预的青少年转变自己的角色，扮演他人的角色，体验他人的感受，从而认识到自己在特定场景下习惯做出的行为可能会对他人造成的不良影响，认识自己行为的不当之处，并做出改变。认知理念的改变需要从青少年社会化的两大场域入手：一方面，青少年的家庭应通过积极教养，促进青少年在日常生活中形成规则意识，并通过改善家庭沟通方式，使青少年在家庭中获得归属感、安全感，发挥家庭的支撑功能；另一方面，学校应建立科学完整的教育体系，用德治教育、法治教育、心理健康教育帮助青少年纠正偏差行为。此外，还需发挥社会力量，通过社会支持体系帮助青少年预防违法犯罪。[②]

---

① 刘志坤.社会环境、同群效应对青少年群体偏差行为作用研究.潍坊学院学报, 2021, 21 (6).
② 肖思汝.青少年偏差行为的社会工作介入研究.武汉：华中农业大学, 2022.

青少年偏差行为矫治的主体是社会、政府、学校及家庭，应根据青少年的年龄与需求特点采用不同的矫治方式，对各类偏差行为提出针对性矫治方法，通过心理认知辅导、职业生涯规划、改善生活方式、传授人际交往技巧、家庭教育、建立社区介入机制等方式，预防青少年偏差行为以及预防青少年违法犯罪。

（四）青少年偏差行为与社会工作介入

青少年是社会工作的主要服务对象之一，青少年社会工作也是社会工作的主要领域。在为青少年提供服务的过程中，社工秉持尊重青少年的价值与尊严、接纳与关爱青少年、注重青少年的个别需求以及协助青少年具备适应社会变化和不断成长的能力的原则，针对青少年开展全方位的服务，包括：思想引领、习惯养成、职业指导、社交指导等类型的促进青少年成长发展的服务；为青少年提供困难帮扶、权益保护、法律服务、心理辅导等维护青少年合法权益的服务；为青少年提供行为矫治、社会观护等预防青少年违法犯罪的服务。社会工作通过运用不同的专业方法，如个案工作、小组工作、社区工作等，在不同的服务理论和服务模式的指导下，有针对性地为青少年制订服务计划，发掘青少年的优势与资源，协助青少年矫治偏差行为，建立和增强青少年的社会支持系统，促进青少年回归正常的家庭、学校和社会生活。

二、服务过程

（一）背景介绍

天天（化名），男，15岁，初中三年级学生。天天自从上了初中，学习成绩差，脾气暴躁，并且结交了一些辍学青少年和社会闲散人员，有网瘾、赌博、飙车等不良行为。天天因上课扰乱秩序、逃课、翻墙等不良行为，受到学校第一次警告。天天在被警告后不愿上学，停学在家。母亲不知道如何帮助孩子走出困境，无奈之下求助社工。

接受服务前，天天几乎不到校上课，作息不规律，晚上经常外出与朋友一起飙车。社工还记得第一次见到天天时，他表现出的不屑和不解："干嘛找我啊？！""我不知道，我们应该做点什么呢？"……

在交谈过程中，社工发现，天天处于低自尊状态和青春期恋爱萌芽阶段，认为自己是无用之人，在渴望他人关注、在意他人评价的同时不知道该如何澄清、处理自己的依恋情绪。天天思维较为跳跃，经常转换话题；对自己感兴趣的事情有较强的行动力，但不会合理安排自己的时间和精力，难以长时间专注，且对自己没有清晰的定位和规划，做事杂乱无章。天天告诉社工，他之前沉迷于游戏，但这些天在父亲的管教下稍微戒掉了游戏瘾。但当社工进一步与他探讨"亲子关系"话题时，他避而不谈，并表现出了对其他同学的家长的较强烈的排斥情绪。除了对"亲子关系"话题的回避，天天对此次学校的处分也表示了不满。在了解了天天的当前问题之余，社工还了解到天天有诸多兴趣爱好，他擅长弹钢琴、摄影、剪辑，近期也在发展兴趣爱好的同时放松、充实自己的生活。

在与天天交谈后，社工察觉到其所处环境存在较大的问题，这是他出现问题的重要原因之一。在家庭方面，天天的父亲目标感强，互动方式过于专制，说话常常带有命令的口吻，希望家庭中的各项事宜按照他的预期发展，不能与其他家庭成员平等交流。天天的母亲常常将天天与"别人家的孩子"进行比较，虽然关注天天的交友圈以及其青春期的各种困扰，但是无法与其沟通。此外，天天的母亲行动力较差，有较强的畏难情绪，在完成家庭目标时常常最早放弃。她尝试通过各种方式学习家庭教育知识但不知道怎样落实；且她无法准确定位自己在家庭中的位置，这让她感到很迷茫。

除了家庭，学校等外部环境中的不当行为也加重了天天的问题。学校在得知天天的不良行为后，对其在全校范围内进行通报批评，并做停学处理，导致天天愈发排斥上学。在社工沟通后，学校也未给予合理的回应。而社区其他居民在听说天天家的处境后，说了一些闲言碎语。这些都令天天感到不满。

（二）分析预估

1. 问题呈现

社工从个体、朋辈、学校、家庭四个系统出发，发现天天存在以下问题。

（1）存在错误认知，价值观扭曲。

天天处于青春期，对大人有逆反心理，意志力比较薄弱，自控能力差。且一直被评价和比较，导致其自我认知不清，不知道如何表达自我。但他极为在乎家长和朋友对他的看法，希望能够得到他人的关注和认同。他形成了对偏差行为的错误认知以及扭曲的价值观。

（2）不良朋辈交往，习得不良行为。

天天的日常交往对象主要为过早辍学、无所事事的同龄人，在与朋友相处的过程中，多处于被动和寻求认同的状态。他经常和朋友夜游晚归，或者借宿在朋友家中，习得了一些不良行为。

（3）家校矛盾突出，校方消极应对。

因为天天的偏差行为对同学和学校都产生了不良的影响，学校多次对天天进行处分，并希望天天可以转学。但天天及其家庭都对学校的举措表示不满，天天也因此产生了厌学情绪。

（4）家庭教育方式不当，亲子沟通不畅。

在天天的成长过程中，父亲履职不足，其多由母亲管教，而母亲的教育方式偏向于说教，对天天而言没有约束力，亲子沟通不畅。

2.需求分析

（1）改正错误认知，学会表达自我的需求。

针对服务对象的偏差行为，社工需要引导服务对象看到自己不良行为的严重性，认识到自己的认知误区。同时，社工还需要协助服务对象学习与自我认知相关的知识，在服务过程中进行自我探索；学习如何正确进行自我表达，并提升自尊。

（2）树立正确的交友观，形成良好的朋辈交往方式的需求。

针对服务对象结交不良朋友、习得不良行为和嗜好的问题，社工需要引导服务对象认清朋友的分类，制订正确的交友规则，同时督促服务对象按照交友规则进行日常交往，结识有益的朋友，并不断改进自己的行为。

（3）改善家校关系，得到社会各方支持的需求。

学校的消极应对方式以及社区的排斥行为都加重了服务对象的偏差表现。因此，服务对象的偏差行为矫治不仅仅需要家庭的支持，更需要学校、社区的协助。

（4）改善亲子沟通，营造良好家庭环境的需求。

服务对象的父母有自己的教育理念。父亲职能未得以有效发挥，母亲家庭教育方式不当，且家庭结构错位，亲子沟通不畅，是服务对象家庭存在的问题。因此，社工需要帮助服务对象与其父母有效沟通，促进服务对象的父母学习合理的家庭教育方式，以营造良好的家庭环境，助力服务对象顺利回归家庭。

（三）服务计划

1.服务目标

总目标：

提升服务对象的认知和交友能力，促进服务对象与父母的顺利沟通，进而促使服务对象改变错误认知和行为。

具体目标：

（1）对服务对象进行认知教育，帮助其区分认知误区，并认识到自身行为的严重性。引导服务对象在实践中探索并认识自我。

（2）帮助服务对象远离不良朋友，制定合理的交友规则，正确交友。

（3）与学校、社区沟通协商，达成协助青少年健康成长的共识。

（4）协助服务对象父母学习合理的家庭教育方式，促进亲子间换位思考和相互理解，使家庭能够学会如何正确沟通和处理问题，以应对后续的危机。

2.服务策略

本案例采用了个案管理的服务策略，在与服务对象建立信任关系后，根据服务对象的需求，制订了四个方面的服务计划。

（1）改变错误认知。通过加入青少年认知行为小组、参加社会公益活动等方式，协助服务对象探究认知误区，改变不良行为。通过生涯规划、让服务对象自己做决定等方式，协助服务对象明晰自己的任务和责任，并敢于表达自我。

（2）厘清朋友圈，制定正确的交友规则。社工通过引导服务对象思考犯罪后果和梳理朋友特征，协助服务对象认识朋友的种类，并通过日常活动分析如何建立良好的朋友圈。

（3）构建育人合力。社工与学校、社区达成共识，推进服务对象与老师每两个月进行一次深度交谈，并为服务对象开展主题教育小组；建设良好的邻里环境，整合资源提供正向的支持，激发服务对象的正向改变。

（4）亲子共同成长。作为影响服务对象改变的关键，该内容贯穿服务始终。社工通过"家庭排位"协助家庭进行问题分析，为家庭赋能；对服务对象的父母进行家庭教育，引导他们学习正确的亲子沟通方式和教育方式，使家庭可以自己解决问题。

（四）服务计划实施

1. 春风化雨地"教"：改变错误认知，纠正不良行为

（1）建立专业关系，给予陪伴和支持。

自接案以来，社工会保持每周至少1次的频率与天天进行电话、微信联系，及时给天天以支持、鼓励。在这期间，社工了解到天天的兴趣爱好、日常生活安排等。但由于采取线上沟通以及天天不重视，社工与天天的沟通时长较短，且沟通内容无法深入。

（2）坚持优势视角，输出正面评价。

在与天天建立信任关系之后，社工开始深入了解天天的性格特点，挖掘其潜能和优势，以发展的眼光引导天天建立正向的自我认知。社工鼓励天天参加了青少年认知行为小组，通过小组活动让天天学会认知的相关知识。

通过多次谈话与日常观察，社工发现天天有许多特长，如弹钢琴、摄影和剪辑。而且天天对他人的认可和肯定是非常渴望的，在得到社工对其钢琴技能的肯定后，他更加努力地练习。于是，社工在每次服务中都会清晰地表达对天天的积极评价，表达对其的信任，满足了其被尊重的需求。在交流中，能够明显感觉到天天逐渐放下防备，与社工交流他内心真实的想法，表达他对从小被贴上"坏孩子"标签的不满与委屈。

（3）明晰自我认知，促进正向成长。

天天的父母希望他在初中毕业之后继续接受高中教育或者出国学习，但天天在受到学校的此次处分后，已经不再到校上课。当社工对天天提及"上学"的话题时，天天总是用"什么上学的事""我现在正在忙别的事情"等岔开话题。

社工经过评估，发现天天状态较好，但在每次服务中总是岔开话题，不愿自己做决定。于是社工在服务过程中教天天使用"SWOT"分析法深入分析并认识自己，让天天意识到在面对选择时可以自己做判断而不是依赖社工。为了

促进天天有所改变，社工从"服务的结束时间""自己的未来"这些实践着手让天天学会做判断和选择。但是，天天每次都会通过聊弹钢琴、"编绳"、剪视频等话题逃避做决定。为此，社工特意等待天天做完各项事情并自己做出"结束"的决定后，才结束服务。临近初三毕业，天天的父母开始为天天的未来发愁。社工协助天天及其家庭开展生涯规划，通过共同绘制"生命线"，天天的父母明确了天天要继续上学的目标，但天天依旧犹豫不决。在跟社工的交流中，天天表示很焦虑，不知道自己该做什么。社工协助天天再次使用"SWOT"分析法自己做出选择。在天天与朋友交流、天天的母亲向亲朋好友打听后，天天的家庭决定为天天就读私立高中做准备，天天也表示自己会试一试。天天的母亲向社工提及给天天请家教的事情，因为天天的性格和作息安排，找不到合适的家教，她正在为此事发愁。学校面试在即，天天并没有做好准备，于是他再次向社工求助。社工教天天如何设置适宜的目标，如何把目标细化、分步骤完成，并协助其进行面试准备。

通过分析自我和生涯规划，天天最终明确了要继续上学的信念，并决定把钢琴继续练习下去。

2. 润物无声地"引"：厘清朋友圈，结交良友

（1）深入沟通，了解其朋友圈。

在几次服务后，天天主动分享了周末与朋友外出游玩、自己安慰失恋朋友的经历，以及自己难以很好地与朋友和父母相处的问题，同时向社工展示了他的剪辑作品，并特别提到了视频中的女孩。在较为轻松的交谈气氛之下，社工以开玩笑的口吻猜测他们是情侣关系，天天否认，并很快跳转了话题。在交谈过程中，社工常常领教天天的跳跃思维。比如他突然为社工演奏钢琴，突然向社工介绍财务状况，突然提到谈话结束后将和失恋的朋友一起出门跑步，等等。这个时候，天天与社工的交流时长和内容虽然有所增加，但更多地停留在社工的单方面输出，天天难以做到良好地倾听。

天天的母亲表示，天天其实很关注社工，每周快到服务时间时都会催促家里人做好准备。天天的母亲也表示她很关注天天的交友群体以及他们的家庭背景、学习和行为习惯。她再三强调，希望社工帮助天天建立一个健康的朋友圈。

（2）促进自我探索，明确适宜的交友规则。

在第四次服务时，天天突然讲述了自己近期与前女友分手的经历，表示随着时间的推移，他的情绪有所好转；当前也有一名与他关系比较密切的女孩，但他并未对"二人是否是情侣关系"给予肯定的回应。天天依旧跟朋友们"腻"在一起，或是一起出去玩，或是留宿在朋友家。社工常常提醒：有朋友义气是好事，但一定要把握分寸。虽然天天嘴上说着无所谓，但短暂的沉默似乎表明了他对社工的提醒有了一定的认可。

3. 因地制宜地"扶"：构建育人合力，共同解决问题

（1）加强家校互动，改善师生关系。

社工在了解天天家长的需求后，通过与学校副校长面谈、电话交流沟通，逐步了解了天天的问题，随后社工作为学校和家长沟通信息的桥梁，引导学校和家长进行有效沟通。家长、学校、社工共同向天天分析停学的危害，并鼓励天天尽快回归学校，正常学习。社工以聚焦的方式，让校方和老师增加了对社工的了解，以家校联动方式，帮助天天获得了学校和家庭的情感和教育支持。经过两周的时间，天天顺利回归学校接受教育。

之后，社工推进天天与老师每两个月进行一次深度交谈，使其学会与老师有效沟通。社工也与天天的父母、班主任保持联系，了解天天的近况，跟进天天的目标达成情况，做到家校联合，动态跟进。除此之外，社工还充分利用学校资源，开展青春期成长适应主题的讲座，营造良好的学校氛围。

（2）社区助力，营造和谐邻里关系。

社工与居委会进行沟通，在社区开展青少年互助成长活动，利用社区力量，将社区内青少年组织起来，促进他们互相帮助，共同成长。除此之外，社工鼓励天天一家参与社区的志愿活动，在志愿活动中与社区居民交流互动，化解矛盾，改善邻里关系。

4. 将心比心地"帮"：赋能家庭教育，增强家庭功能

社工在进行调查时了解到，天天家庭内部存在着较大的矛盾和问题：天天的父亲早些年在外工作，近些年才回归家庭，与天天缺乏沟通，经常因为要求过于严苛而与天天起争执；而天天的母亲早些年独自照顾天天，比较溺爱天天，在天天与父亲发生冲突时经常偏袒天天，天天的父亲也因此与她在家庭教育上

产生分歧；天天在进入青春期后与父母的交流越来越少，家庭内部陷入相互排斥的僵局。社工发现天天当前面临的最大问题是家庭问题，故需在服务全过程中为其家庭开展相应服务。

（1）赋能家庭教育，提升亲职能力。

在第一次服务中，天天分享了周末与父母一起去天津旅游的事情。于是社工顺势询问他和父母的关系，天天表示"没啥好说的"，并开始转移话题，不愿再聊与家庭相关的话题。服务一结束，天天便要出门找朋友玩，天天的父母嘱咐他多加衣服、关上窗户，天天表示拒绝。在社工的极力劝说下，天天才转身回房间关上窗户出门。

在天天出门后，社工询问天天的父母与天天近期的互动状况，其父母表示"老样子，爱答不理的"，其母亲有些沮丧地说："天天与你们（社工）、与他的朋友们的交流互动都很开心，但感觉天天和我们就是两个世界的人，聊不来。"社工先让天天的父母反思一下自己在家庭沟通中的特点，天天的父亲表示自己有些强势，天天的母亲表示自己做事犹豫不决，有些溺爱孩子。社工引导天天的父母对其家庭互动方式进行了澄清。社工指出天天的父亲在沟通互动上存在不足，并且对天天要求过于严苛，应该给天天选择的权利，与天天平等沟通。社工指出天天的母亲对于家庭目标存在畏难情绪，且对天天过于偏袒，遇到天天不配合时便先行放弃、不了了之；天天的母亲还喜欢将天天与其他孩子进行比较，导致了天天对母亲的排斥和自身的低自尊状态。在社工的引导下，天天的父母表示已经认识到自己的沟通方式不当，会在之后的互动中多多留意。

（2）协助制定家庭目标，探寻解决方法。

在反思了当前家庭互动中存在的问题之后，社工帮助天天一家澄清了当前的家庭目标，并表示家庭目标的实现是一个长期的过程，不可能一蹴而就。

随着高中学校面试的临近，天天的父母提出希望全家能够为此做好准备，协助天天端正学习态度，实现个人的良好发展。但是在受到学校处分之后，该目标的实现目前面临着学校推卸责任、天天动力不足、父母难以落实三方面的困难，天天的父母对此十分焦虑。社工再次向天天父母澄清，在天天个人发展方面需要降低目标要求，而当前的目标是协助天天顺利通过高中学校面试，而不是盲目地追求天天的全面发展。社工表示学校方面问题的解决确实有些难度，但要尽量减轻学校给天天带来的负面影响；可以先从家庭方面入手，改变天天父母的行为方式。在明确目标之后，就可以着手制订简单易操作的计划了。天天的父亲表示："之前家庭内部也制定过一些家庭规则，但孩子妈妈存在畏难情绪，孩子一说不干了她也就搁置了，我对此也很无奈。"最后，社工与天天父母协商，以布置"家庭作业"的形式来督促天天实现家庭目标，并对未来一周的家庭目标进行了规划，如每天背八个单词。天天的父母表示自己将严格按照规划推动。

经过两周的考察，天天的母亲表示家庭能够严格执行促进天天个人发展的"每日单词计划"，并对此感到开心。社工也表示看到了天天的变化，并提醒天天的父母要用持续的量变引起质变。天天的父母表示，因为全家朝着共同的目标前进，他们感觉家庭关系有所缓和。天天的母亲介绍，他们度过了一个愉快的假期，天天与自己的交流也多了起来。其间天天加入了谈话，分享了上周自己带着母亲一起去体验送外卖的事情。社工与天天一家都感觉到家庭目标正在逐渐推动着家庭前进。

（3）改变家庭系统，调整家庭互动模式。

在第六次服务时，社工评估天天一家的家庭关系有了明显的改善，于是决定向其介绍家庭系统排列疗法，希望以此协助他们明确自己在家庭中的位置，明白当前的家庭结构是不合理的、需要改变的。

此次服务一开始，天天的父亲就向社工讲述了上周他们一家参加亲友婚礼的事情——因天天迟到太久打乱了参加婚礼的安排，他差点与天天产生冲突。社工以此事为契机向天天的父母介绍了家庭系统排列的相关知识，并让他们思考自己在家庭中的位置。在社工的引导下，天天的母亲表示她难以在家庭中找准自己的位置，很迷茫；天天的父亲表示，他"感觉自己在家里的地位很低，很多时候确实在压抑自己，但是不知道自己应该怎么做，害怕打破家庭现有的稳定"。社工向天天一家澄清了当前其家庭的结构是非常不合理的，孩子处于三角结构"顶端"，而父母过于被动。现在其家庭虽然看起来有稳定的结构，但是只能维持现状，无法往更好的方向发展，甚至一遇到风险就会发生坍塌。

最终，社工与天天一家达成共识：如果家庭想要往前走，就需要改变家庭的结构，达到一种合适的平衡状态。而这将是更长远的家庭目标，需要通过未来的一件件家庭事件慢慢推动实现。

（4）回顾服务，结案评估。

因服务期即将结束，社工在对服务进行成效评估后，准备结案。

最后一次服务中，在社工的鼓励下，天天主动表示同意结案，并跟社工约好如果有问题会主动寻求帮助。但天天的母亲依旧觉得不舍，她表示："幸好有你们（社工）陪着我，不然我真不知道该怎么办，一想到服务要结束了我就觉得有些紧张和害怕。"社工表示虽然社会工作服务结束了，但天天一家的家庭任务还在继续。达到家庭新的平衡是一个漫长的过程，需要天天一家自己去协商，社工只能帮助他们找到一些方法，至于如何选择，还需要他们自己做决定。

社工再次带着天天一家回顾了服务过程，使他们看到自身的成长，让他们明白解决问题、推动实现目标的一直是他们自己，社工只是一个辅助的角色。在社工的引导下，天天一家看到了家庭三个月以来的成长与进步，并对未来充满了期待。

"好的，那我们就结束吧，再见。""谢谢你们，我们会继续加油的。"在最后一次服务时，天天已经理解了社工的服务，语气轻快地同意结案；天天的父母对社工表示感谢，并表示会在家庭建设中继续努力。

三、成效评估

（一）目标达成情况评估

本次服务目标基本达成。天天能够对偏差行为有正确的认知，开始遵守校纪班规，与老师的信任关系进一步建立；天天的父母学习了科学的家庭教育模式，对以往错误的教育方法进行了深刻反思；其家庭能够改变相处方式，家庭关系得到了缓和；天天和父母一起制定了人生目标和职业规划，并实施了第一步计划——步入新学校。

（二）服务对象的改变

通过访谈和观察，社工了解到天天在自我认知方面有所进步，能够适时表达自己的观点，并对自己的未来有所规划。天天虽仍有"晚归""不守时"等不良习惯，但已经能够做到跟父母商量，考虑事情的后果并想办法解决问题。天天及其家庭有了独立解决问题的能力。

（三）结案原因

因本案服务目标已达成，服务期已满，社工在与服务对象协商后决定结案。经过服务对象及其父母、社工、学校、社区等多方面共同努力，服务对象的整体矫治评估基本达到了目标。

四、总结反思

（一）社工开展青少年偏差行为矫治服务的重点任务

1. 建立相互信任的专业关系

社工与服务对象建立相互信任的专业关系是一切帮教工作的前提。在本案例中，服务对象接受矫治服务是非自愿的，因此其在服务初期有较强烈的抗拒心理。而社工对服务对象无条件的接纳，可以逐渐打动服务对象的心。社工始终以平等、尊重、接纳的态度对待服务对象，同理服务对象的境遇和感受，唤醒服务对象内心深处向善的种子。在社工的持续努力下，服务对象的言行举止都发生了积极正向的转变，服务对象的父母在看到服务对象的转变后，也逐渐配合社工，社工逐步获得了服务对象及其父母的信任。

2. 推进建设家校社协同机制，共同营造健康的成长环境

家庭系统、学校系统、社会系统三者通过与青少年个体的互动、系统之间的互动，共同对青少年的行为产生影响。因此，营造健康的成长环境需要家庭、学校、社区及社会多方主体，在青少年偏差行为的预防和矫治工作上形成合力，共同维护青少年的健康成长。家庭是人进行社会化的初始环境，但青少年在因成长过程中的各种问题与家庭成员产生冲突时，往往缺乏从家庭中获得的支持，甚至有不少青少年对家庭产生抵触心理，并将注意力转移至同辈群体。因此，为了让帮教服务取得更好的效果，社工将服务对象不健康的朋辈关系与不和谐

的家庭关系作为工作重点，通过引导服务对象认识到自己当前的交友问题，学习正确的交友方式，制定交友规则，从而改变自己的朋友圈并逐步改变自己的不良行为习惯。

3.构建社区支持网络，注意同辈群体力量

轻微程度的偏差行为在青少年群体中普遍存在，且同辈群体对青少年的影响力巨大。因此，要促进青少年的健康成长，不可忽视同辈群体的作用。应利用社区等青少年日常活动场所，构建青少年发展的广泛社会支持网络，如在社区层面开展针对青少年健康行为的宣传教育、开展社区教育小组等活动，同时鼓励青少年建立和拓展积极的朋辈支持网络，发挥同辈群体的积极作用[1]。

4.注意处理结案时服务对象及其父母的负面情绪，适时放手

在本案例中，服务期已满，社工在对服务成效进行评估的基础上，认为可以结案。在社工与服务对象进行沟通后，服务对象也同意结案。但在结案时，服务对象的母亲表现出一定的倒退、依赖和焦虑情绪，表示不知道自己在社工离开后该怎么办，比较迷茫。面对此种情况，社工主动给予服务对象的母亲鼓励，肯定她在这段时间里做出的努力，再次总结服务过程以及服务对象母亲的改变和成长，鼓励其运用学到的知识应对之后的问题。

（二）青少年偏差行为矫治面临的特殊困境

青少年偏差行为矫治虽然目前已经有较为丰富的理论和实践成果，以及相应的法规政策支持，但在具体服务和实践过程中，仍然面临多个层面的挑战。

1.政策制度层面

在政策制度层面，我国在青少年保护方面已经形成了相对完备的政策体系，但在青少年偏差行为预防方面的政策制度仍不够完善。调查显示，青少年学生对偏差行为的认知力正在下降，在一些青少年学生的观念意识中，一般行为与偏差行为的界限模糊不清，甚至消失。在本案例中，服务对象由于对不良行为产生错误认知而出现偏差行为，并对后续处理措施带有不满情绪。青少年对偏差行为的认知力下降，一方面是因为青少年心智发育不成熟；另一方面则

---

[1] 费梅苹.偏差青少年边缘化过程的互动机制及行为逻辑研究.社会科学，2010（2）.

是因为社会对青少年偏差行为的教育不足，对青少年偏差行为教育的重视程度不够。

2. 专业服务层面

在本案例中，社工面临较多的专业服务困境。首先，在前期接案、与服务对象初步建立专业关系阶段，服务对象的非自愿性与排斥，影响专业关系的建立和服务的推进。其次，青少年偏差行为矫治的复杂性对社工的能力有较高要求。第一，青少年自身的身心特点，如情绪两极化、比较自我中心等，要求社工在服务过程中充分接纳服务对象，具备耐心，社工在与服务对象建立信任的专业关系上需要经历较长的过程；第二，青少年偏差行为类型与所处环境的多样性和复杂性，要求社工具备综合能力，为服务对象提供针对性服务。在本案例中，服务对象的个人认知存在偏差，且所处环境存在众多不利因素，社工只有对认知行为与家庭治疗有一定的了解，才能在后续服务中提供相应知识，并与服务对象及其家庭共同制订服务目标和计划，有针对性地帮助服务对象。

3. 主体合作层面

社工在提供矫治服务的过程中，需要多主体——包括服务对象及其家庭、学校以及其他服务提供主体——的参与及合作。各个主体对于社会工作服务的参与度与配合度对社会工作服务的进程和效果有关键影响。在本案例中，服务对象在服务初期对于社工的服务较不配合，以自我为中心，不能好好听社工讲话；服务对象的父母在社工的指导下，与社工共同制定服务目标，但在实际执行过程中，服务对象的母亲由于畏难情绪有所退缩，对计划的执行度不高，影响服务目标的达成；在服务对象出现偏差行为后学校的处理方式以及社区居民对服务对象的排斥，都加剧了社会工作服务的开展难度。

（三）社工介入青少年偏差行为矫治的未来展望

社工通过为有偏差行为的服务对象提供矫治个案服务，帮助服务对象实现了改善行为、恢复社会功能并回归正常社会生活的目标。社会工作在介入青少年偏差行为矫治方面已经形成了比较完善的服务方案和工作流程，在未来，社会工作将在青少年偏差行为矫治服务方面持续探索与努力，不断提升社会工作的专业性与服务能力，以帮助更多有偏差行为的青少年。有偏差行为的青少年就像大海中暂时迷途的小船，如能得到及时的关爱，获得导航，他们定能拨开迷雾，重回健康成长的航道。而社工作为青少年成长的"摆渡人"，扮演着陪伴并引导青少年穿越迷雾的重要角色，需努力引导他们独自乘风破浪，真正实现助人自助。

第二节 教学手册

一、教学目标与案例用途

（一）教学目标

（1）通过案例呈现，使学生了解青少年矫治社会工作的发展，掌握青少年矫治社会工作的实务模式。

（2）通过学习本案例，引导学生思考在快速发展的社会环境下，青少年偏差行为矫治服务过程中存在哪些困难和挑战。

（3）通过分析本案例，引导学生思考、探索开展青少年偏差行为矫治服务的重点任务以及未来的发展路径。

（二）适用对象

本案例适用于社会工作专业硕士研究生及高年级本科生、社会工作领域的研究者与实务社工。

（三）适用课程

本案例适用于"高级社会工作实务""青少年社会工作""个案社会工作"等课程。

二、启发思考题

本案例中的启发思考题与教学目标一致，要求学生在课前阅读相关知识并查阅与案例相关的信息。

（1）你认为青少年偏差行为矫治社会工作应包括哪些内容？

（2）青少年偏差行为的特点及影响因素有哪些？当前青少年偏差行为矫治社会工作面临哪些挑战？

（3）当前开展青少年偏差行为矫治社会工作的重点任务是什么？

（4）如何完善青少年偏差行为矫治社会工作的未来发展路径？

三、分析思路

（一）分析思路一

了解青少年偏差行为矫治社会工作的发展历程与实务模式。教学需要关注青少年偏差行为矫治社会工作的需求评估、服务提供、服务评估及反思。

青少年是社会工作的主要服务对象之一，青少年社会工作也是社会工作的主要领域。在为青少年提供服务的过程中，社工应秉持以下原则：尊重青少年的价值与尊严、接纳与关爱青少年、注重青少年的个别需求，以及协助青少年具备适应社会变化和不断成长的能力。社工为青少年提供全方位的服务，包括思想引领、习惯养成、职业指导、社交指导等，以促进青少年的成长与发展。此外，社工还为青少年提供困难帮扶、权益保护、法律服务、心理辅导等，以维护青少年的合法权益，并通过行为矫治和社会观护等，预防青少年违法犯罪。

青少年矫治社会工作与未成年人司法社会工作息息相关。未成年人司法社会工作的服务内容可分为三类：

（1）维权类。包括被害人救助服务、民事观护服务等。

（2）预防犯罪类。包括未成年人不良行为干预服务、未成年人严重不良行为矫治服务。

（3）矫治类。包括违法未成年人训诫教育服务、涉罪未成年人社会调查服务、涉罪未成年人教育矫治服务。

社工运用不同的专业方法，并在不同服务理论和模式的指导下，有针对性地为青少年制订服务计划。通过发挥青少年的优势、有效利用青少年的资源，协助他们矫治偏差行为，建立和增强社会支持系统，促进他们回归正常的家庭、学校和社会生活。

（二）分析思路二

参考埃里克森的心理社会发展八阶段理论，结合当前社会发展现状与时代背景，分析青少年阶段的发展任务、重要事件和可能面临的心理危机。青少年表现出的偏差行为是其心理危机的可视化、外在和显性反映。因此，需要探讨青少年偏差行为的特征及影响因素。结合当前青少年矫治社会工作的现状，从不同层面、不同视角、不同主体出发，根据青少年及其家长的服务需求，引导学生思考在当前社会环境下，青少年偏差行为矫治服务过程中存在的困难和挑战。

1.青少年偏差行为的特征及影响因素

青少年偏差行为常表现为对社会规范的漠视与挑战，如犯罪行为、反社会行为、药物滥用行为及逃学等。青少年偏差行为具有多发性和持久性，不仅会影响青少年自身的发展，还会影响家庭和社会的稳定。

青少年偏差行为的影响因素错综复杂，主要包括：社会因素（如信息时代、价值观多元化带来的冲击等）、家庭因素（如家庭教育缺失、溺爱、忽视情感交流或严厉管教等）、个体因素（如个体差异以及自我认知能力、情绪调节能力和抗逆力不足等）以及朋辈因素（如不良同伴关系、不良亚文化等）[①]。

2.青少年偏差行为矫治服务过程中存在的困难和挑战

（1）政策制度层面。

我国在青少年保护领域已构建了一套相对完善的政策体系，但在预防青少年偏差行为方面所采取的具体措施仍显薄弱。数据显示，青少年群体对于偏差行为的认知能力呈现下降趋势，部分青少年混淆了正常行为与偏差行为的界限。出现这一问题，主要是因为青少年自身心智发展尚未成熟，且当前社会对该问题重视不足。

（2）专业服务层面。

在本案例中，社工面临多重专业服务困境。在接案与建立专业关系阶段，服务对象的非自愿性与排斥情绪阻碍了专业关系的建立和服务进程。青少年偏差行为矫治的复杂性对建立专业关系、社工能力等方面提出了更高要求。面对服务对象个人认知偏差及不利环境因素的双重挑战，社工需了解专业理论知识，有丰富的实务经验，从而保障服务顺利、有效实施。

（3）主体合作层面。

第一，服务对象及其家庭内部的困难。

服务对象的不配合与不信任：在服务初期，服务对象可能出于自我中心或

---

① 刘志坤.社会环境、同群效应对青少年群体偏差行为作用研究.潍坊学院学报，2021，21（6）.

误解等原因对社工不配合、不信任，直接影响了专业关系的建立和服务的开展。

家庭内部的分歧：虽然服务对象家长参与了服务目标制定，但在服务过程中产生的分歧，导致服务效果不佳。

第二，学校层面的合作难题。

不当处理与消极回应：学校在面对青少年偏差行为问题时，采取的处理方式非但未能有效遏制偏差行为，反而加剧了其负面影响，降低了社工与学校之间合作的有效性。

缺乏协同机制：学校与社工缺乏明确的协同机制和沟通渠道，导致服务过程中出现沟通不畅、资源利用不足等问题，影响服务的整体效果。

第三，社区环境的排斥与偏见。

社区居民的排斥态度：社区作为青少年成长的重要环境之一，其成员对偏差行为的排斥与偏见，不仅会给服务对象造成心理压力，增加其行为改变的难度，也会影响社工开展服务的进程。

缺乏社区支持网络：缺乏有效的社区支持网络，导致社工难以整合社区资源、形成全方位的支持体系。

（三）分析思路三

引导学生思考、探索在当下开展青少年偏差行为矫治的重点任务，通过纵向和横向两个维度的分析，引导学生全面理解青少年偏差行为矫治的重点任务，学会在不同服务阶段和与不同主体合作时提供有效的社会工作服务。

1. 纵向维度：社工在不同服务阶段的重点任务

（1）前期：建立相互信任的专业关系。

与服务对象建立相互信任的专业关系是一切服务工作的前提，也是贯穿服务全过程的关键要素。服务对象出于推脱责任等原因，往往会逃避与社工的见面和会谈，或者会通过撒谎来应付，如编造自己的成长经历和朋辈现状，故意隐瞒偏差行为的事实。此外，服务对象接受矫治服务通常并非自愿，他们认为自己受到了不公正的对待，认为接受社工的服务只是"走过场"，将社工视为可有可无的志愿者，这样的态度使得社工无法顺利开展服务。因此，社工应无条件地接纳服务对象，做到尊重和真诚地与服务对象相处，逐渐同理服务对象的感受。通过这种方式，社工可以逐渐融化服务对象的心，了解其内心的真实想法和诉求。这有助于制定有针对性且有效的服务目标和服务计划，为后续服务的推进奠定良好基础。

（2）中期：持续评估与执行服务目标和服务计划，使服务对象的改变可视化，增强其改变的信心与动力。

随着逐渐与服务对象建立信任关系，逐渐深入了解服务对象的特点和需求，社工在服务过程中可以实时评估服务目标和服务计划的可行性、针对性和有效性。同时，社工应链接服务对象所需的资源，进一步提高服务质量和效率。

（3）后期：强化与持续服务效果，处理结案时服务对象的负面情绪。

结合内外因，打造和强化服务对象的改变效果和动力，评估服务对象在结案阶段的潜在风险。在服务结束时，服务对象可能会出现否认、倒退、依赖、抱怨、愤怒、讨价还价、忧郁等情绪，对自我能力产生怀疑，认为失去社工的支持自己不足以战胜困难。

"助人自助"是社会工作的核心价值观之一，社工不仅仅要实现"授人以鱼"的目的，更要"授人以渔"。在评估并与服务对象商量后，如果达到了结案标准，社工就应适时结案。这既是履行了社工的职责，也是对服务对象负责的表现。在服务后期，应评估服务对象的改变是否达到了结案标准，或者服务对象是否需要转介服务或延长服务期限。这一过程需要综合考虑内外因素，确保服务对象在离开社工的支持后，能够继续保持积极的改变并拥有足够的动力和资源应对未来的挑战。

2. 横向维度：社工与不同主体合作时的重点任务

第一，推进建设家校社协同防治机制，共同营造健康的成长环境。

家庭作为个体社会化的初始场域，其影响力深远且持久。然而，若青少年在成长时期与家庭成员产生过多矛盾与冲突，就会诱发其对家庭环境的疏离感乃至抵触情绪。作为应对，他们倾向于将情感寄托于同辈群体。相较于家庭环境，朋辈环境中有更多与青少年话题一致、兴趣相同的人，能够在很大程度上为青少年提供情感支持。然而，由于青少年心智尚未成熟，对行为的辨别和控制能力不足，他们更容易形成不良行为习惯，甚至发生群体性的违法犯罪行为。

因此，社工应积极引导服务对象认识到当前的交友问题，帮助服务对象学习并建立正向的交友模式。同时，家庭环境是影响服务对象发生改变和实现服务目标的关键因素。社工需要在服务全过程中，改善家庭沟通和互动方式，建立良好的家庭环境，使服务对象家长认识到自身的不足。随着家庭关系的改善，服务目标也将更容易达成。

第二，构建社区支持网络，珍视同辈群体的力量。

青少年群体中偏差行为的存在，与同辈群体的影响关系甚大。为促进青少年健康成长，须正视并强化同辈支持。社区作为青少年日常活动的关键场域，也应被充分利用以构建完善的社会支持网络。因此，社工应聚焦青少年偏差行为问题，充分利用社区平台，积极组织青少年偏差行为预防宣传教育活动、青少年偏差行为矫治小组活动等，促进青少年自主建立同辈支持网络，构建广泛的社会支持系统，强化同辈群体的正面影响，为青少年健康成长提供有力保障。

此外，还应充分发挥共青团、妇联、教育系统、司法系统等多方主体的力量，整合服务资源，构建全面而有力的支持体系，满足青少年的成长需求，帮助青少年健康成长。

（四）分析思路四

未来需要在理论研究和实践经验基础上，从政策与机制、专业服务、行业合作等多个维度开展工作[1]。

在政策与方机制面，需要持续优化和完善相关社会福利政策。当前，国际社会青少年政策有一个明显变化：在青少年生存和发展以及社会化方面，关注重心由"教化和控制问题"向"福利照顾问题"转移。以有关福利服务政策应对青少年问题成为一种世界性的潮流，"青少年福利"概念应运而生。它相当明确地指出，现代一般社会成员所公认的福利，以及社会权利概念中应当予以满足的方面，都是青少年的正当福利需要。这种国际性青少年政策的实质就是以人为本，从青少年的需要出发，通过向青少年提供广泛的福利服务，来促进他们更充分地参与社会、分享社会进步成果，并为社会政治经济的发展贡献才能。因此，我们也应该制定并出台相应的青少年福利政策，从政策层面加强对青少

---

① 席小华.中国少年司法社会工作的行与思.华东理工大学学报（社会科学版），2018，33（6）.

年偏差行为的重视。此外，要突显民间组织在青少年偏差行为矫治中的地位和作用，实行发展培育和问题预防并重的方针。政府要加强民间青少年服务机构、青少年研究机构、青少年社团等的合作，定期为青少年提供服务。

在专业服务方面，需要培育一支青少年社会工作专业人才队伍。引领社会工作专业人才进入边缘青少年领域开展服务，并协助其解决服务过程中的实践困境，既是青少年服务需求得到满足的重要保障，也是青少年社会支持体系搭建过程中必须解决的核心问题。近年来，学生问题行为个案呈上升趋势，而年龄呈下降趋势。这一方面表明，受社会变迁和家庭结构改变的影响，青少年问题变得更加复杂；另一方面也说明，青少年社会工作服务模式应从以个人面谈辅导式服务模式为主向综合性服务模式转变，实施多元化和多层次的辅导服务[①]。社会工作服务在进一步发展现存服务方式（如各种讲座、多媒体、培训等）的同时，应充分实现家庭、学校、社区之间的有机互动，使青少年与家庭、学校、社区结成伙伴关系；对问题青少年的处理既包括面谈辅导、家访、小组活动、教育活动，也包括外在环境的改变、辅导专业人员的配备甚至是政策建议和修正等。

在行业合作方面，需要合力构建完善的青少年偏差行为矫治工作体系。青少年产生偏差行为，与社会不良诱因是分不开的。政府部门要下大力气来整治社会不良风气，为青少年提供良好的社会环境。宣传部门要多发行有益于青少年身心健康的报刊书籍和电视电影作品，起到正向引导作用。此外，相关部门也要对学校周边环境进行严格把守，以防社会不良分子诱导、教唆青少年参与违法犯罪活动。促进青少年健康成长不仅是家庭的责任、学校的责任，也是社会的责任、国家的责任，因此在实际矫治青少年偏差行为时，社工应当充分调动各方力量，努力构建完善的工作体系，以便给予青少年更加全面的指导。例如，社工在开展青少年偏差行为矫治工作时，可与家长、学校、社会公益组织等取得联系，共同开展多样化的实践体验活动，以便让青少年在良好的氛围中，获得更多关爱与帮助，主动改变自身的不良言行；还要建立实时联系机制，及时交换信息，了解青少年在不同阶段、不同环境中的表现，然后改进工作，确

---

① 吴军民.澳门边缘青少年偏差行为及其教育干预.中国青年政治学院学报，2002（5）.

保各项活动有序衔接，给予青少年更加科学的引导，通过发动多方力量，营造良好的育人环境，发挥不同主体的优势，切实提升青少年偏差行为矫治工作的质量，让青少年得以健康发展。[①]

四、理论依据与分析

（一）生态系统理论

生态系统理论把人的发展看作持续地适应环境，并与环境的众多层面进行系统交换的过程。它大致将环境分为三个系统：微观系统、中观系统、宏观系统。

微观系统指个人在亲密情境下的人际关系活动形态与角色扮演，包括影响个人的生物、心理和社会系统；中观系统指对个人有影响的小群体，包括家庭、学校和社会群体；宏观系统指比家庭等中观系统更大的群体和系统，影响个人的重要宏观系统是组织、机构、社区和文化。

（二）认知行为理论

认知行为理论认为，在认知、情绪和行为三者中，认知发挥着中介与协调的作用。认知对个体的行为进行解读，这种解读直接影响着个体是否最终采取行动。认知的形成受到"自动化思考"机制的影响。因此，要想改变服务对象的现状，就必须将这些已经可以不假思索地做出的行为重新带回个人的思考范围之中，帮助个人在理性层面改变那些想要改变的行为。认知行为治疗以问题为导向，关注当下，主要技巧有个案概念化、合作式的治疗关系、苏格拉底式的提问、结构化和心理教育以及认知重塑等。

（三）家庭系统排列疗法

家庭系统排列疗法认为每个人都既是个体，也是家庭、环境、文化和其他团体或系统的产物。在家庭系统中，有一些隐藏着的、不易被人们意识到或觉察到的、符合自然的动力法则，决定着家庭成员之间的关系。人类的家庭有其

---

① 代婉茹.社会工作介入青少年偏差行为措施的雏探.时代人物，2021（20）.

运作的规则与次序，若家庭的每一分子都能够遵循这些法则，家庭成员就能够和谐相处；若家庭中有人违反这些法则，就会给整个家庭带来破坏性影响。如果我们忽略和违背了系统运行的基本法则，我们就会受困扰，即受到"牵连"。

家庭系统排列是一种强有力的方法，它能够消除使服务对象无法全然活出自己愿景的生活的阻碍。参与过家庭系统排列的人会发展出对自己和他人更多的慈悲，因为他们可以直接看到家庭历史对自己行为的影响。家庭系统排列可以使服务对象找到"觉知的爱"，并让爱在家庭内部和家庭人际关系中流动。[①]

（四）优势视角理论

优势视角理论认为每个人都有自己独特的优势，即便是弱势群体，也具备可发掘的潜能和资源。该理论相信人能改变，认为每个人的价值和尊严都应该受到尊重。不同于问题视角，优势视角指导下的社会工作服务重点关注服务对象本身所具有的优势和资源，相信每个人都是独一无二的，人们有能力运用自身资源来改变自己、发展自己的能力。社工应该协助服务对象充分发掘和发挥自身潜能、优势，增强自主解决问题的信心和能力。

五、背景信息

青少年时期是个体生命历程中的一个重要时期，不仅是儿童向成人过渡的重要时期，也是个体社会化的重要时期。在此阶段，青少年常常面临诸多挑战，包括探索身份认同、建立同伴关系以及学业压力等。青少年在探索自我、解决问题的过程中，常因身心发育尚未成熟及社会经验不足而陷入迷茫与困惑，进而产生逃学、暴力、网络成瘾等偏差行为。这些行为不仅危害青少年的身心健康，还可能逐步演变为违法犯罪行为，对社会秩序构成严重威胁。[②]

在此背景下，青少年偏差行为矫治社会工作服务显得尤为重要和迫切。此类服务旨在通过专业社会工作介入，针对青少年的需求与问题，制订综合性的

---

① 邹苏，甄宗建.意象对话技术与家庭系统排列的结合：大学生心理咨询方法探新.科教导刊（中旬刊），2019（2）.
② 王礼申.去个体化效应：群体偏差行为的心理学解释.科协论坛（下半月），2009（6）.

服务计划，通过个案管理、家庭治疗、小组工作等多种服务模式，从个体、家庭、学校及社区等方面，全面剖析青少年偏差行为的成因，并整合多方资源，形成育人合力，为青少年提供个性化、系统化的帮助。在具体实施中，社工通过建立信任关系、改变错误认知、培养交友技巧、改善亲子沟通等方式，引导青少年认识并纠正自身行为，同时加强家庭、学校和社区的支持与协作，共同为青少年营造一个有利于其健康成长的环境。这一服务模式的探索与实践，不仅有助于减少青少年偏差行为，还能为促进青少年全面发展、维护社会稳定贡献极大力量。

六、关键要点

（1）了解国内外青少年社会工作的发展历史和现状，掌握青少年社会工作的实务模式。

（2）通过学习本案例，思考在当下青少年偏差行为矫治服务过程中存在的政策制度层面、专业服务层面、主体合作层面的挑战。

（3）通过分析本案例，引导学生思考、探索开展青少年偏差行为矫治服务的重点任务，如建立相互信任的专业关系、重点关注服务对象的家庭系统和朋辈网络的影响、构建社区支持网络、处理结案时的负面情绪。

七、建议课堂计划

本案例可根据学生在实务经验方面的差异，以及学生课前对案例的熟悉程度和对有关资料的收集情况来灵活设计和安排课堂计划。课堂计划既可根据启发思考题和分析思路来制定，也可根据学生的知识水平与学习进度进行灵活安排，推荐课时为90分钟。具体可以参考以下计划安排（见表3-1）。

表3-1　课堂计划

计划内容	推荐课时（分钟）
案例内容概述、案例讨论热身等	10分钟
启发思考题1	15分钟

续表

计划内容	推荐课时（分钟）
启发思考题 2	20 分钟
启发思考题 3	15 分钟
启发思考题 4	15 分钟
教师总结	15 分钟

其他计划：如果项目负责人或其他工作人员有时间，且课时安排充足，那么可以在上述课堂计划完成后，邀请青少年司法社工等相关人员开办专题交流会，以帮助学生进一步了解该案例。可以请学生尝试从青少年司法社工的视角设计一类服务对象，展示并尝试服务方案的设计与执行。

八、教辅材料

隋玉杰 . 个案工作 . 2 版 . 北京：中国人民大学出版社，2019.

扎斯特罗 . 社会工作实务：应用与提高 . 北京：中国人民大学出版社，2005.

案例四 │ 农村儿童保护的线上小组服务

祝玉红　贾泽婕 [1]

摘要： 由于主要照顾者的关爱欠缺、监护力度较弱，学校和社区提供的资源和保护有限，乡村寄宿制学校儿童普遍面临人际关系疏离、情感淡漠、行为和心理健康问题，甚至频遭意外伤害、虐待、校园欺凌等恶性事件。互联网技术的应用和普及，使得低成本、远距离的线上干预服务成为可能。为更好地关爱和保护农村儿童，项目以家庭为服务切入点，通过开展线上亲职小组服务赋能农村家长，增强农村家长的亲职意识，提升农村家长的亲职能力，实现保护农村儿童和促进农村儿童发展的双重目标。

本案例借助数字技术和远距离的虚拟场景实现了优质社会工作服务资源向农村的成功递送，是"互联网＋社会工作"专业服务助力农村家庭教育和儿童保护的有益尝试。在当前数字化社会转型的背景下，本案例为发展面向农村家长的亲职教育小组工作服务提供了参考。

关键词： 网络社会工作　儿童保护　农村家庭　亲职教育

第一节　案例

一、案例背景

（一）农村家庭现状

家庭的"生而不养"和"养而不教"是当前困扰我国未成年人保护工作的

---

① 祝玉红，中国人民大学社会学院教授。贾泽婕，中国人民大学社会学院2024级社会学博士生。

两大难题。研究表明，缺乏父母支持、消极的家庭互动是导致儿童虐待与欺凌行为发生的风险因素[1]。在农村儿童成长的过程中，父母缺位和祖父母隔代抚养，加上农村学校资源相对匮乏、缺乏完善的安全保护体系，为儿童的安全与健康埋下了隐患。研究显示，农村留守儿童伤害的发生率显著高于农村非留守儿童，其中，意外事故和安全风险成为农村留守儿童伤害的主要表现[2]。此外，农村留守儿童营养不良的发生率也明显高于农村非留守儿童[3]。

在农村欠发达地区，由于经济发展水平较为落后，家长们的受教育水平普遍较低，为了让孩子有一个更好的未来，他们努力奋斗，从田间到工厂，从家乡到异乡。他们的生活充斥着工作和日常琐碎的压力，在管教孩子时经常很难做到心平气和地与孩子进行有效沟通。

（二）专业服务不均衡

近年来，我国儿童保护政策和儿童福利体系不断完善，家庭教育指导服务体系建设有了较快发展，基本形成了覆盖全国的五级工作网络和 70 多万个基层家庭教育指导服务机构[4]。在《中国儿童发展纲要（2021—2030 年）》中，儿童被优先纳入国家战略，提倡家庭、学校、社会和网络对儿童进行全方位保护，从政策制定、立法、司法到社会生活，为儿童健康成长创造更加有利的环境。《中华人民共和国家庭教育促进法》提出，要重视家庭教育，未成年人的父母或者其他监护人负责实施家庭教育，国家和社会为家庭教育提供指导、支持和服务，强化家庭教育对儿童成长的重要性。然而，我国当前农村的发展不仅面临地理位置偏远、对外流通性差、规模聚集程度低等经济竞争上的地理劣势，也面临社会价值和社会资源分配上的关系劣势[5]。尤其是中西部农村地区家庭教育资源薄弱，学校和社区的家庭教育指导意识不足，导致儿童及其家长的需求难

---

[1] 杨磊，戴优升. 家庭社会资本、学校环境会影响青少年心理健康吗？：基于 CEPS 数据的实证分析. 中国青年研究，2019（1）.

[2] 戴建兵. 农村留守儿童多维风险评估与干预：基于风险的社会放大理论框架. 西北农林科技大学学报（社会科学版），2017，17（6）.

[3] 徐志刚，吴蓓蓓，周宁. 家庭分离、父母分工与农村留守儿童营养. 东岳论丛，2019，40（9）.

[4] 朱永新. 构建覆盖城乡的家庭教育指导服务体系. 人民教育，2020（Z3）.

[5] 吴越菲. 迈向跨区域服务传送的乡村振兴：网络社会工作的实践可能. 中国农业大学学报（社会科学版），2021，38（5）.

以得到满足。

在广大农村家庭中，家长普遍缺乏家庭教育必需的知识和能力，对诸如辅导作业、养成良好习惯、建立和谐的亲子关系、提高儿童的自我管理能力等问题缺乏有效的应对策略，常常让自己陷入束手无策的境地。农村儿童的心理健康和安全保护也面临巨大挑战。当家长在家庭教育中遇到困难时，国家和社会有义务协助家长提高亲职养育能力，把好家庭教育这个重要关口，让家庭功能得以有效发挥。

（三）数字时代与网络社会工作服务创新

传统的社会工作服务主要依赖于面对面的直接服务，往往受到时间和空间的限制。互联网技术的日新月异不仅对社会生活和社会组织形态产生了深刻的影响，也为传统的社会工作服务带来了新的机遇与挑战，网络或数字社会工作已越来越被认为是应对不确定性和脆弱性的重要服务模式。为减少服务对象在服务获得上的地理－社会障碍，一些社会工作服务开始尝试使用信息通信技术作为对传统服务的补充，或者借助数字技术推进正式的远程临床服务（formal distance clinical practice）。社工利用信息技术开展外展服务，例如借助随时随地可共享协作的掌上微服务，将社会工作的直接服务拓展至更大的人群范围。新冠病毒感染疫情爆发后，由武汉社工发起的志愿服务团队，创新性地提出了一种"跨学科远程互联"（interdisciplinary remote networking）的干预服务模式，借助微信等社交媒体平台，为受疫情影响的民众提供在线服务，有效地满足了服务对象的多元需求[①]。"互联网＋社会工作"的开展，为保护儿童和助力农村家庭教育等服务的递送创造了新的实践可能。社工可以发挥专业优势，为广大农村家庭提供专业的家庭教育指导和服务，帮助农村家长提升亲职效能，营造尊重儿童的温馨、友好的家庭环境。

中国人民大学社会工作与社会政策系的师生们发起了面向农村儿童保护的"K.A.G.E. 爱伴成长"线上亲职小组服务项目，由 1 位在困境儿童保护的实

---

① YU Z, CHEN Q, ZHENG G, et al. Social work involvement in the COVID-19 response in China: interdisciplinary remote networking. Journal of social work, 2021, 21（2）.

务和研究领域深耕多年的教师担任团队负责人，与 4 位社会工作专业硕士研究生一道设计和实施服务，并由 1 位资深实务社工担任督导。该项目以知识教育（knowledge，简称 K.）、增强亲职意识（awareness，简称 A.）、家长的自我成长（growth，简称 G.）、成为有效能的家长（effectiveness，简称 E.）为服务目标，秉持助人自助的价值观和"家长往前一小步，孩子成长一大步"的服务理念，通过亲职教育服务赋能农村家长，以实现保护农村儿童和促进农村儿童发展的双重目标。经过几番沟通，团队决定与 Y 小学合作，以该校存在亲职教育问题与需求的农村家长为服务对象，于 2021 年 7 月至 11 月（共 4 个月）开办了两期共计 16 节"K.A.G.E. 爱伴成长"线上亲职小组。

二、服务过程

（一）农村儿童保护的服务初探

1. 万事开头难——前期招募

在与校长确定合作意向后，项目团队通过公开招募（线上问卷）和校方推荐两种方式招募服务对象。在这一阶段，团队成员每天都及时跟进报名情况。其间，团队成员发现自愿报名参与的人数远远超过了预期的人数，然而当团队成员根据家长留下的电话号码逐一联系时，空号、拒接、拉黑、不回短信、不通过微信好友申请等情况比比皆是。有家长认为团队成员是骗子或是在推销课程；也有家长表示是孩子报的名，而他们并不知情，是否参加活动仍需再考虑……在招募服务对象时人数超出预期的喜悦被一次次联系失败冲垮，挫败感油然而生。服务甚至尚未在真正意义上开始实施，团队就遇到了如此棘手的问题：如果招募不到服务对象，那么又何谈开展服务？

此时已是 6 月下旬，离原计划的第一次服务时间只剩不到半个月。时间的紧迫与活动进程的停滞让团队成员感到有点沮丧。她们紧急调整状态，又一次召开了线上会议。在会议中，团队负责人的"换位思考"打破了当前的僵局。她们意识到：站在家长的立场上，她们就是陌生人，眼下的联系方法根本行不通……实际上，她们预设的是家长自愿报名并且已经充分了解了活动性质，然而根据已取得联系的家长的反馈得知：其实很多家长对活动内容并不了解，只是在老师简单介绍后就积极报名了；他们报名是出于自己和孩子对学校、老师的信任或是为了完成"任务"。在意识到这一点后，她们开始改变策略。她们迅速制作了一张信息登记表，并请学校老师帮忙转发，以此获取家长的真实电话号码；同时她们讨论出了与家长电话沟通的有效话术。她们一直在思考：在素未谋面的情境里，如何能够赢得家长的信任？团队成员一致认为，学校是双方都信任的重要合作伙伴，或许可以架起团队成员与家长之间沟通的桥梁。于是，当再次和家长联系时，她们首先表明自己的身份并特别强调学校对活动的支持，让家长相信这是一个学校认可且免费的官方活动。此外，团队成员还发现家长接电话成功率最高的时段是中午和傍晚，于是她们集中在这两个时段拨打电话，在不懈努力下，团队终于和所有登记报名的家长都取得了联系。

2. 向前一小步——需求评估

在与家长取得联系的同时，团队成员也逐一对确定参加活动的家长进行了电话访谈。实际上，这一通电话不仅让团队成员了解了家长的需求，也拉近了团队成员与家长之间的关系。有家长在电话里讲述了自己的家庭状况："孩子从小没有爷爷奶奶，是由我一个人带大的，她爸爸长期在外地上班，很少回来。我平时对孩子比较严厉，很少夸奖她，一直希望她能活成我所期待的样子，不管是学习还是生活上我都希望她能达到我的要求，顺从我的意愿。就像我平时说得最多的话就是：'怎么这么慢呢？怎么啥都不会？这道题不会，那道题也不会，在学校经常做白日梦吧？如果不好好学习，长大以后就像我一样，只能在家里放牛。'我非常担心女儿学习成绩不好、在学校被欺凌或者出现心理问题。"

通过对家长们的访谈，团队成员发现许多家长由于事务繁忙、压力较大，在管教孩子时容易情绪失控，事后又十分后悔；家长们更愿意讨论孩子存在的问题（包括写作业比较慢、沉迷于看电视、脾气不好等），并将自己脾气不好的原因都归结到孩子身上……他们的需求虽多元却具有普遍性。

为了与家长们保持联系，团队成员向家长们发送了微信好友申请、建立了微信群，并迅速发布了问卷，评估家长们当前的需求和问题。通过对问卷和访谈内容的分析，团队成员意识到家长们提到的问题（真正的需求）与她们刚开始预想的服务内容有一定差距，于是根据家长们的需求和问题重新调整项目计划书。经过反复斟酌后，团队成员确定了小组的服务方案。

3. 开拓新模式——服务开展

2021 年 7 月 11 日，"K.A.G.E. 爱伴成长"线上亲职小组与服务对象的第一次会面正式开启！

第一次小组活动前夕，团队成员在微信群里发布了公告，邀请家长们提前十分钟进入腾讯会议室。在离规定的活动开始时间不足 5 分钟时，仍有几位家长没上线参会。团队成员按照计划做好了分工：由两位成员担任带领者和已上线参会的家长寒暄；其他两位作为观察者的团队成员尽快联系缺席家长，督促他们上线参会。这一应对方案实施效果良好，在活动正式开始的那一刻，除请假的家长外，其余家长均已上线参会。

在自我介绍环节，活动带领者将所有家长的麦克风打开，会议室瞬间出现了很多杂音。带领者意识到"全员开麦"的线上小组很容易出现杂音，于是及时将所有人静音，并邀请有意愿主动发言的家长自行开麦，有效化解了这一"危机"。她们担心家长们第一次参加活动会感到拘束，提前做好了冷场的应急预案，然而，在活动中家长出乎意料的热情与配合让团队成员感到惊喜，也让她们松了一口气。第一次活动的效果远远超出了团队成员的预期，她们十分激动。趁着对活动的感受鲜活，团队成员及时对活动进行了复盘。

复盘结束，团队成员仍对有些家长不愿意出现在镜头中、不愿意分享等一系列问题存在疑惑；同时，网络的延迟性和不稳定性使她们有时听不到家长的发言，或不知道家长是否发言结束而出现短暂冷场、打断家长发言等情况，她们寻求了督导老师的帮助。督导老师对她们进行了长达两个小时的线上督导，围绕在服务开展过程中出现的问题以及服务改善进行了详细交流。在督导老师的指导下，团队成员决定不断提升与家长交流的技巧和同理技巧，在家长发言时与家长进行眼神交流，保持认真倾听、点头认同的状态，在确认家长已发言完毕后进行短暂思考，予以更有效的回应。督导老师对服务的把关以及悉心的专业指导，让团队成员更有底气和信心去筹备接下来的小组活动。就这样，第二次活动也圆满完成。第二次活动结束后，团队成员也鼓励、邀请家长将自己的经验分享至微信群——家长们的第一次群内互动在团队成员的支持下实现了。

然而，小组活动并不总是一帆风顺的。在进行第三次活动时，她们遭遇了重大挫折。第三次活动的主题是"情绪管理"，活动整体氛围较为低沉。在分享交流环节，有家长提及"冥想使我感到不舒服"，这一反馈让团队成员感到挫败。这是家长对服务的第一次质疑，也给团队成员敲响了警钟。经过复盘，团队成员发现家长们更乐于分享与孩子或其他家人相关的正面的内容，但普遍对自己关怀不足；他们也更看重方法的实用性和效果的及时性，对线上的正念冥想方法的认同度较低。与此同时，随着小组进入转折期，组员出现了明显的分化：有组员每次活动都提前上线参会、积极参与、认真学习；也有组员经常请假、处于"失联"状态或由于工作变动或其他原因退组……

第三次活动的失败与个别组员的流失给团队成员带来了挫败感。"我们的服务符合家长们的期待吗？""小组服务真的解决了他们的问题吗？""服务内容是不是不够有吸引力？""我们真的可以为家长赋能吗？"那个晚上，团队成员被一系列"问号"环绕，深深陷入自我怀疑中。在督导会议中，她们垂头丧气，没有了往常参加督导会议时的兴奋之情。督导老师给予她们及时的鼓励和支持："组员流失是正常现象，先不要主观臆断家长们的想法，如果有家长退组，可以去和家长沟通，了解到底是出于什么原因。"在督导老师的帮助下，团队成员摆正了心态，重新找回了信心。团队成员重新分工，一方面认真筹备随后的活动，另一方面及时了解家长未能积极参与的原因。经过多番沟通和调整，随后的几次活动都进展得较为顺利。

随着服务的不断深入，家长们也一改服务初期的羞涩与局促，逐渐开始在小组内相互倾诉、互帮互助。与此同时，家长们源源不断的问题和需求也渐渐浮现出来——"孩子写作业姿势不对""孩子的学习成绩总是提不上去""孩子特别淘气"……越来越多的问题和需求让团队成员感受到了挑战。还有家长过分执着于自己家庭中的某个问题，在分享的时候自我披露时间过长，不仅阻碍了小组进程，也影响了小组话题的发展。督导老师提醒："社工不是万能的，当你们帮服务对象解决了一些问题后，他们会希望你们可以帮他们解决更多问题。但是活动时间有限，要评估家长们最普遍、最迫切的需求，集中解决基于小组目标的'痛点'问题，并灵活采用多元方法满足其他需求；同时要合理把控家长们的分享时长，如果他们偏离了主题，就要尽可能地将话题引到对小组主题问题的讨论上来。"在督导老师的指导下，团队成员不再慌乱，耐心地回应家长们的需求。团队成员的真诚与用心得到了家长们的积极回馈：很少发言、不愿意出现在镜头中的家长也慢慢参与到活动中，家长们的积极性逐渐变得高涨；他们不再单单依赖服务团队解决问题，也会向其他家长寻求帮助。除了在小组活动中的积极互动，在第五次活动结束后，家长们在微信群中的互动变得更加频繁，并乐于分享日常育儿的经验，相互肯定、相互鼓励、相互支持的小组氛围为小组的顺利发展增添了动力。

眼见"K.A.G.E. 爱伴成长"线上亲职小组朝着小组目标稳步迈进，然而在第六次活动时，设备的不稳定性让团队成员措手不及：由于电脑突然断电，活动带领者被迫退出了腾讯会议，中断了当时积极的讨论。作为观察者的两位成员及时与带领者联系、询问原因，打开备用PPT进行屏幕共享，并向家长们解释原因。两位带领者迅速处理这一突发状况，向家长们真诚道歉并继续开展活动。在团队成员团结且沉着的应对下，"断电危机"在两分钟内得到了顺利解决。

为处理组员的离别情绪，帮助组员获得美好的小组记忆，带领者在第六次、第七次活动时分别对第八次活动"离组"进行了预告，同时邀请家长为自己的孩子录制一段"真心话"视频——通过视频向孩子表达爱，同时征集"K.A.G.E. 爱伴成长"小组活动纪录片的相关素材。在两周的时间内，除视频素材以外，家长们还陆续发来了对服务团队的真诚感谢。看到家长们朴素真挚的话语，团队成员很感动，更加用心地准备小组的告别活动。在最后一次小组活动中，每一位家长都认真分享了自己在活动中的收获，比如学到了如何更好地管理情绪、如何更好地和孩子相处，也通过和孩子的故事呈现了自己和孩子的成长以及与孩子关系的改变。

有家长谈道："参加活动之后，我认识到如果孩子有兴趣去做一些事情，做家长的不要打击，要多给孩子一些鼓励。我也学会了要尊重孩子，通过反思，我意识到我常常把孩子想得过于胆小、过于需要保护了，其实她也是很独立、很勇敢的。所以我觉得要相信孩子，不要过于干涉她做事的方法。因为孩子可能有自己的想法、自己的规划，只是不愿意说，但是到了真正做的时候，她可以很好地完成。"也有家长表示，她意识到了之前她的一些话语对孩子造成了伤害，并对孩子说了对不起。

家长们的分享让团队成员感到惊喜，她们也看到了家长们的积极变化，增强了继续开展第二期小组活动的信心。

（二）农村儿童保护的服务迭代

1. 向前一大步——前期筹备

在短暂休息后，服务团队的成员们迅速投入第二期小组活动的筹备工作中——包括对招募海报的优化，主要增加了第一期小组活动的组员对活动的反馈，以提升活动的宣传效果。在学校和参加第一期活动的家长的积极转发支持下，服务团队顺利完成了第二期活动的家长招募工作。通过总结第一期活动的经验和教训，团队成员选择在中午和傍晚两个时段依照话术模板联系家长。虽然依然有很多质疑，但是团队成员在规范话术模板的基础上予以耐心解答，有效化解了家长的担忧，获得了家长的信任。在不到一周的时间内，团队成员就确定了第二期活动的参加人员并迅速建好了微信群。同时，团队成员与家长们进行了长时间的微信语音通话，详细了解了他们的需求。

2. 优化新模式——服务开展

经过访谈与问卷评估，团队成员发现第二期家长与第一期家长的需求基本一致，于是她们决定基于第一期的反馈和第二期新增的需求优化服务方案。团队成员重新梳理了活动方案，增添了更具有趣味性且贴合家长需求的活动环节。此外，团队成员决定要合理控制活动时长，把握好活动进程。

在小组活动开始之前，团队成员依旧通过微信群向家长们打招呼："亲爱的家长朋友们，期待已久的第二期'K.A.G.E.爱伴成长'线上亲职小组就要启航啦……"但与第一期不同的是，团队成员不仅提前了上线参会时间，还在活动当天单独和家长们一一确认是否可以参加当天的活动并提醒他们上线参会的具体时间。这一次，通过密切的联系和定时的提醒，家长们如约而至。活动带领者充分利用家长们陆续上线参会的二十分钟，积极关注并欢迎每一位进入会议室的家长，与家长们谈论近况，鼓励家长们积极参与当天的活动。

在第二次活动的交流环节，一位家长提出了自己与孩子相处的苦恼，活动带领者并未立即提出解决办法，而是尝试邀请其他家长分享各自的应对技巧和方法，有位"宝藏妈妈"主动打开麦克风，分享了自己的经验，并为那位家长提供了诚恳的建议。这次尝试也为小组的沟通打开了一扇新的大门，团队成员决定在接下来几次活动的讨论环节，尽可能营造带领者"退出"小组的机会，并鼓励家长们自动开麦分享、交流。在第五次活动时，几位家长开始自发开麦,为其他家长出谋划策,小组氛围变得愈发热烈起来。一开始只强调自己孩子的某个问题的家长也不再执着于自己孩子的问题,开始期待与其他家长一起学习、共同改变;一开始不愿打开摄像头、麦克风的家长逐渐愿意参与到与其他家长的讨论中;一开始总是迟到的家长逐渐准时上线参会,甚至会提前上线参会……

在最后一次活动中,服务团队为每一位家长颁发了专属的毕业证书,并送出了"毕业寄语"。家长们也分享了自己参加小组活动后的改变,纷纷表示感谢活动带领者和其他家长,自己通过参加活动学习到了很多关于育儿和自我成长的知识。

三、服务成效

回望 4 个月的时间,"K.A.G.E. 爱伴成长"线上亲职小组服务团队已与 30 多个家庭携手跨过了夏季,定格于秋季。在所有活动结束的那一刻,服务团队的成员们充满了不舍和感慨:16 次线上小组、80 次活动彩排、无数次探讨交流……还有第一次激动、第一次挫败、第一次感动以及最后一次"说再见"的时刻。

那位最初期待孩子完全顺从自己的家长说:"在学习了'非暴力沟通'的相关知识后,我意识到要使用'长颈鹿'的语言,多跟孩子交流,听听孩子的内心,也要多鼓励、赞美孩子。我之前做了非常多打着爱的旗号却伤害孩子心灵的事情。现在我虽然偶尔还是会对孩子吼叫,但是相比之前收敛了好多,我发现了自己的不足,今后会慢慢改变自己,用更好的自己来陪伴孩子成长!"

小组中为数不多的爸爸中的一位分享道:"很开心,坚持了两个月,八个星期,很长时间没有这样坚持完成一件事情了。我想所有其他家长都跟我一样,在孩子的教育和日常生活中碰到了一些困惑,才来参加这个'K.A.G.E. 爱伴成长'线上亲职小组。这个活动在我心目中留下了很深的印象。通过参加八次小组活动,我有很多收获,比如我学会了怎样去跟孩子沟通,也在思考以什么样的方式、语言去跟孩子沟通,孩子更容易接受。在参加活动之前,我真的特别着急、焦虑、无奈,有时候不知道该怎么办,感觉完全没招了。我原来经常会对孩子说不好的话，比如给他贴上'调皮捣蛋'的标签。以前也没意识到，就想着以父亲的身份要求孩子听我的话、按照我的要求做，却忽视了孩子的感受。参加活动的时候，通过跟社工和其他家长交流，我收获了很多，并按照社工和其他家长的建议进行了反思和调整，现在我和孩子视频通话的时间长了，孩子也不像以前一样总是调皮捣蛋和惹事了，他还主动问我参加小组活动都学了什么，叮嘱我好好学习。我觉得跟孩子之间有冰雪融化的感觉。特别感谢大家，也很高兴认识大家。"

在学校和家长们的支持和配合下，"K.A.G.E. 爱伴成长"线上亲职小组服务圆满结束。在很多农村地区，家长们普遍缺乏关于儿童保护的科学知识，他们想尽可能给孩子创造好的物质条件，却对孩子的身心保护重视不足。"K.A.G.E. 爱伴成长"线上亲职小组服务，不仅同家长分享了正面管教和儿童保护的知识，让家长了解到家庭暴力和校园欺凌的类型及其危害性后果，也为家长赋能，帮助家长成长为更具有效能感的家长。针对线上亲职小组服务的评估结果显示，参加活动的家长在儿童虐待知识、校园欺凌知识方面有显著提升，在亲职压力方面有显著降低，在与孩子的关系、亲职效能感、感知到的社会支持方面有显著改善。这些数据结果表明，团队成员依托数字技术面向农村家长开展的融合知识教育、亲职意识、家长自我成长和自我效能感等内容的小组工作服务，能够有效增进亲子关系，提升亲子沟通质量，增强家庭功能，为保护和促进农村儿童身心健康发展营造良好的家庭氛围。

四、总结反思

（一）前行的方向

1. 发挥专业优势提供服务

团队成员深知改变与发展不是朝夕之间就可以实现的，要在长期的实践中不断探索、持续迭代。提供理论与实践相结合的专业化服务，绝不是一句空话，需要真正理解如何在家庭系统理论的指导下将服务对象放入整个家庭系统，通过家庭系统的改变为儿童保护和成长提供支持性的环境；如何在小组动力学理论的指导下为家长营造平等互助的和谐小组氛围；如何在优势视角理论的指导下引导服务对象发掘自身及孩子的优势；如何在认知行为理论的指导下分享正面管教知识，改变家长的非理性信念，帮助他们建立科学的、积极的教养观念，进而形成科学的育儿行为。

在服务过程中，团队成员始终遵循"尊重""接纳""非评判"等专业伦理，真诚地对待每一位家长，并在专业督导的帮助下为农村家长提供了一个尊重和接纳的交流平台，帮助他们找到解决问题的动力。服务不仅引导家长警惕一些常见的儿童伤害形式，如儿童欺凌、家庭暴力、校园欺凌的发生，也有效促进了家长之间的互动和互助，为农村儿童构建起有效的保护屏障。

2. 依托数字技术创新服务

"互联网+社会工作"模式具有跨越时空限制、成本低等特点，可以为农村家长提供获取新知识、新理念的新途径，实现优质社会工作服务向欠发达地区的精准递送。"K.A.G.E. 爱伴成长"线上亲职小组服务团队依托数字平台开展服务，不仅提高了留守或在外务工的农村家长接受服务的可能性，打破了空间与资源的阻隔，也有效破解了农村家长知识与理念落后、服务匮乏的难题。服务通过赋能农村家长，提升农村家长的亲职能力，增强其亲职意识，帮助农村家长互助自助，实现赋能家长和保护儿童的双重目标。

3. 遵循证据为本的服务理念

服务团队成员严格遵循证据为本的实践理念和逻辑，对所服务的农村家长以问卷调查、一对一深入访谈等形式开展需求评估，基于需求评估的结果与服务对象的反馈，发展出一套包含亲子关系、情绪管理、非暴力沟通、校园欺凌、自我分化等内容的社会工作综合性干预服务方案。在评估成效时，服务团队设计并实施了严谨的随机对照实验开展动态评估，为发展数字赋能农村儿童保护的服务实践提供了证据为本的支持。基于这些证据，不仅可以在微观层面实现为家长赋能、改善农村儿童保护现状，也可以积极推进农村儿童保护和数字赋能社会工作服务递送的政策倡导，从宏观层面擘画农村儿童发展的美好前景。

（二）存在的挑战

1. 线上问题有待解决

当前我国社会正在经历深刻的数字化转型，对作为实践科学的社会工作来说，这既是机遇，也是挑战。线上小组不可避免会遇到一些问题，包括：对服务对象的信息掌握不全面，无法及时观察到服务对象的表情、情绪的变化，增加服务难度，影响服务效果；同时，服务对象可能会随时关闭摄像头、拒绝与社工联系等。需要继续探索、发展更为完善的线上服务模式：一方面，需要克服线上服务的困难（包括线上发言混乱、网络延迟、视频资料卡顿等）；另一方面，需要激发服务对象在微信群中的互动，促进服务对象之间互助与自助的常态化。

2. 服务人群有待扩大

受中国传统文化观念的影响，多数农村家庭由母亲一方留守在家照顾子女，所以参加本次小组服务的以女性家长为主，男性家长较少。实际上，父亲在儿童保护行动中具有不可替代的作用，因此应鼓励父亲与母亲共同参与。同时，在开展服务的时期大多数儿童在家，部分儿童愿意与家长共同参与活动，但目前考虑到为儿童开展服务的难度，本次小组服务并没有面向儿童提供直接服务。后续可考虑开展亲子平行小组，同步为更多家长和儿童提供服务，进一步验证"K.A.G.E. 爱伴成长"线上亲职小组的服务效果。

（三）未来的展望

"K.A.G.E. 爱伴成长"线上亲职小组服务在服务设计、服务实施、项目评估、项目督导等环节积累了宝贵的服务经验，为农村儿童保护的实践知识生产奠定了良好基础。在儿童保护的这条道路上，"K.A.G.E. 爱伴成长"线上亲职小组服务团队一直在努力探索，未来将在扩大服务人群的基础上，持续完善并推广线上小组服务。

第二节　教学手册

一、教学目标与案例用途

（一）教学目标

（1）通过学习本案例，引导学生思考"互联网＋社会工作"在实际运行过程中存在哪些困难和挑战，它对于传统的线下专业服务是有效的替代性方案还是补充性方案。

（2）通过案例呈现，引导学生学习当前中国"互联网＋社会工作"发展的政策，反思"互联网＋社会工作"实践的优化路径。

（3）通过分析本案例，引导学生思考、探索农村儿童保护的可行性路径。

（二）适用对象

本案例适用于社会工作专业硕士研究生及高年级本科生、社会工作领域的研究者与实务社会工作者。

（三）适用课程

本案例适用于"高级社会工作实务""小组社会工作""儿童社会工作""家庭社会工作"等课程。

二、启发思考题

（1）你认为"互联网＋社会工作"有哪些优势，面临哪些挑战？

（2）为什么要通过为家长提供服务来实现保护儿童的目标？

（3）根据农村儿童保护的线上小组干预案例，讨论优化农村儿童保护服务的可能路径。

三、分析思路

（一）"互联网＋社会工作"的发展背景、优势、劣势

如前所述，传统的社会工作服务主要依赖于面对面的直接服务，往往受到

时间和空间的限制。互联网技术的日新月异不仅对社会生活和社会组织形态产生了深刻的影响，也给传统的社会工作服务带来了新的机遇与挑战，网络或数字社会工作已越来越被认为是应对不确定性和脆弱性的重要服务模式，可以促进专业社会工作在助人服务中的转变，促使社工不断创新服务递送方式。吉福德斯认为，互联网技术的发展为社工和研究人员提供了创新的交流平台，是传统社会工作沟通方式的有效补充，可以帮助社会工作在信息获取和实务提升方面有所突破[①]。斯马特等人认为，互联网技术可以帮助社工拓宽服务渠道，提升服务效果[②]。相较于线下社会工作，"互联网＋社会工作"有其独特优势，包括服务对象更为广泛、服务过程更加私密、服务不受时间和空间限制，不仅可以让服务对象更有安全感，还可以提升社工的工作效率[③]。

随着数字时代的发展，社会工作服务可以借助如微信、腾讯会议等互联网平台与服务对象保持联系、进行互动，对服务对象进行有效管理，为服务对象提供有效服务，加强社工与服务对象之间的互动与合作。同时，以大数据、人工智能为代表的新一代数字技术加速向农村扩散，将通过推动乡村文化、服务等多方面的数字化转型，为实现乡村振兴注入持续动力，促进乡村全面振兴的实现。数字技术具有跨越时空限制、可复制、成本低等特点[④]，可以为农村家长提供知识获取、理念传播的新渠道，有效促进优质社会工作服务资源跨区域向农村欠发达地区递送，消除农村家长在服务获得上的地理－社会障碍；可以促进发达地区与欠发达地区不同群体之间的交流合作，进一步减少区域不平等和阶层固化现象[⑤]。数字技术的普及与利用为优化服务资源的城乡配置、降低服务供给和服务获得上的成本阻碍提供了可能。城乡社会服务应当突破属地化的思维来重新考虑具有流动性的、远距离的农村服务模式。在数字化技术的帮助下，"互联网＋社会工作"农村服务模式的探索有望突破流动性和远距离等限制，有

---

① GIFFORDS E D. Social work on the internet: an introduction. Social work, 1998, 43 (3).
② SMART J, RUSSELL J, CUSTODIO C. Developing a computerized health record in a protective services system. Child welfare, 1998, 77 (3).
③ 陈晓型. 互联网在社会工作服务中的应用探析. 社会工作与管理, 2018, 18 (3).
④ 秦秋霞, 郭红东, 曾亿武. 乡村振兴中的数字赋能及实现途径. 江苏大学学报 (社会科学版), 2021, 23 (5).
⑤ 吕建强, 许艳丽. 5G 赋能数字时代的教育公平刍议. 中国电化教育, 2021 (5).

利于破解农村社会服务的分配不均和响应不充分等难题。

与此同时，通过互联网开展社会工作服务也存在一定的弊端。我国许多偏远、贫困地区没有互联网，城乡居民对于互联网的运用也存在差距，社会工作只能在有限地区运用互联网开展服务，影响了服务的开展范围与效果[①]。同时，由于线上社会工作服务的匿名性与虚拟性的特点，社工对服务对象所提供的信息，无法辨别真假，对服务对象的信息掌握不全面，存在数据真实性存疑与信息片面等问题。作为一种新的社会工作服务递送方式，线上服务可能致使社工无法实时观察服务对象的表情、情绪的变化，难以把握与服务对象互动的过程及效果，增加了社工对服务对象所存在的问题进行判断的难度。同时，由于线上服务对服务对象的约束力较低，服务对象可能由于单方面的主客观原因随时中断服务进程，这既不利于服务对象解决问题，也不利于社工提供更深入的服务，影响服务效果[②]。同时，网络社会工作服务需要社工和服务对象使用网络及相关社交媒体平台，但某些地区网络速度不稳定[③]或服务对象对社交媒体平台不熟悉等，也会加重社工的负担，为线上服务带来极大的挑战。相较于线下小组，线上小组需要克服更多困难，包括前期招募困难、活动过程中组员互动不足、特定环节参与度低、非"面对面"服务难以建立信任的专业关系等；还有来自服务对象方面的特殊困难，如活动时间很难协调、服务对象不会使用线上平台、难以及时联系到服务对象等。因此，如何与组员保持长期联系、如何更好地营造线上小组气氛、如何掌控活动节奏、如何激发组员兴趣、如何促进组员互动、如何增进线上小组动力等问题，有待于进一步探索。

（二）农村儿童的现状（包括家庭暴力、校园欺凌、亲子关系等问题）以及家庭（父母）在儿童成长过程中的重要性

儿童期是身心发展的关键阶段，也是萌发问题行为的重要阶段。随着"十四五"规划推进，纲要明确提出"坚持儿童优先发展"，对保障儿童的生存权、发展权、受保护权和参与权做出具体要求，我国儿童福利与未成年人保护

---

① 刘霞."互联网+"时代创新基层社会治理的思考.农业网络信息，2015（10）.
② 韩璐."互联网+"环境下我国社会工作的发展及应对策略.泰山学院学报，2017，39（5）.
③ 赵璐璐.线上社会工作服务的含义、存在问题及对策浅析.卷宗，2016（11）.

工作迎来重大历史机遇期。2024 年 4 月 26 日，新修正的《中华人民共和国未成年人保护法》开始施行，社会工作在未成年人保护、司法保护中的作用得到法律的认可。其规定地方人民政府应当培育、引导和规范有关社会组织、社工参与未成年人保护工作，开展家庭教育指导服务，为未成年人的心理辅导、康复救助、监护及收养评估等提供专业服务。在《中国儿童发展纲要（2021—2030 年）》中，儿童被优先纳入国家战略，提倡家庭、学校、社会和网络对儿童进行全方位保护。2022 年 1 月 1 日，《中华人民共和国家庭教育促进法》正式实施，明确了父母作为家庭教育主体的责任，家庭教育作为我国当前一项重要的国家战略被提到了前所未有的高度，并提出国家和社会应该为家庭教育提供指导、支持和服务。教育部指出，要加强家长承担家庭教育的主体责任，改变家庭教育中的不当方法；家长应树立并培养正确的教育理念，学习并掌握科学的育儿方法，尊重孩子的兴趣爱好。此外，儿童成长过程中的父母缺位与校园欺凌等问题，也为留守儿童带来了巨大伤痛。实际上，儿童教育包括家庭教育、学校教育和社会教育三个层面。其中，家庭教育是儿童最早接触的教育类型，具有不可或缺的重要地位，对儿童的影响深刻且长远。

在农村，由于经济发展水平较为落后，许多家庭选择家长一方（多为父亲）外出务工，另一方（多为母亲）照顾家庭。留守在家的一方常常要承担家务劳动和养育孩子的双重责任，有的还需打零工以补贴家用。同时，许多家长由于事务繁忙、压力较大、受教育水平不高等原因，对诸如辅导作业、养成良好习惯、建立和谐的亲子关系、提高儿童的自我管理能力等问题缺乏有效的应对策略，常常会让自己陷入束手无策的境地。家长错误的教养理念、方式和行为让孩子变得更加叛逆，甚至导致人际关系疏离、情感淡漠等问题，不仅仅让家长更加焦虑，更让亲子关系紧张而疏离。农村儿童的心理健康和安全保护也因此面临巨大的挑战。当家长在家庭教育中遇到困难时，国家和社会有义务协助家长提高亲职养育能力，把好家庭教育这个重要关口，让家庭功能得以有效发挥。

因此，此次线上小组服务以家庭为服务对象，从儿童及其家长的需求出发，选择了家庭系统理论、小组动力学理论、优势视角理论和认知行为理论等理论，从知识教育、增强亲职意识、家长的自我成长和成为有效能的家长四个维度建立了多元干预服务机制。在服务过程中，社工引导家长通过和谐温暖的沟通方式互相交流，共同面对困难，促进亲子关系的和谐发展；帮助家长认识到孩子出现做事拖拉、情绪暴躁等问题，不是孩子单方面的原因，而可能是由整个家庭不良的沟通方式造成的，改变家长的不良认知、情绪和行为，可以影响孩子发生积极改变；和家长一起从当前问题出发，调整与孩子的沟通方式，维持改变与稳定之间的平衡，当家长有所改变时，也会影响孩子发生改变。小组活动结束后，团队成员会分别跟进每一个农村家庭，巩固家长的改变，与小组活动相辅相成。本案例希望通过赋能家长，缓解家长的亲职压力，引导家长识别负面情绪和消极行为，反思其背后的不合理认知，认识到良好的家庭沟通、教育方式对儿童成长的重要性，提升家长的亲职效能，实现家长的自我成长。最终，通过对家长的干预促使家庭这个整体发挥最大作用，在实现保护儿童和促进儿童健康发展目标的同时，促进家庭内部子系统和更大的社会系统的和谐发展。

（三）总结与反思

通过对"K.A.G.E.爱伴成长"线上亲职小组项目的现状和发展路径的反思，分析优化和完善农村儿童保护服务的可能路径。需要分析团队有哪些资源，取得了哪些成效，响应了哪些政策，还有哪些可拓展空间，以及当前的制度和政策有哪些完善空间。

1.遵循证据为本，开展严谨、科学的全程评估

在活动初期，社工借助多元亲职小组量表，对干预组和对照组家长的亲职能力进行了多层次评估，分别测量了家长的认知、情绪、态度和行为，对家长情况进行了摸底调查，发现了家长亲职能力的不足之处。同时，基于需求调查的结果，本项目采用了行动研究的方法，发展了一套综合性的社会工作干预方案，形成了包含亲子关系、情绪管理、非暴力沟通、校园欺凌、自我分化等内容的可操作方案。在活动中期，活动带领者和观察者分别填写活动记录表，并邀请家长填写满意度问卷。在活动后期，团队成员不仅借助多元亲职小组量表前后测的对比以及满意度问卷结果来评估服务效果，还针对家长开办了焦点小组，以了解家长参加活动后的主观感受，并持续对家长进行追踪评估，从而验

证服务内容是否满足家长需求、是否帮助家长获得了改变。

2. 构建数字时代网络社会工作助力儿童保护的长效干预机制

线上平台可以为留守在家或在外务工的农村家长提供多元化的参与途径，帮助他们改变不良认知、情绪、态度和行为，进而赋能儿童保护。但是"互联网＋社会工作"的线上小组干预场域存在一定问题，需要社工继续探索、发展更为完善的线上干预模式。社工应充分利用数字技术的红利，开展线上小组服务。在纠正家长的不当认知、情绪、态度和行为的同时，为他们提供正确的亲职技巧和方法，从科学的角度帮助他们改善与孩子的沟通方式；帮助家长构建线上及在地化互助支持小组，促进家长相互学习亲子沟通的经验和儿童保护知识；在推进系列亲职小组活动开展的同时提供跟进服务，提升服务的持续性；基于干预评估证据，积极推进儿童保护、亲职教育、家庭教育等方面的政策倡导。

3. 动员多方力量，共同搭建儿童保护的社会支持网络

学校作为农村儿童学习、生活的重要场所，可以通过开展系列课程和讲座等方式普及亲职教育知识；同时，可以引入专业化的驻校社工，整合社会资源，在关注文化适应中各类情境要素的前提下持续开展并不断完善家庭教育干预服务。社会组织可以充分整合社会资源，成立线上或在地化农村儿童保护社会工作服务站；应该加强与企业的合作，以获得更为充足的人力、物力资源。新闻媒体可以加大对农村儿童保护状况的宣传报道力度，引导社会各界人士增加对农村儿童的关心，从而持续改善农村家庭的问题，营造良好的家庭氛围。

4. 推动完善支持儿童保护、农村家庭发展的相关政策

政府部门要加强儿童保护体系建设，健全对儿童虐待、校园欺凌等问题的监管，完善强势报告制度；完善儿童主任政策，加强儿童主任队伍建设。同时，需要不断完善政策，拨发专款，为农村地区针对家庭开展的干预服务提供资金支持，并对服务进行定期监督；应建立部门协同及监管机制，明确职责分工，开发亲职教育行业准则，规范亲职教育从业者的行动。此外，医疗系统可以定期对农村儿童进行健康筛查，以保障存在身心健康问题的儿童能够得到及时的帮助；教育部门应开发家庭教育课程资源，为农村家长提供自我成长的学习机会……通过一系列政策行动，构建全面的政策体系，优化农村儿童保护服务，

为农村儿童搭建起安全屏障。

四、理论依据与分析

（一）家庭系统理论

家庭系统理论认为，整个家庭系统是由夫妻系统、亲子系统、手足系统等几个子系统共同构成的，各个子系统之间既相互联系又相互制约。家庭系统一旦形成，就会应用"平衡机制"来满足每个家庭成员的基本需求；若家庭系统出现危机，则又会应用"改变机制"来凝聚力量，共同面对困难。[①]

（二）小组动力学理论

小组动力学理论是描述在小组实现目标的过程中，参与小组生命发展的各种复杂力量和因素的交互作用的理论。其内容包括：小组是有联系的个人之间的一组关系；小组凝聚力取决于组员对小组活动的兴趣、组员之间的吸引力、小组带领者的工作作风、组员的遵从与交往；组员的改变会影响小组行为的改变。[②]

（三）优势视角理论

优势视角理论认为每个人都有自己独特的优势，即便是弱势群体，也具备可发掘的潜能和资源。该理论相信人能改变，认为每个人的价值和尊严都应该受到尊重。不同于问题视角，优势视角指导下的社会工作服务重点关注服务对象本身所具有的优势和资源，相信每个人都是独一无二的，人们有能力运用自身资源来改变自己、发展自己的能力。社工应该协助服务对象充分发掘和发挥自身潜能、优势，增强自主解决问题的信心和能力。

（四）认知行为理论

认知行为理论认为认知能力影响个人的行为判断或选择，强调认知活动在心理或行为问题中的作用，强调认知在解决问题过程中的重要性以及内在认知

---

① JUDY H. An application of Bowen family systems theory.Issues in mental health nursing, 2014, 35（11）.
② 李迎生.社会工作概论.3版.北京：中国人民大学出版社，2018：209-210.

与外在环境之间的互动。认知行为理论的代表性理论——艾利斯的理性情绪疗法 ① 认为，个人的非理性信念，而非客观事物本身，是导致情绪困扰的根源。

五、背景信息

如前所述，儿童期是身心发展的关键阶段，也是萌发问题行为的重要阶段。家庭环境和家庭教育对孩子的影响深刻且长远。在农村，由于经济发展水平较为落后，许多家庭选择家长一方（多为父亲）外出务工，另一方（多为母亲）照顾家庭。留守在家的一方常常要承担家务劳动和养育孩子的双重责任，有的还需打零工以补贴家用。同时，许多家长由于事务繁忙、压力较大、受教育水平不高等原因，在养育孩子时常常会"手忙脚乱"。有家长认为，孩子太不听话了，打骂孩子只是为了纠正孩子的不良行为，只要出发点是好的，管教的行为就无可厚非。与打骂相比，语言伤害是更为频繁、不经意的伤害。而这些错误的教养理念、方式和行为让孩子变得更加叛逆，甚至导致各类行为和心理健康问题，不仅仅让家长更加焦虑，更让亲子关系紧张而疏离。然而，农村地区由于地理劣势和资源匮乏，缺乏支持性的服务以回应儿童及其家长的需求。破解农村儿童关爱保护的难题已成为我国未成年人保护工作的重中之重。

随着数字时代的发展，以互联网技术为基础的"互联网＋社会工作"得到了较快发展，大大拓展了传统专业服务的范围和边界。"K.A.G.E. 爱伴成长"线上亲职小组服务团队依托互联网远程干预的新模式，旨在为农村儿童及其家长开展线上服务，协助家长学习亲职知识以及管理情绪的方法和技巧，赋能农村家长，实现优质社会工作服务资源向农村的成功递送，是"互联网＋社会工作"专业服务助力农村儿童保护的有益尝试，对于发展面向农村地区家长的更广泛的线上亲职小组服务具有积极意义。

六、关键要点

（1）通过了解线上干预服务的具体情况，并与线下社会工作服务模式进行

---

① BARLOW J, STEWART-BROWN S. Behavior problems and group-based parent education programs. Journal of developmental and behavioral pediatrics, 2000, 21（5）.

比较，分析"互联网＋社会工作"实务模式的优势和劣势。

（2）根据家庭系统理论、小组动力学理论、优势视角理论和认知行为理论的相关知识，分析为农村儿童及其家长开展服务、助力农村儿童保护和发展的可行性路径。

（3）分析"互联网＋社会工作"的成功经验和挑战，探讨农村儿童保护的创新发展路径和趋势。

七、建议课堂计划

课堂计划既可根据启发思考题和分析思路来制定，也可根据学生的知识水平与学习进度进行灵活安排，推荐课时为90分钟。具体可以参考以下计划安排（见表4-1）。

表4-1　课堂计划

计划内容	推荐课时（分钟）
案例内容概述、案例讨论热身等	10分钟
启发思考题1	20分钟
启发思考题2	25分钟
启发思考题3	20分钟
教师总结	15分钟

其他计划：如果项目负责人或其他工作人员有时间，且课时安排充足，那么可以在上述课堂计划完成后，邀请相关人员开办专题交流会，以帮助学生进一步了解该案例。

八、教辅材料

刘梦．小组工作．北京：高等教育出版社，2013．

弗雷泽，里奇曼，加林斯基，等．干预研究：如何开发社会项目．上海：上海教育出版社，2018．

案例五 ｜ 大龄心智障碍儿童的整合社会工作服务

赵宁蕊　高　迪　王亚会 [①]

摘要： Z 市人民政府于 2018 年颁布实施《关于加强农村留守儿童关爱保护和困境儿童保障工作的实施意见》，对具有 Z 市户籍的困境儿童进行分类，心智障碍儿童作为困境儿童的一个主要类别被纳入服务行列。郑州市金水区梓闻社会工作服务中心（以下简称"梓闻中心"）自 2016 年开始运营困境儿童服务项目，到 2022 年，机构在困境儿童领域已深耕 6 年，逐步探索出困境儿童本土化服务路径。从初期的泛化服务到对困境儿童细化分类、精准回应服务需求，梓闻中心逐渐将服务焦点集中在处于政策边缘化、服务边缘化位置的大龄心智障碍儿童群体身上。2020—2022 年，机构整合专业服务资源，以项目的形式开展大龄心智障碍儿童服务。本案例在分析 Z 市大龄心智障碍儿童多样化需求的基础上，结合实务服务的现实困境，运用"全人"的价值理念，整合运用社会工作专业原则和方法，从个别需求的回应到多元问题的解决，以项目服务为载体，打破单一化、割裂化的社会工作方法，探索社会工作在大龄心智障碍儿童领域的服务路径，推动大龄心智障碍儿童的发展。

关键词： 大龄心智障碍儿童　"全人"理念　整合社会工作　政策实践

[①] 赵宁蕊，郑州市金水区梓闻社会工作服务中心总干事。高迪，郑州市金水区梓闻社会工作服务中心服务部部长。王亚会，郑州市金水区梓闻社会工作服务中心督导研发部部长。

第一节　案例

一、案例背景

国务院在 2016 年 6 月印发的《关于加强困境儿童保障工作的意见》，对困境儿童保护和服务提出了具体的指导意见，Z 市人民政府在 2018 年 9 月出台了《关于加强农村留守儿童关爱保护和困境儿童保障工作的实施意见》（以下简称《意见》），对具有 Z 市户籍的困境儿童进行详细分类，并开始购买专业社会工作项目服务，为困境儿童及其家庭提供专业的社会工作服务。梓闻中心自 2016 年开始承接困境儿童服务项目，服务范围包含 Z 市 J 区、E 区、G 区、Z 区、D 区等五区，到 2022 年，累计运营实施了 11 个困境儿童服务项目。本案例是梓闻中心以《意见》为政策依据，在困境儿童服务项目运营的基础上，进行项目服务的迭代升级，逐渐将服务对象聚焦于处于政策边缘化、服务边缘化位置的大龄心智障碍儿童群体。2020 年 7 月，社工向前来求助的大龄心智障碍儿童提供了个别化的服务，服务得到了服务对象及其家长的高度认可。2021 年，机构整合专业服务资源，运营大龄心智障碍儿童服务项目。项目服务设计从微观、中观、宏观三个层面出发，结合以往的服务经验，跳出以往的服务思路，将服务设计聚焦于大龄心智障碍儿童的个人能力提升，将项目服务聚焦于大龄心智障碍儿童的生活技能和职业技能提升、家长的喘息服务以及社会层面关爱大龄心智障碍儿童的倡导等需求，并在项目实施过程中借助项目服务这一平台潜移默化地提升大龄心智障碍儿童的自我能力，帮助其成长。同时，将监护人从原来的浅层参与调整为深入参与，挖掘并发挥监护人的潜力，促使社工、监护人、志愿者、有效资源方形成有效合力，促进大龄心智障碍儿童的能力提升，以大龄心智障碍儿童的改变来影响社会大众对该群体的认知，进而推动政策发展。

经过一年的探索，机构及时总结整合社会工作方法在大龄心智障碍儿童服务方面的实务经验，并尝试推广和升级机构在大龄心智障碍儿童服务方面的项目。在此基础上，2022 年 3 月，"阿甘成长训练营——大龄心智障碍儿童成长发展项目"正式启动，服务对象为 15 岁以上、有自理能力、有一定的规则意识和表达能力的大龄心智障碍儿童，服务人数在 40 名左右，旨在为大龄心智障碍儿童及其家庭提供技能提升、社会融入、家长喘息、社会倡导等服务，通过运用整合社会工作方法，多维度、多视角地关注服务对象的生存发展。

本案例由梓闻中心主导，王亚会作为项目主管负责运营和实施项目，赵宁蕊作为项目督导全程参与项目策划和督导，高迪作为梓闻中心服务部部长进行项目的总结和推广。2020年项目资金来自政府购买街道党群服务中心项目经费，2021年项目资金来自政府购买街道社会工作服务站经费，2022年机构自筹经费主导项目运营，服务范围有相应扩展，从原来的街道辖区扩展到现在的市内五区。

二、服务过程

（一）个案需求——主动求助，种下一粒种子

在一次社区青少年防溺水活动中，一位母亲带着个子高高的女儿小月（化名）主动求助社工，在介绍完小月的情况后，小月母亲询问社工能否为小月提供学习辅导等服务。当小月母亲与社工沟通的时候，小月就缩在母亲身后，也不愿与社工打招呼。在小月母亲的介绍下，社工了解到小月是一名智力发育迟缓的16岁女孩，目前在辖区内的学校上初三，有自理能力，会做简单的饭菜，也会整理家务，但非常容易害羞，不敢与人交流，性格比较敏感且自尊心强。经过问题预估，小月成为社工的服务对象。社工经与小月及其母亲面谈以及观察发现，小月自我保护意识很强，对事物的接受能力和自信心比较弱，与其他智力发育迟缓的儿童相比情况较好，有能力学会一种职业技能。经过沟通，社工将小月的问题及需求界定为职业技能学习和自信心提升，并确定了如下服务目标：一是为小月制定职业技能学习规划，链接职业技能学习资源，并在个案服务期间落实部分计划；二是通过个案服务，帮助小月提升自信心。

在正式介入服务实施过程中，社工先与小月母亲讨论制定了小月的职业技能学习规划，并寻找相应的学习资源。经过多次服务，社工得知小月母亲早就加入了一些心智障碍家长组织，且与组织内的骨干人员保持着较好的联系，但近几年出于各种原因很少带小月参加相关活动。社工引导小月母亲肯定自己的资源网络，建议她与熟悉的社会组织联系，了解组织的资源及相关培训课程。

经过努力，社工和小月母亲链接到 H 机构的烘焙和职场礼仪培训课程资源，满足了小月的需求，实现了为其链接职业技能学习资源的目标，小月也开始了每周一次的烘焙和职场礼仪学习。此外，对于帮助小月提升自信心的个案目标，社工决定落实到"自我介绍"和"他人肯定"等具体的行为训练和场景营造上。因此，社工帮助小月梳理了自我介绍的内容，对小月进行了自我介绍训练，并尽可能为小月营造肯定和鼓励的环境，如有意识地使用鼓励性语言，以及邀请小月参加志愿服务活动，让她在志愿服务活动中获得他人的认可，以此来提升其自信心。社工也建议小月母亲与其他社会组织的负责人进行沟通，希望能在适当情境下，当众表扬和肯定小月的正向行为，树立小月在他人面前的自信心。

经过 4 个月的个案介入，小月能够在众人面前做简单的自我介绍，"我不会""我不知道"等话语减少；在活动中能够主动回答问题，与其他参与者的互动频率大大增加，也能够在其他参与者有需要时尽己所能提供帮助。小月认真参加了长达 5 个月的烘焙和职业礼仪培训并顺利结业。为了未来能顺利就业，小月又积极参加了中级烘焙课程的学习。

（二）群体需求——一粒种子开出一片花

社工经过调研发现，N 街道共有困境儿童 72 名，其中 58% 为心智障碍儿童，28% 像小月一样，是 12 岁以上的大龄心智障碍儿童。随着年龄的增长，大龄心智障碍儿童在社会适应方面面临更严峻的挑战，而目前我国针对这一群体的教育、就业等方面的服务资源比较匮乏。此外，大龄心智障碍儿童的家长也面临长期照顾孩子的多重压力。在前期工作中，有几位大龄心智障碍儿童家长多次找到社工，希望社工能够针对大龄心智障碍儿童开展服务。社工虽然已有 3 年困境儿童服务经验，但从未服务过大龄心智障碍儿童，这是一种新的挑战与尝试，社工也曾担心是否能够为这一群体提供实质性帮助。恰逢 Z 市民政局开始推行护童行动计划，旨在发挥社会工作的专业优势，带动社会各界人士共同参与农村留守儿童和困境儿童关爱保护系列服务活动。在这一背景下，梓闻中心整合专业服务资源，组建专业服务团队，于 2020 年 7 月至 2021 年 5 月针对 30 余名大龄心智障碍儿童设计研发并实施了"大龄心智障碍儿童成长发展项目"。

　　社工通过焦点小组对大龄心智障碍儿童的家长进行调研，围绕大龄心智障碍儿童及其家长的需求、目标群体已享有的服务以及项目团队的专业能力，将需求归纳为以下三个层面。（1）服务对象个人层面：通过开展职业技能实践小组活动和生活技能小组活动，提升大龄心智障碍儿童的职场礼仪技能和"衣""食""购物""清洁""沟通"等生活技能。（2）家长层面：开展家长手工小组、兴趣娱乐活动、儿童照看、学习辅导等喘息服务。（3）社会层面：结合政策实践，借助 Z 市人大代表的力量进行大龄心智障碍儿童政策提案；通过开展大龄心智障碍儿童及社区青少年融合性活动促进服务对象的社会融入，为建设儿童友好型社区而努力；同时借助 4 月 2 日"世界自闭症关注日"，制作宣传视频，倡导社会大众关爱自闭症儿童。

　　服务框架设计如图 5-1 所示：

家长

（1）大龄心智障碍儿童学习辅导服务
（2）大龄心智障碍儿童照看服务
（3）"给妈妈们放个假"大龄心智障碍儿童家
　　长喘息服务小组

大龄心智障碍儿童

（1）一对一帮扶服务
（2）"慢飞天使"职场礼仪
　　实践小组
（3）"慢飞天使"生活技能
　　提升小组

社会

（1）政策倡导
（2）融合性活动
（3）"世界自闭症关注日"
　　宣传倡导活动

图 5-1　服务框架设计

具体服务内容包括：

　　（1）"定制性"服务。社工入户走访了辖区内的所有大龄心智障碍儿童并为其建立了个人档案。结合服务对象的个性化需求，为 12 名大龄心智障碍儿童及其家庭提供个案服务，服务包括大龄心智障碍儿童的自信心提升、语言表达能力提升、心理辅导、课业辅导（识字）、康复资源链接、入学政策咨询等。

　　（2）"慢飞天使"职场礼仪实践小组。为了促进大龄心智障碍儿童的成长和发展，社工依托 3 位家长骨干招募到 15 名能力水平相对较好、有就业意愿和职场礼仪学习需求的大龄心智障碍儿童，设计实施了"慢飞天使"职场礼仪实践小组活动。小组活动共计 6 节，内容涉及认识职业及其分类、职场礼仪学习等基础知识，场景涉及综合性超市、地铁站、图书馆等具体场所。在小组服务过程中，社工带领大龄心智障碍儿童进行职业体验，了解并学习不同职业的职责、任务和要求，累计服务 90 余人次。社工通过职场礼仪学习、职场技能实践，搭建起大龄心智障碍儿童职场实践学习平台，促进了大龄心智障碍儿童的能力提升和个人成长。

（3）"慢飞天使"生活技能提升小组。此小组围绕日常生活中的"衣""食""购物""清洁""沟通"五个方面展开，小组内容涉及洗衣服、美食制作、超市购物、手机购物、物品收纳、家庭清洁、待人接物七个方面，通过小组学习 + 生活实践打卡的形式，帮助大龄心智障碍儿童实际掌握、运用技能。通过 7 节小组活动，大龄心智障碍儿童学习并掌握了基本生活技能，提升了个人的独立意识、生活能力及自信心，减轻了家长的照护压力。在小组活动结束后，社工通过布置任务的方式，引导大龄心智障碍儿童将学习到的知识运用到生活中，以此巩固小组服务成效。

（4）学习辅导服务。大龄心智障碍儿童因心智水平受限，很难完成义务教育阶段的学习，在他们慢慢脱离学校生活以后，学习文化知识的机会也随之减少，对其进行教育的压力自然而然地转移到家长身上。家长要兼顾生活照顾和学习教育，这实际上是一项非常困难的工作。基于家长的需求，社工联合高校志愿者、高中生志愿者开展了"慢飞天使，畅学乐园"课业辅导系列服务，服务内容包含绘画、识字、算术、英语等，服务累计开展 8 期共 24 课时，累计服务 120 余人次。在志愿者的帮助下，部分大龄心智障碍儿童的识字能力、计算能力等均有所提升。

（5）家长减压小组活动。大龄心智障碍儿童的家长长期照顾孩子，大多忽略了自身需求，长期的照护压力也在一定程度上影响了他们的情绪和行为，进而影响了家庭关系。社工通过开展家长减压小组活动，为大龄心智障碍儿童的家长提供喘息服务，帮助他们认识压力、学习减压技巧、释放照护压力，提高他们自我缓解压力的能力。小组共开展 7 节活动，包含做手工、阅读、观影等内容，累计服务 130 余人次，为大龄心智障碍儿童的家长营造出一个轻松的环境，协助其构建互助网络。

（三）迭代升级——聚焦服务，支持花朵成长

前期项目结束之后，社工在进行项目总结时发现，前期项目虽然内容比较全面，但是对服务群体的聚焦性并不明显，对问题和需求的回应比较分散且不够深入。2022 年，社工在前期项目服务的基础上继续进行迭代升级，形成了"阿甘成长训练营——大龄心智障碍儿童成长发展项目"（以下简称"阿甘成长训练营"）。

在优势视角理论的指导下，项目在正视大龄心智障碍儿童能力的同时，相信他们是有价值和尊严的，是有内在的学习、成长和改变的能力的，在具体服务过程中运用社会工作的三大方法，聚焦于大龄心智障碍儿童个人及其所在环境中的优势和资源，通过开展系列服务活动提升大龄心智障碍儿童的自信心、表达能力、理解能力、团队合作能力、规则意识、家务能力以及职业能力。为此，项目紧紧围绕大龄心智障碍儿童的成长与发展设计了各项服务内容。

（1）建立小小伙伴队伍活动。在延续志愿者对大龄心智障碍儿童一对一帮扶的同时，将大龄心智障碍儿童结对子——由大龄心智障碍儿童自行选择，社工结合实际情况进行调整。这要求大龄心智障碍儿童在活动中不仅要关注自己的成长，还要给予搭档及时的帮助，以此促进大龄心智障碍儿童之间的交流、互动，同时提升大龄心智障碍儿童的助人意识，促进大龄心智障碍儿童的共同成长。

（2）生活技能打卡活动。由社工设计"生活技能打卡"表格，由家长监督大龄心智障碍儿童每周实践打扫卫生、洗衣服、整理衣物等家务，促进大龄心智障碍儿童生活技能的提升，强化大龄心智障碍儿童的家庭意识。

（3）共学计划。链接大学生志愿者资源，搭建大学生与大龄心智障碍儿童一对一帮扶学习平台，改变以往学习辅导提升学习成绩的目标，瞄准大龄心智障碍儿童的表达能力、理解能力、合作能力的提升。因此，除通过与家长沟通协商并结合每名大龄心智障碍儿童的情况进行有针对性的个别化课业辅导外，更加侧重于对大龄心智障碍儿童表达能力、理解能力、合作能力的引导。链接

大学生志愿者资源，一方面可促进大龄心智障碍儿童与同龄人的互动与交流，另一方面可提升大龄心智障碍儿童的表达能力、理解能力、合作能力。

（4）团队合作能力提升小组。结合大龄心智障碍儿童的情况，设计5节团队合作能力提升小组活动，并以游戏互动及模拟训练的方式开展。通过开展系列团队合作能力提升小组活动，提升大龄心智障碍儿童的团队合作能力。

（5）"我的活动我做主"活动。通过开展"我的活动我做主"活动，向大龄心智障碍儿童传递有关组织能力的知识。在此项服务中，社工邀请大学生志愿者分组带领大龄心智障碍儿童讨论、设计活动，并最终完成2场外出活动的策划方案。本项活动旨在通过组织能力提升训练，提升大龄心智障碍儿童的组织能力。

（6）"走进你的世界"活动。借助绘本故事进行舞台剧表演，以提升大龄心智障碍儿童的理解能力。在此项服务中，社工邀请大学生志愿者参与，负责辅助大龄心智障碍儿童理解绘本内容、进行排练。本项活动旨在通过理解能力提升训练，提升大龄心智障碍儿童的理解能力。

（7）职场实践活动。社工发挥大龄心智障碍儿童家长的潜力，带领家长一起链接辖区内的资源，为大龄心智障碍儿童提供职业体验场所，进而通过开展职场实践活动，提升大龄心智障碍儿童的职场技能。

（8）朗读比赛。每2个月举办一场不同主题的朗读比赛，由家长和大学生志愿者担任现场观众，并从家长和大学生志愿者中选出5位评委，由观众和评委共同为参赛大龄心智障碍儿童打分，并对参赛大龄心智障碍儿童进行正向评价。在制定比赛规则时，社工从横向和纵向两个层次出发，同时更加侧重每名大龄心智障碍儿童在不同场比赛中的进步，以提升大龄心智障碍儿童的表达能力和自信心，形成"比、学、赶、超"的良好氛围。

（9）自信心提升及表彰活动。鼓励贯穿于整个项目的始终。在实际服务中，通过自信心提升小组、季度表彰活动等具象服务的开展，提升大龄心智障碍儿童的自信心。

（10）大龄心智障碍儿童社会工作服务论坛。邀请大龄心智障碍儿童及其家长、社工、志愿者、行业专家学者、政府工作人员等开展大龄心智障碍儿童社会工作服务论坛，通过受益大龄心智障碍儿童及其家长发言、社工实务研讨、志愿者服务心得分享、行业专家学者总结服务发展现状、政府工作人员分享相关政策措施等，介绍社会工作介入下大龄心智障碍儿童"缓慢但持续"的改变，从而打破大龄心智障碍儿童社会工作服务"无用论""浪费社会资源"等固有认知，坚定社工及志愿者参与大龄心智障碍儿童社会工作服务的信心，进而呼吁更多的社会群体对大龄心智障碍儿童加以关注，做到对大龄心智障碍儿童的"去标签化"，增加其社会参与的机会，改善其弱势处境。

（11）人大提案。虽然"阿甘成长训练营"聚焦于大龄心智障碍儿童个人能力的提升，但服务的最终目的是推动社会大众更多地关注、包容这一群体，并借助人大提案的力量进一步关注这一弱势群体，倡导公平正义，完善福利政策。因此，在服务过程中，社工一方面积极扮演政策倡导者的角色，认真宣传和贯彻落实政府政策，借助政策的力量推进服务；另一方面更为精细地了解大龄心智障碍儿童的需求，积极建言献策，借助人大代表的力量为这一群体发声，为这一群体过上更体面的生活做出应有的贡献。

（四）政策实践——社会倡导性服务

社工在服务过程中发现，大龄心智障碍儿童的权益保障、公共服务享受、社会环境优化等都需要政策引领和保障，因此社会工作也将社会倡导作为服务的一个重要实践领域。社工主要围绕以下三方面进行社会倡导。

一是通过人大代表提案的形式进行政策倡导，提案内容包含：扶持建立大龄心智障碍儿童康复教育机构或托养机构，出台政策支持公办、民办托养及成年日间照料机构，鼓励和扶持更多民间力量成立残障群体服务机构，满足大龄心智障碍儿童的日间训练、职业培训、就业等需求。在现有的中、高职学校开设大龄心智障碍儿童职业培训试点班，加大对大龄心智障碍儿童的职业培训力度。推进建立融合示范社区，由残联、民政等部门支持实施融合公益项目，引导社区持续开展融合公益活动，为大龄心智障碍儿童搭建融入社会的桥梁，推动解决大龄心智障碍儿童的社会融入问题。加强大龄心智障碍儿童家庭培训，发挥大龄心智障碍儿童家长在家庭康复、居家托养等方面的重要作用，通过培训、交流、研讨等家长赋能活动，不断增强家长帮助孩子康复的信念和能力。

二是开展丰富多彩的社会融入活动。在现实生活中，多数大龄心智障碍儿童缺乏与普通儿童交流交往的平台，因此，为满足大龄心智障碍儿童的社会融入需求，社工从政策友好、空间友好、服务友好、环境友好的维度出发，依托跳蚤市场系列活动，号召大龄心智障碍儿童与普通儿童进行闲置物品交换，为大龄心智障碍儿童建立融合性平台。同时，借助各类节日活动、社区活动，组织大龄心智障碍儿童与社区普通儿童进行联合节目表演以及游戏互动，促进辖区大龄心智障碍儿童的社会融入，进而建设儿童友好型社区。

三是进行"世界自闭症关注日"宣传倡导活动。在"世界自闭症关注日"来临之际，社工积极发动机构其他同人、志愿者、中学生录制视频，宣传和倡导关爱自闭症儿童。在倡导视频的影响下，机构其他项目团队陆续开展关爱自闭症儿童的线上、线下倡导活动。

三、服务成效

"阿甘成长训练营"拟通过系列专业服务活动的开展，达到四方面的成效。一是为服务对象融入社会搭建一个"缓冲平台""助力平台"，使服务对象在自信心、表达能力、理解能力、团队合作能力、规则意识、家务能力以及职业能力等方面有所提升，帮助其更好地适应社会、融入社会；二是通过多元力量深度结合（社工＋志愿者＋慈善），搭建服务对象与同龄人之间的互动和交流平台，在服务过程中充分体现平等、互助的价值取向，为服务对象营造友好型学习、成长环境；三是借助本项目为社会工作专业大学生提供专业实习平台，使其理论知识在实践中得以运用，为培养职业社工奠定基础；四是借助多方力量，促进服务对象的改变，以服务对象实际而有效的改变影响社会大众对这一群体的认知，反向推动国家政策向大龄心智障碍儿童倾斜。

目前，"阿甘成长训练营"仍在继续，为检验项目成效，社工采取了参与观察法及访谈法。在实际服务过程中，社工在每次活动中积极与服务对象进行互动交流，认真观察每位服务对象的表现，尽可能多地感受服务对象的内心想法和感受，并对比其成长和变化。由于活动中的表现不能完全证明服务对象的实际情况，因此，社工通过访谈法了解服务对象在日常生活中的表现。基于此，社工邀请服务对象及其监护人，就服务对象自接受服务以来，在自信心、表达能力、理解能力、团队合作能力、规则意识、家务能力以及职业能力等方面的变化进行访谈，通过服务对象的自我评价、监护人的反馈了解服务对象的实际变化。

综合社工观察、服务对象自我评价、服务对象监护人反馈，项目已达成的具体成效如下。

（一）服务对象的改变

（1）通过项目服务的开展，服务对象的自信心有了明显提升。每次朗读比赛活动结束后，都有5位左右服务对象表示下次一定能够取得更好的成绩；每次自信心小组活动结束后，每位服务对象都会增加1~2个新优点。

（2）通过项目服务的开展，服务对象的表达能力有了明显提升。如小睿（化名）在项目刚开始时吐字很不清晰，在第一次朗读比赛时大家甚至听不清其朗读的内容，但在第三次朗读比赛时，小睿的吐字清晰度有了明显变化。

（3）通过项目服务的开展，服务对象的理解能力有了明显提升。有志愿者反馈，在第一次绘本活动中，多数服务对象需要志愿者引导理解绘本的主旨，但在第三次绘本活动中，基本上每位服务对象都能大致说出绘本的主旨。同时，在情景剧表演中，第一次情景剧表演有两位服务对象不愿意参与，且其他服务对象的表现也比较生硬，中间存在卡顿的情况；但在第三次情景剧表演中，原来不愿意参与的服务对象愿意参与了，而且这两位服务对象在表演过程中增加了自己的设计，情景剧的完成度越来越高。

（4）通过日常活动引导以及"我的活动我做主"活动的开展，服务对象能够参与户外活动的设计，并且愿意承担户外活动中的部分任务。

（5）项目活动开展过程中已经形成了互相监督、互相提醒的氛围，如当社工在分享内容时有服务对象插话，其他服务对象就会及时提醒。此外，服务对象之间结对帮扶的成效已经逐渐显现，在大家的共同努力下，每场活动都能顺利开展，服务对象在活动中的不良行为得到了很好的控制。

（6）部分服务对象因住校而无法参加生活技能打卡活动，共有8位服务对象坚持完成了每周打卡。这8位服务对象已经形成了帮助家人做家务的习惯，轩轩（化名）、小棠（化名）的进步最为明显，他们现在不仅能够主动做饭，而且能够在吃饭过程中主动帮家人盛饭，主动承担刷碗、抹桌子的工作。

（二）服务范围的拓展

目前"阿甘成长训练营"服务群中，有 25 位服务对象，稳定的服务对象有 20 位，项目启动之后新加入的服务对象有 7 位。服务范围由 J 区 N 街道拓展到 J 区 R 街道、D 街道、F 街道、W 街道，以及 E 区、G 区、Z 区、D 区部分街道。

（三）志愿者的成长与收获

通过"阿甘成长训练营"，志愿者学会了如何与大龄心智障碍儿童相处，学会了如何策划一场活动，学会了如何在小组活动中引导组员，深刻体会到参与志愿服务的价值以及社会工作服务的专业性。该项目为社会工作专业大学生提供了专业实习平台，使其理论知识在实践中得以运用，为培养职业社工奠定基础的目标正在逐步得以实现。

（四）获得资金支持

（1）"阿甘成长训练营"在儿童公益慈善服务项目大赛中获银奖，奖金 1 000 元。

（2）"阿甘成长训练营"在 2022 年"99 公益日"中筹款 4 132.24 元。

（3）"阿甘成长训练营"得到 Z 市慈善总会、社会工作协会护童行动 2 万元专项资金支持。

（五）社会影响力

"阿甘成长训练营"通过 Z 市人大代表在 Z 市第十五届人民代表大会第五次会议中提出《关于大龄心智障碍者家庭精准帮扶的建议》，并得到 Z 市残疾人联合会的积极答复。此外，该项目自实施以来，共获得省、市各级媒体报道十余次，在 Z 市民政局举办的儿童公益慈善服务项目大赛中荣获银奖，并获得优秀志愿服务项目称号，梓闻护童行动志愿服务队被 Z 市社会工作协会评选为优秀志愿服务队伍。

（六）项目所获荣誉

（1）"阿甘成长训练营"荣获 2022 年度 Z 市儿童公益慈善服务项目大赛银奖。

（2）"阿甘成长训练营"项目申报书荣获 2022 年度河南省优秀社会工作成果。

（3）Z 市某大学志愿服务队结合参与大龄心智障碍儿童成长发展项目志愿服务实践撰写的《"护童共成长，知行新时代"——青心护童实践提升项目》，荣获第六届中国青年志愿服务项目大赛河南赛区选拔赛金奖。

四、总结反思

（一）实务困境对整合社会工作方法的需求

1. "困境"的多元化需要整合社会工作方法

国务院于 2016 年 6 月印发《关于加强困境儿童保障工作的意见》，明确规定：困境儿童包括因家庭贫困导致生活、就医、就学等困难的儿童，因自身残疾导致康复、照料、护理和社会融入等困难的儿童，以及因家庭监护缺失或监护不当遭受虐待、遗弃、意外伤害、不法侵害等导致人身安全受到威胁或侵害的儿童。Z 市人民政府在 2018 年 9 月出台《关于加强农村留守儿童关爱保护和困境儿童保障工作的实施意见》，对具有 Z 市户籍的困境儿童根据不同情况分为 6 种类型：一是孤儿，二是特困儿童，三是重病重残儿童，四是监护人无力监护或监护缺失的儿童，五是贫困家庭儿童，六是其他困境儿童。

梓闻中心自 2016 年起开始实施困境儿童服务项目。随着服务的不断深入，困境儿童需求的多元化和多样性逐渐凸显。大龄心智障碍儿童及其家庭可能同时面临公益康复资源链接、学习能力提升、生活技能提升、社会交往技能提升、社会融入、就业、家庭经济压力缓解、家长喘息服务等多元化和多样性的需求。在对大龄心智障碍儿童的走访调研和服务过程中，社工发现单独关注大龄心智障碍儿童个体的需求过于片面，还要关注其背后的家庭、学校、社会等系统，这些动态的系统具有一定的交叉性和复杂性。对很多大龄心智障碍儿童来说，他们不仅仅面临生存性问题，发展性问题的影响往往更大。社工经过调研发现，大龄心智障碍儿童的知识教育、就业培训、就业机会等资源非常有限。多元化的现实困境单单靠社工一方介入或使用单一服务方法是很难解决的。如服务对象小月，表面上看其问题聚焦于个体职业技能提升和自信心提升，当社工运用个案工作的方法进行介入时，因有社工的陪伴、鼓励，小月的改变肉眼可见，这确实是值得高兴的事情，但一旦社工结案，小月就又回到原有的生态系统中，服务成效难以得到有效巩固。所以，不仅要在个体层面进行个案跟进，还要在家庭层面给予家庭建议和指导，在人际关系层面建立社会支持网络，在社区层面营造儿童友好型社区的文化氛围，在政策层面进行多元倡导（如扶持建立大龄心智障碍儿童康复教育机构或托养机构），等等。

总体来说，在具体实务工作中，大龄心智障碍儿童的问题通常是交叉相关的，没有实际边界，无法通过单一立场或单一实务技术来解决，需要站在社会问题焦点的角度开展服务。因此，不能孤立地看待社会工作方法，要统合多种方法来回应服务对象所面对的复杂的、多元化的问题。即建立一种整合的方法系统，而非将个案工作、小组工作和社区工作三大方法割裂和独立地使用。

2. "指标化"的现实需要整合社会工作方法

除了服务对象多元化和多样性的紧迫需求外，社工也在实务工作中遇到了诸多挑战：一方面，社会工作的嵌入式发展使项目团队需要在项目运行的过程中承担相应的行政工作，这在一定程度上分散了社工的时间和精力。另一方面，在项目运行过程中，资方为保证项目服务的经济价值、效率和效益，将"社会工作的能力"定义为"达到多要求的标准"和"特定工作的技巧"[1]，并在服务协议中设置相应的"服务指标量"作为项目的量化标准。在项目的实务服务中，社工往往会片面地将"服务指标量"作为衡量自己服务数量、成效的指标，割裂地使用个案工作、小组工作、社区工作三大专业方法。在这种情况下，社工变成了"指标化社工"，只注重自己跟进了几个困境儿童个案，开展了几次困境儿童小组、几场社区活动等一些量化数据，不会"全人化"地考虑困境儿童的多元化需求，更不关注服务之间的横向联结，这就使得实务服务很难回应（或者只能片面化地回应）服务对象的需求，进而导致服务成效不显著、项目很难

---

① 乔世东.新管理主义对社会工作的影响.华东理工大学学报（社会科学版），2004（2）.

形成品牌和特色、社会工作使命和价值不断弱化等一系列问题。

3.对政策实践的忽视需要整合社会工作方法

自 2016 年国务院印发《关于加强困境儿童保障工作的意见》以来，各地政府相继根据本土实际情况出台困境儿童服务文件。以河南省 Z 市为例，Z 市人民政府出台了《关于加强农村留守儿童关爱保护和困境儿童保障工作的实施意见》等诸多文件，但是在具体的困境儿童服务中，一部分社工会忽视现有政策，片面地用社会工作"专业"来实施针对困境儿童的服务，另一部分社工虽然会重视现有政策，但往往把政策作为一种固定的、静态的框架来指导服务，缺乏社会工作"倡导"功能的发挥，导致社会工作实务对社会政策制定的影响非常微弱。社工需要在实务探索的过程中积极做好政策实践，通过执行政策来发现问题，进而做好政策倡导工作。

（二）整合社会工作方法在大龄心智障碍儿童服务中的本土实践探索

1.整合社会工作方法介绍

社会工作的任务应该是协助服务对象提升自身的能力，建立、修正或改善服务对象与资源系统之间的联系，从而解决服务对象的问题。而要达到这一目标，需要一个系统的环境。张和清等认为，整合社会工作方法强调从多元的角度去分析服务对象的问题，回应个人和社会问题的多面性，并采用整合的措施为服务对象提供多元化服务，打破传统三大方法的割裂使用局面[1]。在具体服务场景中，无论采取何种专业方法，社工都要时刻警觉专业方法不是目的本身，而只是专业工具。专业方法是为社会工作的理念和价值观服务的。所以，作为一名专业社工，必须坚守专业价值观，将"全人"的理念和服务对象的福祉最大化作为社工的专业目标，防止陷入"方法为本""社工为本"等本末倒置的陷阱中。

2.社会工作方法的整合运用

在社会工作服务过程中，服务对象需求的多元化以及实务工作的现实困境

---

① 张和清，廖其能，等.从群众中来 到群众中去："双百"社会工作概论.北京：中国社会出版社，2021.

对社工提出了多面性要求，使得社会工作打破了原有的实务分工和技术格局，同时要求社工在尊重服务对象自身对问题的认定和表达的基础上，针对不同利益主体、不同阶段的利益诉求和资源优势，灵活处理。在这个过程中，社工要秉持两个原则：一是精准识别服务对象的问题及其根源，通过分析决定社会工作的介入目标。如小月的案例就是从"个人－家庭－人际关系－社区－政策"等不同层面进行介入，从而制定目标，确定行动方向，明确"做什么"（服务内容）和"做成什么"（服务成效）。二是在回应如何达成目标的问题上，社工要利用优势视角和资源视角，从服务对象自身及其周边系统中发现优势和资源，联动各方力量共同促进问题的解决，达成人与环境的良好互动。在小月的案例中，社工发现小月的优势和资源在于其自理能力较好，家庭氛围良好，家庭成员特别关注其成长发展并愿意付出努力，同时其母亲是困境儿童服务型社会组织的老成员，与社会组织中的骨干人员保持着联系，服务对象早期也一直参加相关服务。社工对这些优势和资源的挖掘与使用在一定程度上促进了服务对象目标的达成。

第一，个案工作：任务中心模式。

在个案工作层面，社工主要运用任务中心模式进行专业介入。任务中心模式把服务介入的焦点集中在为服务对象提供简要、有效的服务上，希望帮助服务对象在有限的时间内实现自己所选定的明确目标。任务中心模式认为，高效的服务介入必须符合五方面的基本要求：介入时间有限、介入目标清晰、介入服务简要、介入过程精密、服务效果明显。同时，任务中心模式在运用任务实现目标的过程中非常关注服务对象的自主性，认为服务对象具有处理自己问题的权利和义务，相信服务对象具有解决自己问题的潜在能力。在这个过程中，任务中心模式把沟通视为社工与服务对象之间进行交流的工具，而有效的沟通必须具备两个要素（有系统、有反应）和达到五种功能（探究、组织、意识水平提升、鼓励、方向引导）。

社工秉持专业的工作态度，在实施过程中非常关注对问题、服务对象以及任务的界定。在服务初期，社工积极与服务对象及其家长面谈，观察服务对象在活动中的表现，获得服务对象的性格特征、家庭基本情况、学校生活情况等基本信息，界定服务对象的问题及需求，而服务计划的制订是服务对象、服务对象家长及社工三方协商的结果，确定了清晰、有效、系统的目标和介入过程。在服务过程中，社工不仅与服务对象针对每次面谈的目标，保持积极有效、循序渐进的沟通，而且能够给予服务对象及时的回应，鼓励服务对象积极表达自己的想法和意见，并让服务对象体会到社工的关心和尊重。与此同时，社工也相信每个服务对象都有解决问题的能力，并通过专业服务过程提高服务对象解决问题的能力。服务对象是需要解决问题及发生改变的主体，社工只是扮演资源提供者和资源链接者角色的客体。在本案例服务中，服务对象虽然是智力发育迟缓的儿童，但其有解决自己问题的能力和意愿，只不过在此过程中需要社工、儿童家长等给予更多的助力。

第二，小组工作：增能理论。

增能（empowerment）又称充权或赋权，意思是让人有更多的责任感，有能力去做自己应该做的事。增能理论的基本假设有以下几个方面。（1）个人的无力感是由于环境的排挤和压迫而产生的。造成无力感的根源有三个：一是受压迫群体的自我负面评价；二是受压迫群体在与外在环境互动过程中形成的负面经验；三是宏观环境的障碍使受压迫群体难以有效地在社会中行动。（2）社会环境中存在着直接和间接的障碍，使人无法发挥自己的能力，但是这种障碍是可以改变的。（3）每个人都不缺少能力，个人的能力可以通过社会互动不断增加。（4）服务对象是有能力、有价值的，服务对象的能力不是助人者给予的。（5）社工与服务对象以及环境之间能够实现有效互动。而增能发生在三个层面：个人层面（指个人感觉有能力去解决问题）、人际层面（指个人与他人合作能促成问题的解决）、环境层面（指能够改变那些不利于实现自助的制度和规则）。

案例中的小月属于大龄心智障碍儿童，随着年龄增长，她在社会适应方面面临更多、更大的挑战，她自己在职业技能学习方面也有需求，而其父母则面临长期照顾孩子的多重压力。为了促进大龄心智障碍儿童的成长发展，社工围绕大龄心智障碍儿童的职业技能提升，开展了"慢飞天使"职场礼仪实践小组活动，引导小月及其同伴的互动和成长。社工相信，社会中的弱势群体之所以处于弱势地位，并非因为他们自身有缺陷，而是因为他们长期缺乏社会参与机会。社工重视服务对象的能力而非缺陷，旨在通过共同的活动帮助服务对象去除环境的排挤和压迫以及服务对象自身的无力感，确认服务对象是积极的主体，使他们获得能力，并能正常发挥社会功能。

第三，社区工作：社会互动理论。

社会互动即社会相互作用，是指在一定的社会关系背景下，人与人、人与群体、群体与群体等在心理、行为上相互影响、相互作用的动态过程。构成社会互动的要素有三个：（1）有两方以上主体；（2）主体间有某种形式的接触；（3）各方主体都能意识到符号代表的意义。社会互动的主要形式有交换、合作、冲突、竞争和强制。正是在这一系列语言和非语言的互动中，人们不断学习由社会建构并由全体成员共享的象征意义，通过角色借用，理解他人的想法，在符号互动中完成交流，共建意义系统。在互动中，意见得以分享、感情产生共鸣，从而影响文化的建构和变迁。

社会互动理论认为，人一出生就进入了人际交往的世界，学习与发展发生在他们与其他人的交往互动中。该理论既强调学习过程的认知参与，也强调学习过程的"全人"参与。社工在为大龄心智障碍儿童提供服务的过程中，发现这个群体日常的人际交往网络很有限，除了家人，他们没有太多的伙伴，在社区中也很难建立个人的支持系统。然而，这并不是由他们自身的意愿导致的，而是由于缺乏互动交往的平台。所以，社工通过开展跳蚤市场活动，以闲置物品交换的形式，帮助大龄心智障碍儿童建立与其他儿童交流沟通的平台，通过人际交往，不仅培养他们节俭、自立的品格，也促进他们的社会融入，还可以从侧面影响更多的人关注大龄心智障碍儿童，以建设环境友好型社区。

第四，政策实践：打通"最后一米"。

社工身在实务一线，实实在在地看到大龄心智障碍儿童的现状。同时，社工也是政府政策的学习者、传递者和践行者，与政府各部门保持合作、联动的关系，可以利用自身的专业和角色优势，协助政府各部门将社会福利保障政策有效地落实，并通过深入调研和需求摸底，开展各类精细化服务，充分利用社会政策资源解决民政服务对象兜底保障问题。社工还要作为政策倡导者，从专业角度提出政策修订建议，协助政策法规的完善，以更好地促进社会公正目标的达成。

在大龄心智障碍儿童项目服务中，社工扮演了政策需求评估者、政策信息传递者和政策资源链接者的角色。社工了解服务对象个人及其家庭的实际需要，关注相关政策的实施情况，及时为服务对象提供信息和建议，并积极对接资源，真正将政策文本转化为实践，打通了福利兜底保障政策的"最后一米"，既保障了服务对象的利益，使他们能够获得基础保障，有勇气走出困境，收获新生活，又维护了社会公正。

整合社会工作方法指导下大龄心智障碍儿童成长发展项目思路如图 5-2 所示：

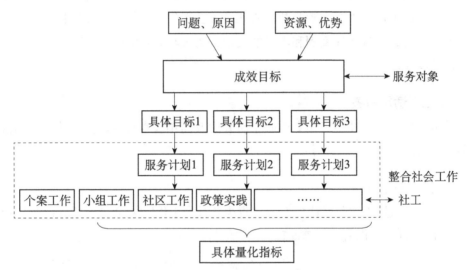

图 5-2　整合社会工作方法指导下大龄心智障碍儿童成长发展项目思路

第二节　教学手册

一、教学目标与案例用途

（一）教学目标

进一步加强学生对儿童、青少年社会工作理论与实务模式的学习，通过案例使学生对大龄心智障碍儿童及其服务现状有全面的认识和了解，通过实务案例的分析讲解使学生对大龄心智障碍儿童社会工作的政策、服务现状有一定的了解和反思，通过特殊案例和项目的展示，为大龄心智障碍儿童服务项目提供一定的参考。

（二）适用对象

本案例适用于社会工作专业硕士研究生及高年级本科生、实务社工、非营利组织管理者。

（三）适用课程

本案例适用于"儿童社会工作""青少年社会工作""社会工作项目管理""社区工作""社会工作概论"等课程。

二、启发思考题

（一）结合案例分析为什么要使用整合社会工作方法

答题思路：

（1）目前社工面临的服务困境：单一工作方法的局限性，"指标化"导致服务成效不凸显、难以形成品牌和特色，社工价值感被弱化，在服务中缺少对政策的倡导及执行。

（2）整合社会工作方法的优势：能够回应个人和社会问题的多样化需求、打破传统工作方法割裂使用的局面。

（3）整合社会工作方法介入大龄心智障碍儿童服务的成效：从服务对象受益范围、服务对象改变、社会影响力等方面分析。

（二）在目前的情况下，项目面临的最大挑战是什么？

答题思路：

（1）从项目发展的角度：资金来源、稳定性、长远性。

（2）从服务专业化的角度：项目的特色、专业性、服务成效。

（三）社会工作介入大龄心智障碍儿童服务的路径是什么？

答题思路：

心智障碍群体存在的共性问题是学习障碍、沟通障碍及社会互动障碍，这是一个在全生命周期都需要接纳和支持的群体，他们在康复、教育、就业、社会融入及自主生活等方面仍然面临很多障碍。就大龄心智障碍儿童的成长发展问题来说，社工可从个人能力提升、社会适应能力辅导、就业岗位资源对接、就业技能培训、就业辅助支持、政策建议倡导等方面进行介入。

（四）社工在大龄心智障碍儿童服务领域如何推动社会融入政策的发展和完善？

答题思路：

（1）通过社工介入，助力大龄心智障碍儿童成长，以大龄心智障碍儿童的改变来影响社会大众对该群体的认知，进而推动政策的发展和完善。

（2）建立相关机制推动成立教育、康复、托养、就业四位一体的教育机构，完善大龄心智障碍儿童就业及辅助性就业政策。

三、分析思路

本案例重点讲述了整合社会工作方法在大龄心智障碍儿童服务方面的运用，以下四个方面构成了案例分析的主线，可供不同的专业课程教学研讨使用。

（一）实务服务方面

大龄心智障碍儿童的问题及优势有哪些？大龄心智障碍儿童服务的目标是什么？大龄心智障碍儿童服务的特色是什么？大龄心智障碍儿童服务的选择依据是什么？各项服务之间的横向联系点是什么？衡量服务成效的关键指标是什么？服务供给的模式有哪些？

（二）理论方面

如何才能体现社会工作"以人为本"的服务理念？如何理解整合社会工作方法？如何理解优势视角？整合社会工作在大龄心智障碍儿童服务中的优势是什么？对于各社会工作方法应该如何进行整合的本土运用？

（三）项目管理方面

项目成效目标与项目执行策略之间的内在逻辑是什么？如何在项目成效目标与"服务指标量"之间建立有效联结？

（四）社会政策与社会服务方面

我国大龄心智障碍儿童社会政策的主要结构、发展历史以及漏洞是什么？康复、教育、就业等相关领域的社会政策与大龄心智障碍儿童社会政策的衔接状况如何？社会政策对社会服务的作用有哪些？社会政策与社会服务的关系如何？如何进行有效的政策倡导？

四、理论依据与分析

（一）任务中心模式

任务中心模式把服务介入的焦点集中在为服务对象提供简要有效的服务上，希望帮助服务对象在有限的时间内实现自己所制定的明确目标。同时，任务中心模式在运用任务实现目标的过程中非常关注服务对象的自主性，认为服务对象具有处理自己问题的权利和义务，相信服务对象具有解决自己问题的潜在能力。

在本案例中，社工不仅与服务对象针对每次面谈的目标，保持积极有效、循序渐进的沟通，而且能够给予服务对象及时的回应，鼓励服务对象积极表达自己的想法和意见，让服务对象体会到社工对其的关心和尊重。与此同时，社工相信每个人都有解决问题的能力，并通过专业服务来提高服务对象解决问题的能力。

（二）人本主义理论

人本主义理论认为每个人都是有价值的，都有与生俱来的发展能力与才能，只要给他们爱和关注以及发自内心的赞美，他们就可以最大限度地发挥自己的潜能。

人本主义社会工作实务的基本价值包括：

（1）尊重人的价值和能力。

（2）在社会生活中人们彼此负有责任。

（3）人们具有归属和被包容的权利。

（4）人们具有参与和被聆听的权利。

（5）人们具有自由表达的权利。

（6）群体成员之间是有差别的，这些差别需要得到尊重。

（7）人们具有质疑和挑战专业人员的权利。

由于心智发展受限，大龄心智障碍儿童生活不能（完全）自理、需要人照顾，他们的自我价值感低下，与外界的互动少。社工秉持同理、真诚、接纳的价值理念，认真倾听、表达尊重，使服务对象在毫无压力的情况下自由自在地表达，然后进一步看到自己的潜能和优势，获得生活的希望，采取积极的行动。在社工开展的"定制性"服务中，社工入户走访了辖区内的大龄心智障碍儿童并为其建立了个人档案，结合他们的个性化需要，为他们提供个案服务。也许他们能力有限，是别人眼中的"弱势群体"，但社工选择相信和激发他们的潜能，从旁鼓励和协助，围绕大龄心智障碍儿童的自信心提升、语言表达、心理辅导、课业辅导（识字）、康复资源链接、入学政策咨询等内容，使他们在不断参与的过程中提高自己的能力，增强自信心。

（三）"全人"服务理念

"全人"发展是一个全新的服务概念，也是一种新趋势。它强调尊重服务对象的价值，挖掘服务对象各方面的优势和潜能，注重服务对象的身体、心理、精神及社会等不同层面的需要，发挥预防、治疗、支援的作用，形成层级递增的服务结构，促进服务对象的"全人"发展和社区和谐。这一理念是在 1926 年才出现的，在这之前一直是以生理为主的传统介入。随着时间推移，很多服务开始注重"全人"服务理念（简称"身、心、社、灵"）的运用，以使服务更具有系统性、条理性和方向性。

梓闻中心在不断深耕困境儿童服务的过程中，逐渐聚焦服务主体，整合资源，针对大龄心智障碍儿童设计研发并实施了"大龄心智障碍儿童成长发展项目"。社工通过焦点小组方式对服务对象进行调研，发现服务对象面临各种问题、存在多种需求。因此，社工在服务过程中要重视服务对象的多元化需求，而非割裂地看待服务对象的某一个需求。在"全人"服务理念的视角下，社工不仅聚焦于服务对象个人层面，还关注服务对象家长层面和社会层面，多维度地关注服务对象的全面成长。

（四）社会支持理论

社会支持网络指的是一组个人之间的接触，通过这些接触，个人得以维持社会身份并获得情绪支持、物质援助、信息与新的社会接触。依据社会支持理论的观点，一个人所拥有的社会支持网络越强大，就能够越好地应对各种来自环境的挑战。个人所拥有的资源又可以分为个人资源和社会资源。个人资源包括个人的自我功能和应对能力，而社会资源是指个人社会网络的广度以及社会网络中的人所能提供社会支持的程度。社会支持理论指导下的社会工作，强调通过干预个人的社会网络来改变其在个人生活中的作用。特别是对于那些社会网络资源不足或者利用社会网络的能力不足的个体，社工致力于给他们提供必要的帮助，帮助他们拓展社会网络资源，提高利用社会网络的能力。

社会支持理论认为，每个人都处于社会关系之中，无法自绝于社会而存在。其基本假设如下：

（1）人类的生存需要与他人合作，并且依赖他人从而获得协助。

（2）人们在一生中都会遭遇一些可预期和不可预期的事件。

（3）人们在遭遇一些事件时，需要自身资源以及外部资源的支持。

（4）当人们遭遇事件处于压力之下时，其社会支持网络能缓解其压力。

（5）一个人所拥有的社会支持网络越强大，就能够越好地应对来自外部的挑战。

（6）社会中的困难群体需要强化其社会支持网络，增强社会支持。

在"大龄心智障碍儿童成长发展项目"中，社工从社会支持理论出发，为服务对象提供了多元化服务。一是主动与服务对象建立良好的合作关系，成为服务对象的同行者、陪伴者。二是丰富服务对象社会支持网络的成员，邀请服务对象的同伴、服务对象的家长、高校志愿者、社会资源一起参与。三是整合社会支持网络资源，链接大学生资源搭建一对一帮扶学习平台，同时，带领家长一起为服务对象链接职场体验场所资源，进而通过开展职业技能实践活动，以提升服务对象的职业技能。四是发挥社会支持网络的功能，为服务对象提供情感慰藉、心理疏导、关系支持，帮助他们建立与家庭和社会的连接。

（五）社会目标模式

社会目标模式，是小组社会工作中的一种模式。该模式主要被运用于社区发展领域，以培养组员的社会责任感，实现社会整合。在该模式中，社工应主要扮演影响者的角色，激发组员的社会参与意识，增强组员民主参与的行动力。

社会目标模式的前提假设在于：小组是一个具有共同发展目标的共同体，组员与小组之间、组员与组员之间的互动具有改变和发展的积极功能，通过小组活动可以培养组员的社会责任感、社会参与意识，提升组员的社会参与、社会行动和自我发展的能力。其特点包括三个方面：社会目标模式的小组目标是培养组员的社会责任感；在社会目标模式的小组中，组员有民主参与社会生活的动机和潜能；在社会目标模式的小组中，社工扮演影响者的角色。

在"大龄心智障碍儿童成长发展项目"中，社工通过链接辖区内的资源为服务对象提供职场体验场所，邀请服务对象"走出去"，参加职业技能实践活动。这在提升服务对象的职业技能的同时，一方面，让服务对象关注社会上不同的职业，促进其社会参与和社会行动，发挥其社会参与和社会行动的动力和潜能，培养其社会责任感和社会参与意识；另一方面，让服务对象通过对不同职业的体验，提升自我发展、社会参与和社会行动能力。

（六）地区发展模式

地区发展模式是由美国学者杰克·罗斯曼根据社区发展和社区建设的相关经验而提出的社区工作实务模式，其核心理念是强调参与。该模式强调在一个较大的社区范围内鼓励社区居民通过自助或互助的方式，广泛参与社区事务，解决社区问题，推动社区发展。其特点包括四个方面：（1）较多关注社区共性问题；（2）通过发展社区自主能力来实现社区的重新整合；（3）过程目标的重要性超过任务目标，该模式致力于重建各种社区支持网络，增加社区居民的交往和互动，改善邻里关系，重建居民之间的紧密联系，帮助居民认识社区参与的重要性并愿意承担责任，使居民对社区更加认同；（4）特别重视居民的参与。

社工在大龄心智障碍儿童社会工作过程中，以地区发展模式为基础，开展了如下工作：一是以促进服务对象自主和自立、发展互助、建立社区团结为目标，为服务对象融入社会搭建了一个"缓冲平台""助力平台"，使服务对象在自信心、表达能力、理解能力、团队合作能力、规则意识、家务能力以及职业能力等方面都有所提升，帮助服务对象更好地融入社会、适应社会。二是组织了一系列公共活动，促进服务对象之间的交流，通过多元力量深度结合，搭建起服务对象与同龄人之间的互动和交流平台，在服务过程中充分体现平等互助的价值取向，为服务对象营造友好型学习成长环境，培养其认同感和归属感。三是通过社区教育，借助多方力量，促进服务对象的改变，以服务对象实际而有效的改变影响社会大众对这一群体的认知，反向推动政府政策向大龄心智障碍儿童倾斜。四是提供服务和发展资源，借助"大龄心智障碍儿童成长发展项目"的落地，引入大学生志愿者力量，为社会工作专业大学生提供专业实习平台，使其理论知识在实践中得以运用，为培养职业社工奠定基础。

五、背景信息

2020年7月，梓闻中心运营N街道党群服务中心项目，有部分大龄心智障碍儿童属于该辖区，社工就开始围绕部分大龄心智障碍儿童开展个别化服务，服务成效比较凸显。但是在服务过程中，社工明显感受到割裂使用社会工作方法提供服务带来的弊端（无法回应服务对象多元化的需求、服务成效无法系统体现等）。2021年1月，梓闻中心尝试运用整合社会工作方法回应大龄心智障碍儿童的需求，并形成项目化体系，但在2021年5月，随着政府购买党群服务中心项目结项，"大龄心智障碍儿童成长发展项目"也随之结项。2021年7月，J区全面铺开乡镇（街道）社会工作服务站项目，并将民政兜底服务对象纳入社会工作服务站的服务范围，梓闻中心有幸继续承接和运营N街道社会工作服务站项目。在对大龄心智障碍儿童的走访调研的基础上，梓闻中心对"大龄心智障碍儿童成长发展项目"进行了迭代升级，并作为特色服务品牌在 N 街道社会工作服务站进行主导运营。2022 年，梓闻中心将"大龄心智障碍儿童成长发展项目"的运营权收回机构，对项目覆盖范围进行了扩展，对项目内容进行了延伸，并通过整合社会资源和网络众筹等形式保证了项目服务的延续性。

后续进展：大龄心智障碍儿童是民政政策兜底的服务对象，因此"大龄心智障碍儿童成长发展项目"经费多来源于政府购买服务。但自 2020 年起，由于政府财政紧张等原因，来自政府的项目经费支持非常不稳定。同时，受项目资金来源的局限，有部分不在服务辖区的大龄心智障碍儿童不能享受项目服务。2022 年，为了扩展服务范围、进一步让更多的大龄心智障碍儿童受益，同时保证项目服务的正常开展，梓闻中心通过与基金会合作、自创特色项目进行网络众筹、整合社会资源等形式进行运营，以拓展资金来源。

六、关键要点

（一）"全人"和"以人为本"的服务理念

重视服务对象的多元化、多样性服务需求，而非割裂地看待服务对象的某一个需求；要时刻警觉社会工作专业方法不是目的，而是专业工具，它们要服务于"以人为本"的理念和价值观；要以服务对象利益最大化为最终的专业目标，切忌陷入"方法为本"和"社工为本"的误区。

（二）优势视角

大龄心智障碍儿童既有各种问题和需求，也同样有各种优势。社工一定要内部聚焦，发现大龄心智障碍儿童个人、家庭和社区已有的资源，并通过外部驱动，将人际关系网络、社会政策资源纳入服务过程，最终实现大龄心智障碍儿童"人与环境"的改变。

（三）项目逻辑

"全人"服务理念要求社工在服务大龄心智障碍儿童的过程中要全面回应大龄心智障碍儿童及其家庭的多元化需求。社工可以把三大工作方法与社会实践在项目平台上有效地整合，以项目为载体，全面回应大龄心智障碍儿童的需求。

社工需要具备项目逻辑，才能很好地"串联"服务，取得服务成效。

七、建议课堂计划

可以从案例的逻辑思路出发来进行课堂计划的安排。

（一）实务服务方面

建议在"儿童社会工作""青少年社会工作""社会工作实务""社会工作专业实习"等课程中使用。时间安排3～4课时。

（1）课前预习案例内容。

（2）课堂上简要回顾案例内容，并以分组的方式组织对以下问题的讨论：大龄心智障碍儿童的问题及优势有哪些？大龄心智障碍儿童服务的目标是什么？大龄心智障碍儿童服务的特色是什么？大龄心智障碍儿童服务的选择依据是什么？各项服务之间的横向联系点是什么？衡量服务成效的关键指标是什么？服务供给的模式有哪些？

（3）教师点评，引出服务理念、服务体系、服务标准化、服务品质等知识点。

（4）知识点介绍、案例拓展及总结。

（二）理论方面

建议在"社会工作实务""社会工作理论"等课程中使用。时间安排2课时。

（1）课前预习案例内容。

（2）课堂上简要回顾案例内容，并以分组的方式组织对以下问题的讨论：如何才能体现社会工作"以人为本"的服务理念？如何理解整合社会工作方法？如何理解优势视角？整合社会工作在大龄心智障碍儿童服务中的优势是什么？对于各社会工作方法应该如何进行整合的本土运用？

（3）教师点评，引出整合社会工作方法介入大龄心智障碍儿童服务的介入过程、原则和方法等知识点。

（4）知识点介绍、案例拓展及总结。

（三）项目管理方面

建议在"社会工作项目管理""社会工作实务""社会组织管理""社会工作专业实习"等课程中使用。时间安排 2～3 课时。

（1）课前预习案例内容。

（2）课堂上简要回顾案例内容，并以分组的方式组织对以下问题的讨论：项目成效目标与项目执行策略之间的内在逻辑是什么？如何在项目成效目标与"服务指标量"之间建立有效联结？

（3）教师点评，引出项目概念、项目逻辑、项目管理、项目成效评估等知识点。

（4）知识点介绍、案例拓展及总结。

（四）社会政策与社会服务方面

建议在"社会政策""社会政策分析""儿童社会工作""青少年社会工作""社会工作行政"等课程中使用。时间安排 2 课时。

（1）课前预习案例内容。

（2）课堂上简要回顾案例内容，并以分组的方式组织对以下问题的讨论：我国大龄心智障碍儿童社会政策的主要结构、发展历史以及漏洞是什么？康复、教育、就业等相关领域的社会政策与大龄心智障碍儿童社会政策的衔接状况如何？社会政策对社会服务的作用有哪些？社会政策与社会服务的关系如何？如何进行有效的政策倡导？

（3）教师点评，引出政策理念、政策文本、政策实施等知识点。

（4）知识点介绍、案例拓展及总结。

下篇

儿童保护政策实践

案例六 ｜ 儿童福利体系建设的县域实践

赵记辉　王晴晴①

摘要：泗水县位于山东省中南部沂蒙革命老区，作为一个山区农业县和传统劳务输出大县，长期面临困境儿童和农村留守儿童数量多的社会挑战。随着我国社会福利体系的建设和发展，基于县情县况，泗水县以"为留守儿童营造健康成长的良好环境"为工作目标，持续探索县域儿童福利体系建设。

泗水县儿童福利体系建设，从聚焦留守儿童扩展到对困境儿童的关爱保护，进一步扩展到对未成年群体的关注关爱；在摸索中起步，逐步形成"1443泗水模式"，发展出"党委领导、政府负责、民政牵头、部门协作、社会参与"的儿童福利和未成年人保护工作新格局。每一个阶段的发展都基于对儿童群体的关注与关爱，践行"再苦也不能苦孩子"的朴实愿景。

随着适度普惠和分类保障逐渐成为我国儿童福利体系建设的指导理念，儿童福利保障和未成年人保护工作的开展也面临更高的要求，推进专业化和精准化成为泗水县儿童福利体系建设的新目标。梳理泗水县儿童福利体系建设的探索与实践历程，坚持高位谋划的体制机制建设、政社协同的多元合力建设、立体联动的服务网络构建，为新阶段建设和发展县域儿童福利体系提供了典型案例和启发。

关键词：儿童福利　县域体系建设　未成年人保护

---

① 赵记辉，山东女子学院社会与法学院副教授。王晴晴，青岛市团校。

第一节　案例

2021 年 6 月 21 日，《中国青年报》的一篇报道让山东中南部的泗水县的未成年人保护工作再次走进大众的视野，这篇名为《穷县如何"富"孩子——来自山东泗水的未成年人保护实践》的报道详细梳理了泗水县未成年人保护的体系建设、服务开展和工作成效，泗水县凝聚社会力量关心困境儿童的实践入选国务院扶贫办（2021 年改为国家乡村振兴局）2020 年"中国社会组织扶贫案例50 佳"。下面将深入分析泗水县儿童福利体系建设的背景和过程，梳理体制机制建设的策略，提炼县域儿童福利体系建设的典型经验。

一、案例背景

（一）县情介绍

泗水县是济宁市下辖县，位于山东省中南部泰沂山区南麓，因泗河发源于境内而得名，县域内地形以低山丘陵为主。泗水县总面积为 1 118.96 平方公里，其中低山丘陵 738.5 平方公里，河谷平地 353.22 平方公里，低山丘陵占全县面积的 66％。县内大小山头有 561 座，海拔 500 米以上的有 11 座，海拔 400～500 米的有 71 座，其余为海拔 400 米以下的低山丘陵，是济宁市唯一的纯山区县。县内人均水资源量约为全国人均的 21.0％，属于严重缺水的地区。

截止到 2021 年年底，泗水县全县辖 13 个镇（街道）、1 个省级经济开发区、586 个行政村（居），户籍人口为 64.7 万人，常年在外务工人员达 14 万余人，约占全县总人口的22％[①]。未成年人占总人口的23％，其中，孤儿、事实无人抚养儿童、重点困境儿童有 249 人，农村留守儿童有 1 036 人。

泗水县是典型的山区农业县，也是沂蒙革命老区县、传统劳务输出大县，全域城镇化率为 41.81％，以农村人口为主。泗水县的社会经济发展水平较低，2022 年全县生产总值为 216.07 亿元，人均生产总值为 40 240 元。全县居民人均可支配收入为 23 848 元，其中城镇居民人均可支配收入为 31 837 元，农村居

---

① 谢成海. 让未成年人在阳光下健康成长. 中国社会报，2021-06-25（2）.

民人均可支配收入为 17 520 元[1]，均低于全国居民人均可支配收入 36 883 元的水平。

作为人口大省，山东省的外派劳务业务一直走在全国前列，外派劳务人员数量连续多年位居全国第一。作为山区农业县的泗水县，同样存在耕地面积少、劳动力过剩的问题，自 1996 年外派劳务开始，逐渐形成了"以政府为引导、劳动保障部门为龙头、劳动中介组织为主导，坚持市场化运作、规模化经营、一条龙服务"的系统化劳务输出模式。泗水县在 2004 年也跨入了山东省农村就业先进县行列，成为山东省当时 4 个外派劳务基地县之一。2004 年人民网的报道《走出大山，致富家乡》，提出劳务输出成增收主渠道，同时劳务输出还促进了农村土地合理流转和城镇化建设。报道中夏均春及其同乡在青岛正进集团的务工经历是泗水县外派劳务的一个缩影。22 岁的柘沟镇二村女青年夏均春，1999 年秋从泗水县劳动技校毕业后，被输送到青岛正进集团从事鱼片加工。夏均春聪明伶俐、吃苦耐劳，月收入可达到 1 500 元，与同在该厂打工的哥哥一年为家中寄回近 3 万元现金。几年后，夏父就花了 4 万多元建起了宽敞明亮的大瓦房。夏均春不过是泗水县众多外出务工人员中的普通一员。她所在的青岛正进集团有 1 370 名泗水籍务工者，其中 400 多人获得过先进工作者称号，100 多人担任了班组长、车间主任、部门经理等职务[2]。

经济欠发达和劳务输出多也使得泗水县面临困境儿童和农村留守儿童数量多的挑战，这是泗水县县域儿童福利体系建设的基本背景，也是我国很多县域面临的挑战。国家统计局数据显示，2022 年全国农民工总量为 29 562 万人，其中外出农民工数量为 17 190 万人。在 17 190 万名外出农民工中，跨省流动的为 7 061 万人，省内流动的为 10 129 万人。从输出地来看，中部地区跨省流动农民工占本地外出农民工的 55.6%，西部地区跨省流动农民工占本地外出农民工的 47.5%，东部和东北地区的外出农民工以省内流动为主，跨省流动农民工占

---

[1] 2022 年泗水县国民经济和社会发展统计公报.（2023-03-15）[2024-03-01]. http：//www.sishui.gov.cn/art/2023/3/15/art_27326_2754268.html.

[2] 走出大山，致富家乡.（2004-02-23）[2024-03-01]. https：//news.sina.com.cn/o/2004-02-23/03111868390s.shtml.

比分别为 15.0% 和 31.4%①。

（二）政策背景

儿童福利体系是国家福利制度在儿童方面的直接体现，受到经济发展和社会福利的直接影响。自新中国成立以来，伴随着我国社会福利体系的建设和发展，我国儿童福利经历了从"补救兜底"到"适度普惠"的转变，涵盖范围不断扩大、政策深度不断加深。

1990 年，我国签署了联合国《儿童权利公约》，并于 1991 年颁布了我国第一部保护未成年人的专门法律《中华人民共和国未成年人保护法》。出于儿童福利发展的需要，我国于 1992 年颁布了第一部儿童发展纲要《九十年代中国儿童发展规划纲要》，有效推动了我国儿童福利和未成年人保护的政策涵盖。

2001 年，国务院妇女儿童工作委员会发布了《中国儿童发展纲要（2001—2010 年）》，明确提出了"儿童优先"原则，并从儿童与健康、儿童与教育、儿童与法律保护、儿童与环境四个领域，提出了儿童福利的目标和策略举措，为儿童福利体系建设指明了方向。2007 年，中共中央组织部等七部门联合下发《关于贯彻落实中央指示精神积极开展关爱农村留守流动儿童工作的通知》，将流动、留守的贫困家庭儿童纳入儿童福利保障的体系范围。在此之后，相关部门陆续出台了多项综合性的儿童福利政策，儿童福利政策的涵盖范围进一步扩大。

2010 年，国务院办公厅出台了《关于加强孤儿保障工作的意见》，明确了建立孤儿基本生活保障制度，成为我国儿童福利体系建设的里程碑事件。2011 年，国务院妇女儿童工作委员会正式公布了《中国儿童发展纲要（2011—2020 年）》，将"儿童与福利"作为儿童发展的五个重点领域之一，提出"扩大儿童福利范围，推动儿童福利由补缺型向适度普惠型的转变"，这标志着我国的儿童福利制度翻开了全面发展的崭新篇章。2010—2016 年间，民政部先后开启了"中国儿童福利示范项目""适度普惠型儿童福利制度建设试点""未成年人社会

---

① 2022 年农民工监测调查报告.（2023-04-28）[2024-03-01]. https://www.gov.cn/lianbo/2023-04/28/content_5753682.htm.

保护试点"等一系列试点项目，探索了适度普惠、分类保障、儿童主任、发现报告等特色鲜明的机制，为后期的经验总结奠定了基础。

2016年，国务院先后印发了《关于加强农村留守儿童关爱保护工作的意见》和《关于加强困境儿童保障工作的意见》，首次明确了困境儿童的概念和类型。2019年民政部设立儿童福利司，进一步推动了我国儿童福利向积极福利的迈进，之后《关于进一步健全农村留守儿童和困境儿童关爱服务体系的意见》和《关于进一步加强事实无人抚养儿童保障工作的意见》等政策相继出台，"家庭尽责、政府主导、社会参与"的儿童福利保障工作格局逐步形成。

2021年以来，我国儿童福利进入新发展时期。新修订的《中华人民共和国预防未成年人犯罪法》于2021年开始施行，为保护未成年人合法权益、促进未成年人健康成长提供了坚实的法律保障。

2021年，国务院未成年人保护工作领导小组成立，进一步加强了对未成年人保护工作的统筹、协调、督促和指导，更好地保护了未成年人的身心健康、保障了未成年人的合法权益。《中国儿童发展纲要（2021—2030年）》高位推进，提出了建立适度普惠型儿童福利制度体系，壮大为儿童服务的社会组织和儿童社会工作专业队伍，从制度建设、人员配备等层面提出了儿童福利体系建设的目标，促进了我国儿童福利和未成年人保护工作的全面覆盖，推动了我国未成年人保护事业开启新的征程。经过多年的发展，我国逐渐形成了民政部门主导、多部门合作、以全体儿童为服务对象、重点关注困境儿童和留守儿童的政策体系，家庭尽责、政府主导、社会参与的儿童福利保障工作格局基本形成。

二、服务过程

（一）缘起阶段（2011—2016年）

困境儿童和农村留守儿童多的现实挑战是泗水县积极探索儿童福利体系建设的重要原因。2011年11月，泗水县被全国妇联确定为"全国农村留守流动儿童关爱服务体系试点县"。泗水县以"为留守儿童营造健康成长的良好环境"为工作目标，率先开展试点工作，探索、建立和完善农村留守儿童关爱服务体系。2012年5月，泗水县被确定为中央财政支持的"农村留守儿童关爱服务试点"之一，获得项目资金支持，支持社会组织参与农村留守儿童服务。2015年，在全国农村留守流动儿童关爱服务体系试点工作总结暨培训会上，泗水县做了典型发言，并荣获"全国农村留守儿童关爱服务体系示范县"荣誉称号。在这一阶段，泗水县儿童福利体系建设主要聚焦留守儿童，围绕县域社会经济发展和儿童发展的需求，探索流动儿童福利分类保障，在摸索中起步，不断完善，成效显著。其主要特点包括以下四个方面。

1. 强化顶层设计，形成高位推进

在2011年被确定为"全国农村留守流动儿童关爱服务体系试点县"后，泗水县委县政府以全县一盘棋的思路，统筹安排农村留守儿童关爱服务体系建设。2016年，按照国务院《关于加强农村留守儿童关爱保护工作的意见》的精神，泗水县委成立农村留守儿童关爱保护工作领导小组，建立党委领导、政府负责、民政牵头、部门参与的联席会议制度，按照"谁主管、谁负责"和属地管理原则，细化实化工作任务，明确实施步骤和保障措施，制定时间表和路线图，形成各司其职、各负其责、协调配合、齐抓共管的工作运行机制，扎实推动儿童福利工作开展。同时，将留守儿童关爱保护工作纳入全县经济社会发展总体规划，纳入社会综合治理、精神文明和思想道德建设考评体系，有力保障了各项工作的落实效率与质量。

2. 完善政策体系，构建儿童福利服务基本格局

政策体系是儿童福利服务开展的重要保障，泗水县结合国家、省、市儿童福利相关政策，积极探索和完善适合县域情况的政策。2012年，泗水县民政局出台了《城乡困难家庭孤、残、病少年儿童救助办法》，对重病、重残、孤儿及事实无人抚养儿童在生活保障、医疗、住房等方面给予全方位救助。自2013年1月1日起，凡不满18周岁的泗水县孤儿、事实无人抚养儿童或患重大疾病及重残给家庭带来困难的儿童均可申请救助。同时，它从生活保障、医疗、住房方面，明确了不同类型儿童的救助标准（见表6-1）。

表 6-1 泗水县《城乡困难家庭孤、残、病少年儿童救助办法》内容

政策方面	救助标准
生活保障方面	给予孤儿每月 650 元生活补助，给予事实无人抚养儿童每月 420 元生活补助；同时，优先为重病、重残儿童办理最低生活保障
医疗方面	孤儿医疗费用给予全额救助，事实无人抚养儿童救助个人负担医疗费的 50%，并对患白血病、尿毒症的儿童实施专项救助——每年给予 6 000 元的专项救助，实施移植手术的再给予一次性救助金 10 000 元
住房方面	优先为孤、病、残儿童家庭实施危房改造

2016 年，按照国务院《关于加强农村留守儿童关爱保护工作的意见》的精神，泗水县结合自身实际制定实施《关于加强农村留守儿童关爱保护工作的实施意见》，将留守儿童关爱保护工作纳入考评，提高对留守儿童关爱保护工作的重视程度。

3. 动员社会力量，促进多元协同参与儿童关爱

（1）党政群团积极参与。泗水县民政局、教育局、妇联、团委、工会等党政机关、群团组织主要以物资援助、结合部门工作开展知识科普等形式开展部门集体活动，部分工作人员以志愿者身份参加志愿服务。部分村（居）基层工作人员也结合工作村（居）实际，摸索性开展服务工作。2015 年民政部召开困境儿童分类保障政策制定座谈会，泗水县中册镇黄土村书记助理郭孟珏作为唯一受邀参会的大学生村官代表在座谈会上结合自身工作实际情况，讲述了基层落实救助困境儿童各项政策的困难，并提出了救助困境儿童还需要增加精神关怀。

（2）社会组织积极参与。社会组织积极参与是泗水县儿童福利体系建设中的亮点，泗水县微公益协会、泗水县光彩事业促进会、泗水县退役军人协会等社会组织积极参与到儿童关爱服务中，泗水县微公益协会就是其中的典型代表。泗水县微公益协会前身是 2011 年成立的齐鲁拍客团济宁泗水站，从 2014 年开始开展儿童助学等相关活动，其服务缘起就是想改善困境儿童的生活和学习状况，现在它已逐渐发展为致力于为农村少年儿童提供爱心助学、心理疏导、成长陪伴、兴趣培养、环境改善等综合帮扶的公益慈善类社会组织。

（3）社会力量广泛参与。社会力量的广泛参与同社会组织的参与息息相关，在儿童关爱服务中，社会爱心企业、志愿者等社会力量，通过捐资助学、志愿

陪伴、学习辅导等多种方式，积极参与儿童关爱服务，形成了良好的社会氛围。

4. 注重阵地建设，探索多元服务供给

建好儿童服务阵地、筑牢儿童关爱服务平台是儿童福利递送的重要保障。泗水县通过政策扶持、项目运作、部门捐建等方式，积极建设村（居）儿童关爱场所，设立了温馨话语室、图书阅览室、娱乐室，配备了电话、电脑、电视、文体器材，等等。同时，积极开展素质提升工程、生命安全工程、帮扶救助工程等，组织巾帼志愿者、包驻村工作单位、五老志愿者、大学生村官等爱心团队，参与儿童关爱服务，有效保障儿童关爱服务的供给。

（二）快速发展阶段（2017—2020 年）

在前期聚焦"农村留守儿童关爱服务试点"工作基础上，泗水县委县政府高度重视儿童关爱保护工作，结合国家政策要求，从农村留守儿童关爱服务扩展到困境儿童关爱保护，不断创新，多措并举，建网络、强阵地、聚合力，逐步形成了聚焦县域儿童福利和未成年人保护的"1443泗水模式"，即搭建"1"个协调指挥平台，建设县未成年人救助保护中心、镇（街）未成年人保护工作站、社会公益组织、村（居）儿童之家"4"大阵地，实施"泗郎回乡"、素质提升、生命关爱、困难帮扶"4"大工程，健全党政主导、各方共治、制度保障"3"项机制，实现了全县儿童福利事业的快速发展。

1. 搭建"1"个平台，凝聚儿童关爱的向心力

持续发挥农村留守儿童关爱保护工作领导小组的作用，充分依靠已经建立起来的农村留守儿童关爱保护工作联席会议制度，通畅镇（街）、村（居）服务通道，落实到人，发挥对全县儿童工作的组织领导、协调指挥的平台作用。同时，将农村留守儿童、困境儿童关爱保护工作纳入全县经济社会发展总体规划，纳入考评体系，纳入社会民生建设的重要内容。在全县范围内营造关心关爱留守儿童的工作氛围，扎实推动儿童福利工作全面开展。

2. 建设"4"大阵地，提升儿童关爱工作战斗力

（1）打造县未成年人救助保护中心，建立全县留守儿童关爱工作"指挥所"。2017年，泗水县政府投资建设了泗水县未成年人救助保护中心，作为全县儿童工作档案中心、儿童工作信息收集处理中心、儿童工作制度制定和发布

中心、儿童主任和志愿者队伍培训中心，充分发挥统筹调度、综合协调作用，动态监管全县儿童福利和农村困境儿童工作，及时向县委县政府报告工作情况、提供决策建议。

（2）扶持中小学校建设，培育留守儿童规范化教育"示范点"。2018 年，泗水县政府投资 3 000 余万元，迁建了可容纳 2 000 名农村留守儿童和困境儿童的全日制寄宿制学校——博士源小学。同时，充分利用在全县 90 所农村留守和困境儿童较为集中的学校建立的"儿童活动站"，让孩子们在校园中也能感受到"家的温馨"。

（3）培育泗水县微公益协会等社会组织，筑就留守儿童成长"补给站"。泗水县大力培育和用好社会力量，努力打造一座有爱的城市。在县委县政府的支持下，泗水县微公益协会实现了规范化、信息化、专业化、社会化运作：吸纳各层面会员 186 名，走遍全县 596 个村庄的 7 000 多个家庭，累计筹集资金 1 800 余万元，建立了全省唯一一个社会组织"爱心助学"系统，管理困境儿童档案，为 2 000 余名符合资助条件的困境儿童建立了详细的帮扶档案；"微爱 1 加 N 成长计划"项目连续三年取得腾讯"99 公益日"五项指标全省第一，形成了独具特色的公益运作新模式。

（4）创新设立儿童主任制度，壮大服务困境儿童的"志愿队"。创新实行村（居）聘任、镇（街）管理、民政备案、政府买单的农村留守儿童主任制度，念好如实"报"、帮助"办"、经常"访"、随时"讲"的"四字经"。全县 388 名儿童主任成为各项法规政策落地的"宣讲员"，与困境儿童父母保持联系、了解基本需求的"联络员"，第一时间收集、反馈情况的"信息员"，解决儿童生活照料、就医就学困难的"代办员"，入户解决矛盾问题、维护权益的"化解员"，在困境儿童摸底排查、关爱保护政策落实等方面发挥了重要作用。

3. 实施"4"大工程，汇聚关爱儿童工作的凝聚力

（1）实施"泗郎回乡"返乡创业工程。为从根源上减少留守儿童数量，自 2017 年起，泗水县委县政府研究实施了扶持返乡创业若干政策措施，每年列支 600 万元用于扶持返乡创业，在带动就业的同时有效减少了留守儿童数量，实现了留守儿童问题根源上的治理。

（2）实施儿童素质提升工程。持续建设建成各类农村留守儿童和困境儿

活动阵地 152 所，其中国家级活动阵地 3 所、省级活动阵地 18 所，实现了对留守儿童的全覆盖。按照"阵地＋社会组织＋公益项目＋志愿服务＋培训机构"模式，开展各类困境儿童服务和活动。

（3）实施生命安全关爱工程。将困境儿童关爱救助保护工作纳入社会治安综合治理工作考核内容，广泛开展困境儿童假期安全教育，开设困境儿童"安全站""维权站"，开展安全知识讲座、法治进校园、法治进社区等活动，建成市级青少年法治教育基地 10 处，同时严厉惩处各类侵害儿童权益的行为。

（4）实施困难帮扶救助工程。开展困境儿童家庭脱贫帮扶行动，党员干部与困境儿童结成长期帮扶对子，三八红旗集体、巾帼文明岗爱心团队与困境儿童活动站结对联建。在村庄，成立"留守妈妈"互助组，让困境儿童得到邻居的帮助；在学校，由教师作为"爱心妈妈""温馨家长"，对本校的留守儿童给予重点关注。

4. 健全"3"项机制，增强关爱农村留守儿童工作的动力

（1）坚持党政主导。坚持兑现政策不变样、加大投入不犹豫，确保所有儿童福利政策落实落细、应享尽享。2020 年，泗水县在原标准基础上，按照 10% 的比例提高全县孤儿、事实无人抚养儿童和困境儿童救助标准。

（2）突出各方共治。用好"困境儿童—儿童主任—儿童督导员—未成年人保护中心—政府部门（学校）—社会公益组织—儿童督导员—儿童主任—困境儿童"联动闭环机制，通过调动社会力量参与，号召机关企事业单位和社会各界志愿者加入关爱农村留守儿童、困境儿童的工作中去，与政府工作补位，与千家万户相连。

（3）完善制度保障。泗水县在机关企事业单位、公益组织和地方志愿者队伍中，制定了档案管理、信息处理、工作计划等工作制度，让一切工作有章可循、有据可依，让农村留守儿童和困境儿童进了学校遵守纪律，出了校门有人管护、有地方学习和娱乐，消除管护"空档期"。

（三）全面推进的新发展阶段（2021 年至今）

2021 年，新修订的《中华人民共和国预防未成年人犯罪法》开始施行，国家和省、市相继成立未成年人保护工作领导小组，未成年人保护工作进入新的

发展阶段。泗水县委县政府坚决扛牢未成年人保护重任，全面贯彻落实儿童福利保障制度和未成年人保障政策，构建"党委领导、政府负责、民政牵头、部门协作、社会参与"的儿童福利和未成年人保护工作新格局，全面推进儿童福利和未成年人保护的新发展。

1.全面构建三级福利服务体系

2021年4月，泗水县成立由县委书记、县长任"双主任"，35个职能部门主要负责人为成员的泗水县未成年人保护工作委员会，办公室设在县民政局。镇（街）、村（居）两级同步成立由党组织书记任组长的未成年人保护工作领导小组，实现"三级书记抓未保"，全面构建儿童福利和未成年人保护的三级工作机制。

（1）着力推动县级平台建设，在编制紧张的情况下，成立正科级编制的县未成年人救助保护中心，争取到8个编制。该中心设置综合办公、功能活动、儿童成长、生活服务四个核心区域，功能齐全，设施完备。

（2）实现镇（街）未成年人保护中心全覆盖，全县13个镇（街）分别设立未成年人保护工作站，每个镇（街）配备1名儿童督导员。

（3）推动村（居）阵地建设，158个中心村（居）设立了儿童之家，村（居）委换届后选任403名村（居）儿童主任，全面搭建了三级工作平台，组建了三级工作队伍，构建了三级服务体系。

2.不断提升儿童福利保障服务水平

充分发挥民政部门兜底保障职能，在儿童福利待遇政策落实方面，坚持精准识别、精准保障，强化信息比对和定期核查，及时将符合条件的儿童纳入保障范围，落实政策对象进出机制。同时，孤儿、事实无人抚养儿童、重点困境儿童的基本生活补贴标准逐年提高。2023年，泗水县机构养育孤儿基本生活费标准由每人每月2 130元提高到2 310元；社会散居孤儿、事实无人抚养儿童、受艾滋病影响儿童基本生活费标准由每人每月1 694元提高到1 848元；重点困境儿童基本生活费标准由每人每月1 186元提高到1 340元。

3.创新探索泗水"五项模式"

（1）用心打造"未成年人救助保护联动闭环模式"。经儿童主任走访需关注的未成年人，收集信息并整理上报县未成年人救助保护中心，中心做好资格确认、转介办理、统筹调度、个案会商、动态监管工作，并根据需要及时做好联动、转介，并反馈办结情况，最终通过儿童主任跟踪反馈给需关注的未成年人。加强各相关部门的工作衔接和资源共享，通过整合资源，关口前移，主动发现，确保困境儿童救助关爱政策应享尽享。

（2）创新实施"未成年人四色管理模式"。把全县未成年人按照需要救助和关注的程度分为红、黄、蓝、绿四个等级——困难等级依次降低。其中，红色包括散居孤儿、事实无人抚养儿童、重点困境儿童、特困供养儿童；黄色包括低保家庭儿童、残疾儿童；蓝色包括留守儿童和其他需要关注儿童；绿色包括其他未成年人。档案管理、走访频次、风险防控及系统信息均按照四色等级进行分级管理，实现动态调整，精准救助。

（3）全面开启"泉乡智慧未保管理模式"。设计开发"泉乡智慧未保"未成年人信息管理系统，真正做到"让政策数据多跑路，让困难儿童不跑腿"，实现资源联动共享，推动未成年人保护工作高效运转。在村（居）儿童主任传统走访的基础上探索开发配套微信小程序，实现走访信息及相关诉求的实时上传，改变以往的手写统计上报模式，有助于为全县未成年人基础信息收集、数据分析研判及工作评价考核提供及时、准确的第一手资料，全面提升未成年人保护工作的智能化水平。

（4）探索建立"儿童主任激励培养模式"。制定泗水县村（居）儿童主任"两办法一清单"，即《儿童主任补贴办法》《儿童主任绩效考核办法》《儿童主任职责清单及随访业务规范》，建立健全考核激励机制，激发儿童主任的工作热情和责任意识。

（5）梳理总结"泗水未保工作合护模式"。发挥民政部门在未成年人保护工作中的牵头协调作用，会同各镇（街）、各成员单位，前瞻谋划，做好结"合"文章，握指成拳，全面整"合"资源，倾情培育，深度融"合"力量，众志成城，发挥聚"合"之力，合力为泗水县未成年人的健康成长护航。

4. 多措并举营造浓厚社会氛围

在原有传统媒介平台的基础上，充分利用新媒体平台，开通"泗水未保"微信公众号，及时发布县直各有关单位、各镇（街）及社会各界未成年人保护工作动态，普及未成年人保护及预防未成年人违法犯罪相关法律法规，为镇

（街）未成年人保护工作站、儿童督导员、儿童主任、儿童社工提供专业指导。积极开展未成年人思想引领、关爱救助活动，实施"儿童政策法规进村（居）""三级书记话未保"等一系列活动，实现宣传常态化，营造全社会关爱保护未成年人健康成长的浓厚氛围。

5. 全方位塑造"泗水未保"品牌

泗水县及时梳理总结"泗水未保""泉乡有爱，合护未来"的品牌理念，将品牌标识广泛应用于证件系统、办公系统、环境导向系统、宣传系统等领域，全方位塑造"泗水未保"鲜明的品牌形象，提升未成年人保护工作的社会影响力，探索形成可复制推广的"泗水未保"工作经验。全国多个省份、地区的相关工作人员来到泗水县学习交流儿童福利和未成年人保护工作经验。

三、服务成效

泗水县从县域实际出发，县委县政府、职能部门、社会力量都对儿童福利和未成年人保护工作高度重视，构建了"党委领导、政府负责、民政牵头、部门协作、社会参与"的儿童福利和未成年人保护工作新格局，真正实现了全县联动、全域覆盖。

（一）强调高位谋划，全面构建体制机制

1. 党政高度重视，形成全县共识

泗水县委县政府始终把关心关爱未成年人的健康成长作为自身义不容辞的责任。作为引导者，泗水县从县域实际出发，把未成年人保护理念嵌入全县政策框架中，坚决扛牢未成年人保护重任，全面贯彻落实儿童福利保障制度和未成年人保障政策。泗水县率先成立农村留守儿童关爱保护工作领导小组，自2021年起，"儿童关爱工程"连续2年经县人民代表大会表决通过，成为泗水县人民政府"为民办十件实事"之一。在县委常委会等重要会议上，一条不成文的规定已深入人心：与未成年人保护相关的事项"一路绿灯"，在机构建设、人员编制、服务经费等方面优先考虑、优先解决。未成年人保护和儿童福利体系建设的理念嵌入全县政策框架中，成为全县的共识，向社会释放了关注未成年人的强烈信号。

2. 筑牢体制建设，构建纵横合力的工作框架

儿童福利和未成年人关爱保护工作是系统工程，需要多部门形成合力，建立各级协调机制。泗水县委县政府高度重视儿童关爱保护工作，努力构建关爱农村困境儿童成长、促进社会和谐发展的良好局面。

（1）纵向做实"县—镇（街）—村（居）"三级体系。

一是领导中心建设，三级书记抓未保。在县层面，泗水县自2016年成立县委副书记任组长的农村留守儿童关爱保护工作领导小组以来，持续推进未成年人保护工作。面对未成年人保护的新形势、新任务，2021年4月，泗水县在全省率先成立了由县委书记、县长任"双主任"，35个职能部门主要负责人为成员的泗水县未成年人保护工作委员会，办公室设在县民政局。在镇（街）、村（居）层面，同步设立专门议事协调机构。泗水县搭建起县、镇（街）、村（居）"三级书记抓未保"的组织架构，形成了上下贯通、运转高效的未成年人保护工作综合协调指挥平台。

二是落实队伍配齐，专职人员齐上阵。泗水县加大未成年人保护工作专职队伍建设，2021年在事业单位机构改革、大力压缩机构编制的背景下，以之前成立的未成年人保护中心为基础，专门打造了一个公益一类事业单位——泗水县未成年人救助保护中心，增设8个编制，在县级设立未成年人救助保护中心，在镇（街）设立儿童督导员，在村（居）配齐配强儿童主任，全面组建三级未成年人保护工作队伍。同时，通过举办专业知识培训，不断提高队伍的工作水平。县财政在资金紧张的情况下，每年都拿出专项资金，用于对全县村（居）儿童主任的工作补贴，向全社会释放出做好儿童福利和未成年人保护工作的强力信号。

三是场地平台配备，工作开展有舞台。工作场地和平台建设是向社会传达对儿童福利和未成年人保护工作重视程度的重要标志，是相关人员工作的"强心剂"，也是良好的工作成果展示平台。泗水县升级打造了占地1 600平方米的县级未成年人救助保护中心，在镇（街）设立未成年人保护工作站，在村（居）设立儿童之家，全面搭建三级儿童福利和未成年人保护工作平台。

（2）横向部门联动建阵地，织牢织密保护网。

儿童福利和未成年人保护工作的开展需要政法部门、民政部门、教育部门、

妇联、团委、关工委等多部门形成合力。在县未成年人保护领导工作小组的部署下，泗水县实现了联署办公、个案会商、议事协作等系列机制，破解了儿童福利和未成年人保护工作"九龙治水，各管一头"的局面。

在县民政局之下成立的泗水县未成年人救助保护中心，成为县未成年人保护工作委员会的具体办事机构。该中心通过建立会商协调机制，形成工作合力，实现工作闭环联动，开发应用"泉乡智慧未保"信息系统，以"四色管理"实现对未成年人的分级、分类管理和服务，有助于厘清服务对象和相应工作对策，实现分类管理、高效服务。同时，该中心有效承载起政策制度制定发布、职能部门沟通协调、数据档案统筹管理、公益资源共建共享、工作队伍教育培训等职能。

泗水县未成年人救助保护中心发挥枢纽作用，成为各部门协作参与未成年人保护工作的重要平台。它链接民政部门、司法部门、残联、团委、妇联等职能部门的资源，为不同类别的儿童有针对性地提供困难救助、法律援助、残疾康复、政策宣传等服务。全县努力营造共同参与未成年人保护工作的氛围，完善会商协调机制，开展联席会议，进一步确保了各部门协作参与未成年人保护工作。多部门联动显著提高了儿童福利和未成年人保护工作的效率和质量，保障了"未成年人救助保护联动闭环模式"的顺畅运行，最终打造形成了"党委领导、政府负责、民政牵头、部门协作、社会参与"的联动机制。

（二）发挥社会组织作用，形成"政社协同、志愿参与"策略

人员不足、组织力量薄弱是困扰县域儿童福利和未成年人保护工作的难题，县域社会组织在数量、质量、资源动员、作用发挥等方面均存在一定的短板。因此，"政社协同、志愿参与"成为县域儿童福利和未成年人保护工作的现实选择。

1.培育支持社会组织参与，发挥社会组织的力量

泗水县主动培育社会组织，全力打造社会组织深度参与模式。重点培育的泗水县微公益协会，自2016年成立以来，在服务实践中确立了"发挥自身优势，做好政府助手，致力于困境少年儿童救助、爱心助学"的工作思路，逐步实现了规范化、信息化、专业化、社会化运作，形成了独具特色的公益运作新模式。

（1）规范化运作。一是党建引领，整合发挥志愿者优势。泗水县微公益协

会以党建为引领，充分发挥党员志愿者的模范带头作用，成立党支部，常态化地于每周五晚召开工作例会，通报帮扶事项进展情况，研究下周帮扶事宜，明确志愿者工作重点。二是加强自身建设，先后制定《协会成员行为准则》《走访、对接操作规范》《儿童信息档案管理办法及保密制度》等规章制度，强化自我约束。三是在组织内部治理上整合发挥志愿者优势，并发展驻会人员成为协会全职工作人员，规范发展社会组织服务团队，自2016年起短短数年，已吸纳党政机关干部、学校教师、个体工商户、在校大学生、社会待业青年、大学生村官等各层面会员186名，累计筹集资金1 800余万元。

（2）信息化运作。泗水县微公益协会建立了全省唯一一个社会组织"爱心助学"系统，用于管理困境儿童档案。其在收集整理困境儿童各方面信息的基础上，派出志愿者，通过现场调查、实地走访等方式进行核实，采取文字、照片记录等形式进行痕迹管理，保证信息及时、公开、透明、有效，把摸底、调查、走访贯穿帮扶全过程。此外，建设协会官方网站，开通协会微博和微信公众号，应用助学软件系统，制定项目资金流向台账，定期向社会公开公益工作动态，接受社会各界监督。

（3）专业化运作。泗水县微公益协会同山东省社会创新发展与研究中心等多家省内外机构合作，通过实施"微爱1加N成长计划"项目，为农村儿童提供"爱心助学""温暖小屋""带你看世界""暖冬行动"和"家庭教育"等系统支持服务，服务模式从传统的单纯经济助学逐步转变为按照儿童的实际需求提供针对性服务，并形成一套完备的项目手册，便于推广和复制。其中，解决农村困境儿童缺少独立成长空间问题的"温暖小屋"项目于2020年6月被共青团山东省委改名为"希望小屋"并在全省推广，如今"希望小屋"项目已覆盖山东各地。

（4）社会化运作。泗水县微公益协会作为一个纽带或平台，精准识别困境儿童服务需求，并积极与爱心企业、爱心人士对接。协会已经与13家教育机构合作，并积极引导泗水县100家企业承担社会责任。同时，积极畅通资金筹集渠道，借助互联网筹款平台，吸引县内外的关注，尤其是依托腾讯"99公益日"活动整合社会资源，积极与中华少年儿童慈善救助基金会、山东省慈善总会等公募基金会合作，上线"微爱1加N成长计划"等项目。此外，积极联络全国各地的泗水老乡，通过老乡"牵线搭桥"，争取到国内200多家企业、500多名爱心人士的支持。2017—2021年，协会发起的"微爱1加N成长计划"项目连续五年取得腾讯"99公益日"山东省县域公益组织筹款第一名的好成绩，创造了县级公益组织"99公益日"筹款的山东纪录。

2. 畅通志愿参与渠道，探索志愿服务公益积分制度

（1）不断发展壮大志愿服务组织。泗水县微公益协会是泗水县志愿服务组织的优秀代表。在县民政局的积极引导下，在泗水县微公益协会的带动下，泗水县培育发展了一批优秀志愿服务组织，有泗水县志愿者协会、泗水县光彩事业促进会、泗水县夕阳红医疗志愿服务团、泗水县方舟之旅爱心协会、泗水县华龄志愿者协会、泗水县孝善义工协会等。这些志愿服务组织能够发挥各自的行业优势、专业特长，积极担当作为，大力组织开展志愿服务活动，志愿服务队伍不断加强，推动了志愿服务的多元化发展。

（2）不断发展壮大志愿者队伍。一方面，志愿者队伍数量不断增加，泗水县民政局依托全国志愿服务信息系统，积极开展志愿服务登记注册工作，截止到2021年7月，注册人数约11万人，志愿队伍为750余支，发布志愿项目总数3 500余个。另一方面，志愿者来源更加丰富，泗水县在全县营造积极参与关爱儿童的志愿服务氛围，党政机关干部、学校教师、个体工商户、在校大学生、社会待业青年、大学生村官等等，共同参与到关爱儿童的志愿服务中，发挥了有力的补充作用。

（3）积极探索志愿服务公益积分制度。泗水县新时代文明实践推行"志愿+诚信"积分制，以村（居）为实施主体，由行政村（居）成立积分评定小组，通过加分激励与扣分约束相结合的方式，对相关村级事务进行积分制管理。借鉴"志愿+诚信"积分制的经验，政府计划与社会组织联合探索志愿服务公益积分制度，为志愿者提供积分卡，用来兑换奖品或需要时从其中"提取"相应的志愿服务，实现助人自助，调动社区居民、志愿者参与志愿服务的积极性。用志愿服务时长换爱心积分的制度可推动志愿服务的蓬勃发展，营造人人争做志愿者、人人参与志愿服务的社会氛围。

（三）立体联动，全方位构建服务模式

在儿童关爱保护工作中，泗水县打破了层级、部门、群体和服务之间的界限和壁垒，形成了立体联动的服务模式。

1. 部门联动

泗水县未成年人保护工作委员会由县委书记、县长任"双主任"的模式，释放了强有力的重视未成年人保护工作的信号。委员会成员覆盖了 35 个职能部门的主要负责人，有效保障了各部门的联动协作，以发挥各部门的优势，按照职责分工，分别针对不同类别的儿童有针对性地提供困难救助、法律援助、残疾康复、政策宣传等服务。

2. 政社联动

泗水县聚焦"政府引领＋社会参与"，借助社会力量，相互衔接，形成良性互动，依托社会组织，推进儿童福利和未成年人保护工作的专业化和精准化，激发社会力量参与儿童福利和未成年人保护工作的积极性、主动性和创造性。泗水县通过培养、引导和扶持社会公益组织参与未成年人救助保护工作，依托社会组织孵化基地，发挥公益组织、志愿者队伍的作用，凝聚全社会关爱未成年人的合力，塑造"泉乡有爱 合护未来"品牌形象。通过引入社会力量特别是社会组织力量，参与儿童福利体系建设和未成年人保护，实现了创新公共服务供给方式，发挥了社会组织的市场效率作用，塑造了良好的公共形象，有效提升了服务的供给水平。

3. 服务联动

一是实现了不同服务群体的联动。泗水县儿童福利和未成年人保护工作围绕儿童但并未局限于儿童本身，不仅关注儿童自身的成长，而且关注家庭环境、社会环境的建设和营造。村（居）儿童之家的职能中明确列出"开展家庭监护能力提升服务，根据村（居）儿童监护人能力状况开展养育指导、家庭教育、社会心理支持等家庭监护能力提升服务"。通过开展家庭教育课堂、培养好家风等形式，以家庭为单位开展服务，改善儿童的家庭环境。通过建设乡村新时代文明实践中心站，开展村（居）建设，改善儿童的村（居）环境。二是实现了不同服务内容的联动。对儿童的关心关爱也是多层面的：物质层面主要包括出台各类保障政策、"爱心助学"、"温暖小屋"等；教育层面主要包括重点服务于

农村留守儿童和困境儿童的全日制寄宿制学校博士源小学，以及教育培训课堂、村（居）儿童服务站等校外服务；心理层面主要包括以"微爱妈妈"为代表的心理关爱陪伴服务。

四、总结反思

（一）面临的问题

1. 队伍建设方面

队伍建设主要包括队伍的组建和队伍的培育。泗水县已经构建了完善的儿童福利和未成年人保护队伍，但在具体工作开展过程中仍存在双重身份、专业性不足等问题。目前，泗水县社会志愿服务队伍成员主要以党政机关、事业单位人员为主，来源单一，缺乏更为广泛的社会参与，特别是镇（街）、村（居）的本土志愿服务补充力量不足。同时，在三级服务队伍中，专业人员相对较为匮乏，具备社会工作、心理咨询等专业资质的人员较少，村（居）儿童主任能力存在短板。

2. 资金配备方面

泗水县虽然高度重视儿童工作，但受限于经济发展水平，存在配套资金的来源有局限性和筹款压力大等困难。第一，泗水县经济实力较弱。2022年全县实现生产总值216.07亿元，在山东省136个区县中，位列126名，在儿童福利和未成年人保护的资金配置上存在现实困难，很难开展政府购买服务。第二，配套资金来源的局限性较大。目前，儿童福利体系的资金来源主要有两大类：一类是用于政策兜底的保障性民政资金，另一类则是社会资金。保障性民政资金必须专款专用，而社会资金来源主要包括捐助和公开筹集资金等，来源不稳定，极易受到外部环境制约。

3. 服务提供方面

在服务提供方面，泗水县的儿童福利和未成年人保护服务面向全县域，服务范围大，这使得服务过程中存在服务的差异性、服务的精准化不足以及志愿服务的可持续性困境等问题。

一是服务的差异性。泗水县辖十余个乡镇（街道），500余个行政村，不同地域的儿童福利和未成年人保护工作发展受到当地重视程度、经济发展水平等多重因素影响，具体服务水平存在差异。二是服务的精准化不足。农村留守儿童和困境儿童大多散居在远近不同、条件各异的山区村庄中，年龄大小不一，情况千差万别。由于缺乏专业人员，在面对儿童保护的复杂个案时，服务人员缺乏足够的专业能力来界定、预估、协调和提供专业服务，难以提供有效的个案管理服务。三是志愿服务的可持续性困境。社会志愿服务队伍作为重要的补充力量，深入参与到家访、陪伴等具体服务中，发挥了重要的积极作用。但志愿服务人员的来源较为单一，多数为党政机关、事业单位人员，社会志愿力量较弱，反映出志愿服务的自主性不足，需要依靠一定的行政力量推动，具有行政化色彩。同时，管理不规范、进出机制不完善等问题的存在也给志愿服务的可持续性带来了困难。

（二）未来发展方向

1.探索专业化发展方向

（1）持续加强队伍建设，加大本地志愿者的支持。强化"县—镇（街）—村（居）"三级儿童福利和未成年人保护工作队伍建设，厘清工作职责，制定履职守则，依托三级工作平台，落实工作任务，特别是加大对儿童督导员、儿童主任等基层儿童工作者的培训力度，提高其服务能力，提升服务队伍素质；建立部门联动平台，吸纳相关部门热心儿童工作的人员加入，壮大工作队伍，扩大服务范围，拓展服务维度；培育发展各镇（街）、村（居）本土志愿服务力量参与其中，进一步扩大服务范围。

（2）不断加强专业建设。积极引入社会工作专业力量，依托镇（街）社会工作服务站的建设，探索镇（街）社会工作服务站和未成年人保护工作站的融合发展，解决社会工作专业人员不足的问题，同时积极开展社会工作专业培训，鼓励报考社会工作者职业水平考试，取得专业资质，提升基层队伍的社会工作专业能力。

（3）创新儿童服务类社会组织建设。持续支持和引导社会力量参与儿童保护和服务工作。通过政府委托、项目合作、重点推介、孵化扶持等方式，积极培育为儿童服务的社会组织和志愿服务组织，以解决儿童服务类社会组织数量不多、队伍规模不大的问题。

2. 推进服务的精准化，提高服务的专业性

儿童特别是需要引起社会关注的困境儿童、留守儿童等的成长，既有其普遍性，也有其特殊性。因而，需要把精准化融入儿童关爱服务全过程，推进专业服务精准化。

（1）精准排查。泗水县民政局通过"县—镇（街）—村（居）"三级体系，依托"泉乡智慧未保"未成年人信息管理系统，对县域内孤儿、事实无人抚养儿童、重点困境儿童、农村留守儿童进行摸底排查，掌握其情况，并及时更新信息系统，确保各类儿童排查到位、数据精确。

（2）精准保障。深入落实国家、省、市、县各级各类面向孤儿、事实无人抚养儿童、重点困境儿童等群体的政策兜底保障，做到"应保尽保，不漏一人"。同时，社会组织也参与到困境儿童的物质帮助中来，泗水县微公益协会通过开展"爱心助学""温暖小屋""暖冬行动"等项目，为困境儿童提供物质帮助。

（3）精准关爱。一方面，继续发挥儿童督导员、儿童主任的作用，坚持如实"报"、帮助"办"、经常"访"、随时"讲"。发挥社会组织和志愿者的作用，让其作为重要的补充力量参与到关心关爱未成年人的工作中。另一方面，在民政局的领导下，提供预防处置综合服务，实现早发现、早转介，全面采取个案管理方法。对于面临多重问题、困境和有多重需要的儿童或儿童家庭，利用政府购买服务的有效方式，畅通服务转介渠道，发挥专业社工的力量，为困境儿童提供"社区＋社会组织＋专业社工"模式的专业化、精细化、精准化服务，帮助困境儿童走出困境，健康成长。

第二节　教学手册

一、教学目标与案例用途

（一）教学目标

总目标：学习者以个人或集体合作方式参加学习和讨论，以县域儿童福利体系建设为切入点，了解我国儿童福利体系发展演进的逻辑；学习县域儿童福利体系建设的背景、发展过程和发展模式，获得对儿童福利体系建设模式经验的整体认知，在学习过程中，引发对儿童社会工作和儿童福利体系建设的思考。

1. 知识与技能

增加学生对社会福利特别是儿童福利的了解，进一步加深对儿童社会工作理论和实务模式的学习，能够对儿童福利体系建设的特点与发展路径有更加全面的了解。

2. 过程与方法

通过县域儿童福利体系建设案例的呈现，引导学生合作探究，讨论我国儿童福利现状和发展过程，探究儿童社会工作的发展方向，剖析社会工作参与构建儿童福利体系的优势与路径。

3. 情感态度与价值观

通过县域儿童福利体系建设，引导学生了解积极儿童福利观的有关实践，能够理解适度普惠型儿童福利体系的实践策略。

（二）适用对象

本案例适用于社会工作专业硕士研究生及高年级本科生、社会工作领域的研究者与实务社工、儿童社会福利部门的工作者。

（三）适用课程

本案例适用于"儿童社会工作""社会工作行政""社会组织管理""社会福利""社会政策"等课程。

二、启发思考题

（一）你如何看待儿童社会福利建设？

答题思路：

（1）在系统比较国内外社会福利体系建设进程的基础上，对照国际经验和中国特色，梳理我国儿童福利体系从兜底保障型转变为适度普惠型的发展历程，探索实现更高层次的福利保障和高水平的服务供给的路径。

（2）从儿童福利体系建设的角度出发，思考：为什么提供福利？谁来提供福利？给谁提供福利？提供什么福利？福利提供的路径有哪些？

（3）从更为广义的角度来看儿童社会福利概念，尝试从儿童福利理念、策略、社会政策、社会机制、社会行为等多个层面思考，认识儿童社会福利在社会观念塑造、社会政策制定、社会工作实务中的重要作用。

（二）泗水县儿童福利体系建设有何特点？

答题思路：

（1）将泗水县儿童福利体系建设的探索置于地方经济社会发展的背景下，结合泗水县的地理位置、经济情况、人口特征、文化发展等社会背景，了解当地发展儿童福利体系的原因所在。

（2）将泗水县儿童福利体系建设的探索置于国家经济发展和社会福利建设的背景下，探讨泗水县儿童福利体系建设中体现出来的我国儿童福利事业的发展进程。

（3）通过对泗水县县域儿童福利体系建设历程的梳理，探讨基于儿童群体的需求和公共服务的要求，儿童福利体系建设方式的异同，深入探讨示范效应在推进儿童福利体系建设过程中起到的作用。

（三）泗水县儿童福利体系建设中体现出来的演进逻辑是什么？县域儿童福利体系的构成要素包括什么？

答题思路：

（1）演进逻辑：从我国经济社会发展进程以及社会福利政策以改善全体社会成员的生活状况和生活质量、增进全体社会成员的社会福祉及对经济社会发展成果的共享为出发点等角度，结合我国儿童福利体系的演变过程来观察泗水县儿童福利体系的演进逻辑（见表 6-2）。

（2）构成要素：纵向体系构成、横向体系构成、网格化体系构成。

第一，纵向体系构成：以行政区划为基础，构建"县—镇（街）—村（居）"三级福利服务体系。

领导中心：搭建泗水县未成年人保护工作委员会—镇（街）议事协调机构—村（居）议事协调机构三级领导中心。

表 6-2　泗水县儿童福利体系建设演进逻辑

	领导中心	福利对象	工作重点	运行机制	运作模式
缘起阶段	农村留守儿童关爱保护工作领导小组	以孤、残、病少年儿童为主体	政策体系建设	各司其职、各负其责、协调配合、齐抓共管	党委领导、政府负责、民政牵头、部门参与
快速发展阶段	农村留守儿童关爱保护工作领导小组	农村留守儿童、困境儿童	建设"4"大阵地，实施"4"大工程	党政主导、各方共治、完善制度保障	
全面推进的新发展阶段	县级设立泗水县未成年人保护工作委员会，镇（街）、村（居）成立未成年人保护工作领导小组	全域未成年人	打造"五项模式"，塑造"泗水未保"品牌	三级服务体系构建、提升福利保障水平	党委领导、政府负责、民政牵头、部门协作、社会参与

队伍配备：设置泗水县未成年人救助保护中心编制人员—镇（街）儿童督导员—村（居）儿童主任三级队伍。

平台建设：搭建泗水县未成年人救助保护中心—镇（街）未成年人保护工作站—村（居）儿童之家三级儿童福利和未成年人保护工作平台。

第二，横向体系构成：联动儿童社会福利各部门，建设联动机制，搭建联动平台，打造"党委领导、政府负责、民政牵头、部门协作、社会参与"的联动机制。

构成：民政局、检察院、教育局、公安局、妇联、团委、关工委等多部门。

平台：泗水县未成年人救助保护中心。

工具：个案会商、议事协作等机制，"泉乡智慧未保"信息系统。

第三，网格化体系构成：依托枢纽泗水县未成年人救助保护中心，搭建平台和体系，统筹纵向三级领导中心、三级队伍配备、三级平台建设，联合横向各相关部门，发挥统筹调度和综合协调作用，实现动态监管全县儿童福利和农村困境儿童工作。

（四）目前，泗水县儿童福利体系建设面临的困难与挑战有哪些？

答题思路：

（1）可持续发展角度：工作队伍组建、志愿力量引入、资金配备、服务质量提升等。

（2）专业性发展角度：队伍培训、专业人员引进、专业理念融入、专业服务融入、专业标准确定等。

（3）经验可推广性角度：行政力量与专业力量的融合、行政力量与社会力量的融合等。

三、分析思路

本案例按照时间线梳理了泗水县儿童福利体系建设的发展路径，重点介绍了不同发展阶段的儿童福利体系建设及其突出特点。教师可以根据教学目标来灵活使用本案例。这里提出本案例的分析思路，供不同专业课程教学研讨使用。

（一）从儿童福利体系建设的发展变化入手，分析儿童福利体系建设的演进逻辑

新中国成立以来我国儿童福利事业的不断发展，得益于党和政府一直重视儿童发展，将支持儿童及其家庭的发展作为国家福利政策的优先事项，不断建立健全多层次的儿童福利体系[1]。下面通过梳理新中国成立以来我国儿童福利的发展脉络来协助深入了解儿童福利体系建设的发展。

---

[1] 郑林如.贫困家庭儿童福利政策的发展与演进逻辑.山东社会科学，2022（4）.

1. 儿童社会福利理念演进

（1）计划经济时期（1949—1977 年）。

新中国成立后，随着我国经济建设的逐步发展，社会保障体系也开始逐步确立，儿童福利体系建设初见萌芽。新中国成立初期，我国的儿童福利主要是通过作为国家制度和法律制度完善的一部分来体现的。在这个阶段，儿童主要被看作国家未来的建设者和生产者，国家主要从保持社会秩序稳定、促进社会发展、保障儿童基本权利等角度来统筹儿童福利，这使得这一阶段的儿童福利理念体现出政治控制和工具性特征[1]。

（2）改革开放以来（1978—1999 年）。

改革开放以来，随着我国经济社会的高速发展，儿童福利理念有所转变。1990 年，我国正式签署《儿童权利公约》，推动了儿童福利的新发展。1992 年国务院颁布了我国第一部儿童发展纲要《九十年代中国儿童发展规划纲要》，有效推动了我国儿童社会福利的理念更新。1994 年建立了生育保险制度，在强调国家履行儿童福利责任的同时，增加了家庭责任。

（3）21 世纪以来（2000 年至今）。

进入 21 世纪以来，随着我国社会经济发展，我国儿童社会福利不断发展完善，有了重大突破。2001 年国务院妇女儿童工作委员会发布了《中国儿童发展纲要（2001—2010 年）》，明确提出了"儿童优先"原则，提出了儿童福利的目标和策略举措，为儿童福利体系建设指明了方向。2010 年，国务院办公厅出台了《关于加强孤儿保障工作的意见》，明确了建立孤儿基本生活保障制度，成为我国儿童福利体系建设的里程碑事件。儿童福利体系建设理念逐渐从依赖社会经济发展的理念中剥离，"儿童优先""扩大儿童福利"逐渐成为儿童福利体系建设的理念追求。

2. 儿童社会福利政策演进

（1）萌芽阶段（1949—1999 年）。

1949 年出台的《中国人民政治协商会议共同纲领》提出要"推广卫生医药事业，并注意保护母亲、婴儿和儿童的健康"，表达了对妇女儿童的关切。1954

① 朱浩.新中国 70 年儿童福利的理念、政策与发展趋向.中州学刊，2020（2）.

年，我国颁布的首部宪法规定"婚姻、家庭、母亲和儿童受国家的保护"，为儿童保护奠定了法律基础。除此之外，在婚姻家庭、农业发展、劳动保障等领域颁布的条例也对儿童救助、医疗卫生、教育以及孤残儿童等议题给予了关注[1]。

（2）初步发展阶段（2000—2009年）。

2001年，国务院妇女儿童工作委员会发布了《中国儿童发展纲要（2001—2010年）》，明确提出了"儿童优先"原则。2007年，中共中央组织部等七部门联合下发《关于贯彻落实中央指示精神积极开展关爱农村留守流动儿童工作的通知》，将留守、流动的贫困家庭儿童纳入儿童福利体系的保障范围。儿童福利政策的范围扩大到儿童的健康、教育、法律保护和环境几大领域，相关部门陆续出台了各项综合性的儿童福利政策，儿童福利政策涵盖范围进一步扩大。

（3）新发展阶段（2010年至今）。

2010年《关于加强孤儿保障工作的意见》出台，首次给予全国城乡孤儿普惠性津贴，成为我国儿童福利体系建设的里程碑事件[2]。2011年国务院妇女儿童工作委员会正式公布的《中国儿童发展纲要（2011—2020年）》，将"儿童与福利"作为儿童发展的五个重点领域之一，提出"推动儿童福利由补缺型向适度普惠型的转变"，这标志着我国的儿童福利制度翻开了全面发展的崭新篇章。随后，《关于加强困境儿童保障工作的意见》《关于进一步加强事实无人抚养儿童保障工作的意见》等政策相继出台，新修订的《中华人民共和国预防未成年人犯罪法》于2021年开始施行，不断完善着儿童福利和未成年人保护体系。

3. 儿童社会福利对象演进

（1）传统福利阶段（1949—1977年）。

新中国成立之初，我国儿童福利体系雏形初现，儿童福利体系的覆盖对象范围狭窄，不同对象的福利水平存在差异。这主要表现在：一是儿童福利仅重点覆盖了福利机构中的孤儿（弃婴）和农村中纳入"五保"供养的孤儿，对关于普通儿童和其他弱势儿童的福利的落实多停留在部分面向全体福利对象的政

---

[1] 亓迪, 曹慧萍. 我国儿童保护的政策工具研究：基于1980年以来政策文本的内容分析. 山东行政学院学报, 2021（2）.

[2] 乔东平, 廉婷婷, 苏林伟. 中国儿童福利政策新发展与新时代政策思考：基于2010年以来的政策文献研究. 社会工作与管理, 2019, 19（3）.

策文件层面，被纳入相关儿童福利体系中的儿童范围有限；二是城乡儿童社会福利差异明显，城镇儿童更多地从儿童福利体系中受益。

（2）探索发展阶段（1978—2009年）。

改革开放后，我国社会经济发展水平不断提高，儿童福利体系建设也不断完善。1991年，我国签署了《儿童生存、保护和发展世界宣言》和《执行九十年代儿童生存、保护和发展世界宣言行动计划》，发布了《九十年代中国儿童发展规划纲要》。《九十年代中国儿童发展规划纲要》将"保护处于困难条件下的儿童"作为一项策略与措施单独列出，并且重点列出了针对残疾儿童要提供早期诊断、护理、康复和教育服务，要特别关注离异家庭儿童的保护和教育以及经济不发达地区儿童的生存、保护和发展等措施①。2007年，中共中央组织部等七部门联合下发《关于贯彻落实中央指示精神积极开展关爱农村留守流动儿童工作的通知》，将留守、流动的贫困家庭儿童纳入儿童福利体系的保障范围。

（3）快速发展阶段（2010年至今）。

2010年，国务院办公厅出台《关于加强孤儿保障工作的意见》，明确了建立孤儿基本生活保障制度。2011年《中国儿童发展纲要（2011—2020年）》的颁布，意味着我国儿童福利开始由补缺型向适度普惠型转变。随后，《关于加强困境儿童保障工作的意见》和《关于进一步加强事实无人抚养儿童保障工作的意见》等政策的出台，意味着我国儿童福利体系覆盖范围日益扩大、分类日益明确，以全体儿童为服务对象，重点关注困境儿童、留守儿童的政策体系逐渐形成。

4.儿童福利主体演进

（1）政府主体阶段（1949—1977年）。

在计划经济时期，政府作为国家福利提供主体，承担着发展儿童福利事业的重要责任。无论是关于儿童福利的法律法规的制定，还是慈善机构、儿童福利院等基础设施的建设，政府都承担主体责任。同时，在这一阶段，家庭养育依旧占据主要地位，广大普通儿童的照护仍主要由家庭负责；非政府机构的介

---

① 九十年代中国儿童发展规划纲要.[2024-07-01]. https://www.cnr.cn/2008zt/fnsd/zcfg/200810/t20081021_505129630.html.

入受到限制，儿童福利组织发展缓慢，社会组织难以进入儿童福利服务领域，社会力量参与不足。

（2）市场积极参与阶段（1978—2009年）。

自改革开放以来，市场活力进一步释放，社会力量逐步深入参与儿童福利体系建设。随着计划生育政策的实施，儿童福利的重点转向了优生优育。此外，我国儿童福利事业也开始注重发展多元主体。1991年《中华人民共和国收养法》出台，鼓励社会力量参与儿童收养，并促进逐步完善基于社会需求的儿童托育等市场服务，社会力量日益在儿童福利体系建设中扮演重要角色。

（3）多元主体阶段（2010年至今）。

2011年，在建立和完善适度普惠的儿童福利体系目标提出后，我国的儿童福利制度进入了新的发展阶段。一系列政策文件的发布，有力地传递了多元主体的儿童福利体系建设思路。针对目前社会力量对儿童福利事业参与不足的情况，国家不断加强对社会组织、志愿者、专业社工等社会力量的引导和扶持。2016年，国务院出台《关于加强农村留守儿童关爱保护工作的意见》，强调社会工作充分参与儿童服务过程。同年，国务院出台《关于加强困境儿童保障工作的意见》，明确提出加快孵化培育专业社会工作服务机构的要求。国家通过政府购买服务的方式，积极引导社会力量参与儿童福利体系建设，与此同时，以社会组织为代表的社会力量也不断发展，我国逐步形成了"家庭尽责、政府主导、社会参与"的儿童福利体系。

（二）从儿童福利体系的构成角度思考，泗水县儿童福利体系建设的构成要素有哪些？各要素之间如何联动？

1.制度建设

加强儿童福利制度建设是满足儿童需要的基础保障，建立一个统一、配套、规范、健全的政策体系是儿童福利服务开展的重要保障，泗水县结合国家、省、市儿童福利相关政策，积极探索、完善适合县域情况的政策。

泗水县的儿童福利制度建设以普法宣传教育为主，以结合县域县情制定工作指导意见为辅的制度体系：

（1）系统学习、宣传国家、省、市儿童福利相关法律法规，如《中华人民共和国民法典》《社会救助暂行办法》《济宁市最低生活保障管理办法》等，做好政策的宣传宣讲工作，并严格落实政策。

（2）结合县情，建设本土政策体系。如《泗水县"十四五"妇女儿童发展规划》《泗水县农村留守儿童关爱服务工作实施方案》《关于建立农村留守儿童联络员制度的实施意见》等政策文件，以及《事实无人抚养儿童基本生活费给付服务指南》《事实无人抚养儿童基本生活费给付流程图》等配套落实文件，等等。

（3）从微观层面，在机关企事业单位、公益组织和地方志愿者队伍中，制定了档案管理、信息处理、工作计划等工作制度，从制度建设层面保障了儿童福利体系建设有章可依、有法可循。

2.平台建设

搭建工作平台是儿童福利体系建设的物质保障，设施完备、分布合理的工作平台为儿童福利体系建设提供了重要场所，承托着儿童福利工作的开展。泗水县依托县域内外各类平台，共同织就儿童福利的保护网。

（1）三级服务平台建设。县成立未成年人救助保护中心，镇（街）设立未成年人保护工作站，村（居）设立儿童之家，全面搭建起三级儿童福利和未成年人保护工作平台。

（2）县级宣传平台建设。泗水县在传统媒介平台基础上，利用新媒体平台，开通"泗水未保"微信公众号，及时发布儿童福利和未成年人保护工作动态，实现宣传常态化。

（3）资源整合平台建设。一方面，建设联席会议机制，整合县域内不同行政部门的资源，共同开展儿童福利体系建设；另一方面，依托泗水县微公益协会，吸收县域内外资源，与爱心企业、爱心人士对接，借助互联网筹款平台，积极联络全国各地泗水老乡，整合社会资源，共同参与儿童福利体系建设。

3.机制建设

健全儿童福利行政管理机制、建设高效的工作运行机制是儿童福利体系运行的重要保障。泗水县牢牢把握"儿童优先"的指导思想，以农村留守儿童关爱保护工作领导小组和泗水县未成年人保护工作委员会为中心，布局儿童福利体系建设。

（1）坚持党政主导。强有力的领导核心确保切实把未成年人保护理念嵌入全县政策框架中，确保所有儿童福利政策落实落细、应享尽享。

（2）突出各方共治。充分调动党委政府各相关部门、三级领导机构、社会公益组织、志愿者队伍等力量，共同参与儿童福利体系建设，形成"党委领导、政府负责、民政牵头、部门协作、社会参与"的联动机制。

4.队伍建设

完善、高质的专业人才队伍是儿童福利体系建设的重要力量，影响到儿童福利的质量。泗水县在全县达成统一共识的基础上，儿童福利队伍不断壮大、不断优化。

（1）专职人员配备。泗水县未成年人救助保护中心设置 8 个事业编制岗，镇（街）未成年人保护工作站配备 1 名儿童督导员，村（居）儿童之家配备儿童主任，建立了覆盖全域的工作人员队伍，确保将儿童福利送到位。

（2）社会组织人员配备。以泗水县微公益协会为代表的社会组织积极参与儿童关爱服务，通过"专职人员＋协会会员"的工作队伍，走进儿童群体，开展规范化、信息化、专业化、社会化运作，有力补充了儿童福利队伍。

（3）志愿者队伍配备。泗水县依托县域内志愿组织，发展壮大志愿者队伍，组织巾帼志愿者、青年志愿者、包驻村工作单位、五老志愿者、大学生村官等爱心团队，参与儿童关爱服务，有效保障了儿童关爱服务的供给。

5.服务体系建设

结构完善、功能合理的儿童福利服务体系是儿童福利体系的重要组成部分，泗水县整合县域资源，建设形成了立体联动的服务体系。

（1）整合服务主体。泗水县依托未成年人保护工作委员会，统筹县域内各职能部门，实现联动协作。通过整合社会资源，打造"政府引领＋社会参与"模式，统筹县域内专业组织、社团社群力量，提高服务效率。

（2）整合服务项目。健全儿童福利服务项目，分别从物质层面、教育层面、心理层面提供全方位、立体化、多层次的儿童福利服务。

（3）整合服务对象。泗水县儿童福利服务围绕儿童但并未局限于儿童本身，不仅关注儿童自身的成长，而且关注家庭环境、社会环境的建设和营造。

四、理论依据与分析

（一）多元福利主义

多元福利主义是继古典自由主义、凯恩斯－贝弗里奇范式之后，为解决福利国家危机，于 20 世纪 70 年代兴起的理论范式。其产生的背景是，随着经济危机爆发，人口老龄化带来越来越沉重的经济负担，社会贫富差距不断加大，人们对传统福利国家理论提出质疑[1]。1978 年，多元福利主义的概念在英国《沃尔芬德的志愿组织的未来报告》[2]中首次被提出。报告指出，福利应维持多元体系，志愿组织应作为福利体系的一部分发挥作用。报告实际上提出了政府、市场之外的其他主体在社会福利供给中的功能，具有里程碑式的意义。

多元福利主义主张社会福利来源的多元化，福利的规则制定、筹资和提供应由不同部门共负责任、共同完成[3]。根据福利提供主体划分的不同，多元福利主义可分为三分法和四分法两大流派[4]。

三分法[5]的主要观点如下：

福利的提供者可以分为国家、市场和家庭三个主体，国家在提供福利方面的确扮演着重要角色，但绝非扮演垄断角色。

福利是全社会的产物，国家、市场和家庭都要提供福利。国家、市场和家庭在社会中提供的福利总和即社会总福利，用公式表示为：$TWS = H + M + S$。其中，TWS 是社会总福利，H 是家庭提供的福利，M 是市场提供的福利，S 是国家提供的福利。

不同福利主体之间是协同合作的关系。国家、市场和家庭作为单独的福利提供者都存在一定的缺陷，需要将三者联合起来，相互补充，扬长避短。

当国家提供的社会福利的增长并未完全排除由市场和家庭提供的社会福利、三者共同提供福利服务时，多元福利社会这种混合（多元）社会（mixed

---

[1] 彭华民，黄叶青.福利多元主义：福利提供从国家到多元部门的转型.南开学报，2006（6）.

[2] The future of voluntary organizations:report of the wolfenden committee. Wolfenden, 1978.

[3] ROSE R.Common goals but different roles：the state's contribution to the welfare mix//ROSE R, SHIRATORI R. The welfare state east and west. New York: Oxford University Press，1987.

[4] 同③.

[5] 彭华民.福利三角：一个社会政策分析的范式.社会学研究，2006（4）.

society）就产生了。

三分法主张在文化和政治的背景下谈论福利三角分析框架，并主张国家、市场和家庭可以具体化为对应的经济组织、价值和社会成员关系[①]。

四分法[②]的主要观点如下：

福利的提供者可以分为国家、市场、家庭和志愿组织（民间社会）四个主体。

四分法强调家庭、志愿组织等非正式组织在福利提供过程中发挥重要作用。

四分法强调志愿组织在社会福利中的特殊作用——它能够在不同层次上，在基于不同理念的政府、市场、家庭之间建立联系纽带，使私人和局部利益与公共利益相一致。

四分法认为不同福利主体之间具有交互性。

泗水县儿童福利体系建设正是多元福利主义的实践体现。泗水县所构建的"党委领导、政府负责、民政牵头、部门协作、社会参与"的儿童福利和未成年人保护工作新格局，以及在实践操作中对家庭建设的重视，体现的正是国家、社会（市场）、家庭和志愿组织作为多元主体参与儿童福利体系建设，且不同主体之间协同合作、互为补充。

（二）协同理论

协同理论作为系统科学的分支理论，由著名物理学家赫尔曼·哈肯于1971年在研究激光问题的基础上创立。其基本假设是：甚至在无生命物质中，新的、井然有序的结构也会从混沌中产生，并随着恒定的能量供应而得以维持[③]。协同理论的研究对象为由完全不同性质的大量子系统（诸如电子、原子、分子、细胞、神经元、力学元、光子、器官、动物乃至人类）所构成的各种系统[④]。协同理论的主要内容如下：

一是协同效应。即由于协同作用而产生的结果，是指复杂开放系统中大量

① SHIRATORI R. The future of the welfare state // ROSE R, SHIRATORI R. The welfare state east and west. New York：Oxford University Press，1987.
② GILBERT N, TERRELL P. 社会福利政策导论. 上海：华东理工大学出版社，2003.
③ 哈肯. 协同学：大自然构成的奥秘. 上海：上海译文出版社，2001.
④ 哈肯. 高等协同学. 北京：科学出版社，1989.

子系统相互作用而产生的整体效应或集体效应。

二是支配原理。系统由不同子系统组成，其中子系统之间的协同合作产生宏观的有序结构；序参数（即宏观系统有序程度）之间的协同合作决定系统的有序结构；系统中并非只存在协同，也存在竞争。

三是自组织原理。自组织指系统在没有外部指令的条件下，其内部子系统之间能够按照某种规则自动形成一定的结构或功能，具有内在性和自身性特点。

协同理论指出，在一个开放系统中，各个组成部分不断地探索新的位置、新的运动过程或者新的反应过程。在外界有能量不断输入的情况下，甚至是在一种新加入物质的影响下，一种或者几种共同的也就是集体的运动或反应过程压倒了其他过程，这种过程不断地自我加强，最终支配了其他所有运动形式，形成一种新的宏观结构。

从协同理论的角度出发，不论是宏观系统还是微观系统，只要存在着开放系统，它就可以在一定条件下呈现出有序的结构。泗水县儿童福利系统无疑是一个开放系统，国家、社会（市场）、家庭和志愿组织等不同主体的参与，在构成各自子系统的同时，相互协同合作产生了县域儿童福利体系这一宏观系统。同时，不同主体之间可能存在着竞争关系，例如福利范围的重叠、福利内容的重合等，需要不断通过内在调整或外部介入等手段，促成不同主体之间的协同合作，使之再次呈现有序结构，不断发展和完善儿童福利体系。

（三）新公共服务理论

"新公共服务"的概念最早由美国著名行政学者帕特里夏·英格拉姆和戴维·罗森布鲁姆提出，意为"一场新型的公共行政运动"。2000 年，罗伯特·B.登哈特和珍妮特·V. 登哈特在《公共行政评论》上发表《新公共服务：服务，而不是掌舵》（"The New Public Service: Serving Rather Than Steering"）一文，引起广泛关注。

登哈特夫妇将"新公共服务"定义为：关于公共行政在整个治理体制中的作用的一整套思想，即将公共服务、民主治理和公民参与置于核心地位。

新公共服务理论以民主政治（democratic politics）、公民权（citizenship）和公共利益（public interest）为理论基础，主张改变政府主导一切的局面，将公民权作为整个政府治理体系的中心，强调政府的角色定位由"掌舵"转变为"服务"，形成公共服务精神，重视公民权，推进政府、社区、公民的对话沟通与共同治理。

从新公共服务理论的角度思考，儿童及其家庭通过行使公民权，基于自我利益和社会利益的需求，培养"公共精神"，借助社区等组织的中介作用，以一种新的方式实现社会参与，谋求一种更为高效、更有针对性的儿童福利体系，从而实现提高公民社会参与热情、提高政府工作效能的目标。

五、背景信息

（一）泗水县经验的宣传推广

泗水县目前正在争创全国未成年人保护示范县，2022年3月4日满分通过省未成年人保护试点终期评估，以全省第一的成绩上报至民政部，这有助于泗水县儿童福利体系建设经验的进一步推广。

（二）儿童福利队伍的建设

泗水县大力开展儿童主任赋能专项行动，以"三亮三学三做"为主要内容，细化实化目标任务、起草方法步骤及具体措施，全面提升儿童主任的业务能力和服务水平，推进儿童福利和未成年人保护工作高质量发展。

六、关键要点

（一）儿童福利体系建设过程梳理

"起"：经济欠发达和劳务输出多的现状，使泗水县面临困境儿童和农村留守儿童数量多的现实挑战，这也是泗水县积极探索儿童福利体系建设的重要原因。

"承"：中央、省、市各项儿童福利政策的陆续出台，指导着泗水县儿童福利体系建设的方向。泗水县通过落实相关政策，结合县域实况，不断完善儿童福利体系建设。

"转"：随着"推动儿童福利由补缺型向适度普惠型的转变"意见的提出，

全国和泗水县的儿童福利体系建设迎来了转折点。相关政策文件的不断出台，"全国农村留守儿童关爱服务体系试点县"的确立，标志着泗水县儿童福利体系建设进入了新的发展阶段。

"合"：泗水县随着儿童福利体系的不断完善，逐步形成了"1443泗水模式"，发展出了"党委领导、政府负责、民政牵头、部门协作、社会参与"的儿童福利体系建设经验。

（二）儿童福利体系建设方向的转变是关键所在

《关于加强孤儿保障工作的意见》和《中国儿童发展纲要（2011—2020年）》的颁布，释放了儿童福利体系建设方向转变的信号，建立和完善适度普惠型的儿童福利体系成为儿童工作的目标，标志着我国的儿童福利制度翻开了全面发展的崭新篇章。

七、建议课堂计划

本案例可以设置专门的案例课来进行讨论。以下是按照时间进度提供的建议课堂计划，仅供参考。

（一）我国儿童福利体系建设的演进

整个案例课的课堂时间控制在80～90分钟。

1. 课前计划

请同学们预习案例内容，了解我国儿童福利体系建设的演进历程；提出启发思考题，请同学们在课前完成阅读和初步思考。

2. 课中计划

从儿童福利体系建设的角度出发，思考以下问题：为什么提供福利？谁来提供福利？给谁提供福利？提供什么样的福利？怎样提供福利？在不同历史发展阶段，以上内容有何变化？展开分组讨论，引出社会福利制度、社会福利思想等知识点，并进行归纳总结。

（二）我国儿童福利体系构成

整个案例课的课堂时间控制在80～90分钟。

1. 课前计划

请同学们预习案例内容，了解泗水县儿童福利体系建设的发展历程与体系构成情况；提出启发思考题，请同学们在课前完成阅读和初步思考。

2. 课中计划

从儿童福利体系建设角度出发，首先思考：什么是儿童福利体系？泗水县建立和完善了哪些儿童福利制度？儿童有何种层次的需求？儿童福利体系如何满足儿童各层次的需求？当前儿童福利体系的缺陷有哪些？其次思考：泗水县儿童福利体系有何特点？公共资源投入机制如何建设？儿童福利监察和评估机制如何完善？最后思考：泗水县提供儿童福利服务的机构及其服务项目有哪些？其工作如何运行？展开分组讨论，引出福利体系构成、多元福利主义、新公共服务等知识点，并进行归纳总结。

3. 课后计划

请同学们采用报告形式给出更加具体的儿童福利体系建设方案。

案例七 ｜ 县域困境儿童正向发展的综合服务

李璐龄[①]

摘要： 北京睦友社会工作发展中心在北京市民政局的指导和支持下，在2018—2020年间前往国家级贫困县——内蒙古自治区 W 县开展"牵手计划"项目。社工以当地 D 学校的小学生为主要服务对象，在前期调研基础上，将青少年正向发展理论的 5Cs 结构作为干预策略，以团体活动为主要形式，开展了一系列以儿童为中心的服务。社工的实践为形成县域儿童社会工作服务策略提供了典型案例，具有一定的启发意义。

关键词： 儿童社会工作　学校社会工作　家社教育

第一节　案例

一、案例背景

为积极响应和贯彻《民政部、财政部、国务院扶贫办关于支持社会工作专业力量参与脱贫攻坚的指导意见》的工作要求，北京睦友社会工作发展中心（以下简称"睦友"）在北京市民政局的指导下，前往国家级贫困县——内蒙古自治区 W 县开展了为期三年（2018—2020 年）的"牵手计划"项目。

根据项目要求，睦友社工每年要前往 W 县开展工作 40 天。社工既要迅速

---

① 李璐龄，北京睦友社会工作发展中心高级社会工作师。

了解和适应当地环境，还要保证在较短的时间内达成一定的服务成效。睦友社工在到达 W 县的第一天便与当地民政部门快速对接，初步沟通确定了以当地儿童为主要服务对象，且将 W 县困境儿童较为集中的 D 学校作为主要服务实施点，并延伸覆盖 D 学校所处的 S 社区。

二、服务过程

（一）服务起点：需求调研

D 学校位于 W 县最东边的 S 社区，学校内有小学和初中。小学生中的 85% 都住在 S 社区。因 S 社区的大部分居民迁自周围村庄，故当地人习惯称 S 社区为"移民村"。S 社区位于 W 县的最东边，有一条河流将其与县城热闹的主城区做了天然分离。在与 D 学校的校长进行沟通后，社工确定将小学生作为主要服务对象。为提供针对性服务，社工通过问卷调查、访谈和观察等形式对 D 学校全体小学生、部分老师和家长进行了一次服务需求调研。

社工了解到，D 学校现有小学生 145 人，男女比例均衡（男 51%，女 49%）；汉族学生居多（91%），也有不同少数民族学生（蒙古族、回族、拉祜族、哈尼族、彝族、满族等）；有住校学生 28 人（19%）；有孤儿 1 人，来自单亲家庭（25.9%）和没有同父母在一起生活（20%，这类学生大都由祖辈照顾）的学生都占到一定比例。

社工通过问卷调查发现，部分学生自我评价偏低，缺乏自信。6.3% 的学生从不认为自己在学校表现好；19.6% 的学生经常认为自己比别人差；11.9% 的学生从不认为自己优点比缺点多；18.2% 的学生从不认为自己比别人优秀；16.8% 的学生从不表达真实想法；19.6% 的学生从不在同学和老师面前表现自己的特长和技能；20.3% 的学生表示从不敢表达自己的想法；13.3% 的学生表示在学习成绩不好时没有感觉或选择放弃。在访谈时，大部分学习成绩不好的学生表示自己对未来没有规划，认为自己的很多想法仅仅是遥不可及的梦想，根本无法实现。

与此同时，有 14% 的学生对自己的学习成绩表示不满意。偏低的学习评价在很大程度上影响了学生的自信。社工在访谈中发现，学习成绩不好的学生很容易被贴标签。老师和同学认为这些学生是全校乃至全县最差的孩子。老师在批评这些学生时也会有类似的直接表达。这些学生也认为自己是最差的，没有希望、没有前途，所以不想再努力学习。令社工很惊讶的是有处于二年级的学生明确表示自己小学毕业后就不想再读书。针对学生的问卷调查的结果显示，困扰学生学习的主要因素中排前三的是学习压力大（33.57%）、学习努力但成绩不好（29.37%）、目标不明确（28.67%）。有一半多（65.7%）的学生表示，在自己遇到学习困难时会向老师请教，也认为对自己学习帮助最大的是老师。

　　问卷调查显示，孤单感是大部分学生面对的问题（65.7%的学生表示偶尔会或经常会感到孤单，5.6%的学生表示总是感到孤单），也有个别学生（2.8%）有自卑感。当不开心时，朋友是学生最可能选择的倾诉对象（62.2%），其次是父母（26.6%），他们很少选择向老师倾诉（6.3%）。社工在进一步的访谈中了解到，对学生来说，向朋友倾诉更多获得的是情绪情感支持，但由于他们都是涉世未深的儿童，倾诉沟通的内容大都是吐槽、埋怨，很少有有效的支持和建设性意见，甚至还会出现"我们一起别学了"等负面建议。学生在面对同辈群体的人际冲突时也缺少合适的应对方法，绝大部分学生（85.3%）会选择忍着不理，有14.7%的学生会选择打人、背后说坏话或者叫其他同学疏远相关人员等不恰当的应对方法。

　　家庭是孩子成长的重要环境。调查显示，大部分学生与父母有较好的关系，但有10%的学生与父母从不交流，有16%的学生认为在家时不快乐或者说不清楚自己的感受。在与父母的交流内容方面，学生的期望与现实存在较大差距。学生期望与父母交流的是学习情况（42.7%）、兴趣爱好（30.8%）、情绪（28%）、在学校与老师和同学的相处情况（16%）。而现实中他们与父母的交谈内容主要是日常生活，极少涉及学生的情绪、人际交往困惑、学习压力等。此外，父母的教育方式存在一些问题。问卷调查结果显示，父母在孩子犯错时采取打骂方式的占到38.5%，家访资料也印证了此结果。社工通过对主要照顾者的访谈了解到，S社区的儿童大多因父母外出打工、父母离异等处于单亲抚养或隔代抚养境况，加之父母自身文化水平不高、儿童家庭教育意识薄弱，存在诸多不当的教育方式，通常在孩子出现学习问题和偏差行为问题时采取打骂方式或完全放任的态度。而家庭结构完整且家庭条件相对较好的家庭比较重视对孩子的教育，但存在学习期待过高、行为问题处理方式不当等问题，这也给学生带来了学习压力和成长困扰。

在学校环境中，老师认为教育工作的核心仍然是教学任务和学习成绩提升，极少顾及学生在情绪情感、人际关系等方面的需求。虽然学校设有少先队员辅导员和心理咨询师，但他们都承担教学任务，在心理预防教育、问题辅导、成长引导等方面发挥的作用有限，基本都是在学生出现问题后再进行处理，缺少预防性和发展性服务。通过观察，社工发现老师与学生的沟通方式存在问题，忽视学生的心理感受。如某老师在学生本人在场的情况下直接向社工提到该学生的父母抛弃了他；在与社工进行后续交流时还表示这种方式能够激励学生努力学习。

D学校学生的社区环境支持极为薄弱。大部分学生生活的S社区虽然有场地设施，但从来没有组织过针对儿童、青少年的服务，也缺少其他儿童教育资源。社区工作者对儿童社区教育也欠缺正确的理解，他们表示，学校和家长已经能满足儿童的教育需求，社区不需要提供相关服务。此外，社工发现，D学校整所学校都被贴上了负面标签。W县人普遍认为D学校是全县最差的、兜底的学校，校内都是不思进取和顽劣不堪的学生。这些极为负面的社会看法既给D学校学生带来了不可忽视的挫败感，也让D学校的老师们深受影响，在工作中缺少动力和信心。

根据埃里克森的理论，儿童在小学阶段处于勤奋与自卑的冲突阶段，发展主要围绕能力而展开，其特征是强调儿童为应对由父母、同伴、学校以及复杂的现代社会提出的挑战而付出的努力[1]。基于前期调研结果，社工计划采用青少年正向发展理论，通过以儿童为中心的5Cs结构作为干预策略，为D学校的小学生开展多元化服务，促进他们在自信（自信心与自我效能感提升）、能力（学业能力与自我管理能力提升）、品格（正向价值观及家乡文化认同）、联结（与同辈群体及家庭、社区、学校的关系改善）、关心/同情（亲社会行为意识培养）等五方面的正向发展，并在此过程中促进"家－校－社"的参与和联动。

---

① 埃里克森.身份认同与人格发展.北京：世界图书出版公司，2021.

（二）服务启航：儿童历奇辅导与老师体验式培训

对 W 县政府部门和 D 学校而言，社会工作是一个新事物。W 县既没有社会工作服务机构，也没有任何社工。为促进当地对社会工作服务的了解和接受，睦友计划组织两场分别面向学生和老师的活动。

1. "信心"快乐历奇之旅

社工把提升儿童自信心作为首要目标，确定以历奇辅导形式开展以"信心"快乐历奇之旅为主题的第一次活动。本次活动主要面向 D 学校三至五年级学生，通过趣味性、互动性、参与性较强的历奇体验，提升学生的自信心，增加学生的团队意识，增强其对未来的希望和信心。

在活动中，社工首先通过"明日环"和"人生之盾"游戏，让学生们在好奇和挑战中开启个人自信之旅。在游戏中，学生们发现，原本看上去不可能完成的任务，自己通过努力就可以获得成功；他们还写下了自己的优点/长处，重新认识、了解了自己，建立了自己的"人生之盾"。有个小男孩很困惑地对社工说："老师，我不知道自己有什么优点。"于是，社工耐心地引导他思考自己擅长什么，其他同学如何评价自己，最后这个小男孩完成了自己的"人生之盾"，认识到自己并非"差劲的"。

为引导学生认识到团队合作对个人成功的重要性，社工利用"桃花开"游戏消除学生之间的隔阂，将他们分成了六队。通过给自己的团队起名、制定团队规则和设计团队 logo，学生们开始形成团队意识，也学会了与团队成员磨合沟通。然后，通过"合作圈""一圈到底""能量输送"等游戏，让他们以团队形式参与其中，为每个活动任务积极出谋划策。在游戏过程中，学生们体验到个人梦想的实现需要团队成员的相互支持和紧密协作，感受到相互信任和团队合作的重要性。活动结束时，学生们把参与活动的感受都写下来并贴在了"收获树"上："我第一次完成了本以为不可能完成的事。""我找到了自己的优点，非常开心。""有团队支持就能够完成任务。""我觉得自己棒棒的。"……

2. 老师体验式培训

为了让老师更直观地认识社会工作，睦友联合中国社会工作教育协会和北京大学社会学系在 W 县民政部门和教育部门的支持下为全县 100 多名小学老师开展了全天培训。活动当天，相关部门负责人也都来到了现场进行观摩学习。

老师们先来到了学校操场，开始了体验式的减压活动。社工循序渐进地带领 100 多名老师在互动游戏中建立联结、识别压力、释放压力、转变观念，老师们由一开始的局促到逐渐打开自我、大声欢笑、放开分享……一上午的活动，不仅仅让老师们释放了压力，更让他们感受到了社会工作的专业作用和独特魅力。

下午，睦友邀请了北京大学马凤芝教授以"社会工作助力脱贫攻坚"为题，为老师们讲授了新时期脱贫攻坚中社会工作在扶志、扶智上可以发挥的重要作用。马教授还结合 W 县的实际情况，分析了目前家庭子女教育和学校教育的困难，及社会工作在当代家庭教育、学校教育中的做法。马教授的讲授深深触动了参与培训的老师们。

虽然一天的培训很短暂，但老师们对社会工作和儿童教育都有了更深入的了解。老师们表示，第一次参与这种互动式的培训，收获颇多，不仅释放了压力，学习了儿童教育知识，而且深为以提升内生动力为核心的社会工作力量助力脱贫攻坚的理念所触动。老师们对学习社会工作方法也产生了浓厚兴趣，认为社会工作方法可以帮助他们更新教育理念。

通过这两场活动，W 县相关部门负责人对社会工作有了更直观的认识，D 学校学生和老师也对睦友即将开展的社会工作服务有了更多的期待，为后续项目推进打下了很好的基础。

（三）校园服务：促进自我发展，建立友谊

社工将处于小学阶段的儿童的发展自我概念、提升自我管理及建立维持友谊等需要相结合，以团体活动为主要形式，为 D 学校的小学生开展了系列服务。以下简要介绍其中 2 个活动。

1. "成长舵手"自我管理小组

针对前期调研中发现的学生存在的成长动机不足、自我管理意识和能力较弱等问题，社工在与班主任、教导主任等人深入沟通后，确定将四五年级的长期住校学生作为服务对象。四五年级有 18 名长期住校学生，大部分自我管理能力较差，同时缺少来自家庭的支持。于是，社工围绕提升自我管理能力这一目标，利用晚上的时间组织开展了"成长舵手"自我管理小组活动。

"成长舵手"自我管理小组共设 6 次活动，围绕学业管理、人际交往能力、时间管理、情绪管理等 4 个方面展开。社工在四五年级的住校学生中招募到 10 名组员。在第一次活动中，社工引导组员分享了自己在老师、家长、朋友等不同社会支持系统中的自我评价，了解他们的自我认知状况；此外，通过制定小组契约，明确小组制度和惩罚措施，加强他们对自我行为的约束和管理。在随后的活动中，社工以互动游戏为主要手段，辅以案例分享和知识讲授，带领组员了解并学习正确的情绪处理和时间管理方法，用古人勤学苦练的小故事来切入，启发学生意识到学习途径是多样的以及订立学习目标的重要性。

在小组过程中，社工主要以引导者和教育者的身份，带动组员积极参与小组分享和互动，鼓励他们学会表达自己的想法，找到小组定位，带领他们重新树立自我认识，学会全面评价自我，做到包容自己和他人，进行科学的自我管理。针对小组初期出现的分享秩序较为混乱的情况，社工采取小组长轮流值班的形式，优先选取比较活泼、积极的组员担任小组长，成为社工的助手，协助维持小组秩序并随时记录其他组员参与小组互动的情况。组员在担任小组长的过程中增强了成就感和获得感，在小组中展现出更多的积极、正向行为，这种引导和示范也进一步促进了其他组员的成长。社工还通过不断强化小组契约，促进组员之间在完成小组任务过程中的协作和包容，以主动学习和同辈相互影响的形式，促进小组目标的达成。

此外，社工发现通过小组活动，组员之间的包容和互助更为明显了。组员小阳（化名）原本因个人卫生状况较差，其他学生都不愿与他交往，但小组结束后，小组的其他组员开始自发自主地关心小阳，并在生活中一起监督和指导小阳换洗衣服，保持着装整洁。

2. "筑梦启航"儿童价值观培养小组

小学阶段的儿童不限于模仿和强化习得的道德行为，有了更多时间把道德行为规则加以内化。他们会主动思考对与错，也不断建构其对道德规则的灵活认识。根据科尔伯格的道德发展阶段理论可知，处于习俗水平的儿童，应该可以参照社会"好孩子"的标准，认识个体行为与社会标准的差距，且应掌握正确运用法治观念判断是非的能力，并以社会准则和道德要求驱动个人行为。因此，社工围绕小学生社会道德观念的塑造和人格健康发展的需要，以六年级学生为主要服务对象，组织开展了"筑梦启航"儿童价值观培养小组。本次活动招募到 7 名六年级住校学生成为组员。

在小组开始阶段，社工通过"镜中我"游戏引导组员澄清自我概念以及对同学的重新认识；随后，社工通过绘本阅读及故事串烧，与组员分享了关于"乐观、包容、自信"的三个绘本故事，让组员对价值理念有了初步认识。在之后的小组活动中，社工组织组员共同观看了电影《查理和巧克力工厂》，引导他们分析电影中 5 名儿童的性格和行为，进而认识到社会准则及不同价值理念对个人和社会的影响。社工还通过"价值观拍卖"游戏，让组员在情境中更多地认识和了解自己的价值取向；通过"我是不倒翁"信任游戏，引导组员反思怎样才能"知行合一"。在小组快结束时，社工以"盲人障碍赛"和"荒岛求生"两个情境游戏，引导组员学会换位思考，领悟并接纳彼此不同的价值观。

通过小组的互动体验，组员有了更多的自由探索和互动交流机会，这促使他们自主反思，共同成长。活动结束时，组员认为最大的收获是学到了自信、乐观、信任、包容与诚信等价值观知识，看到了自己和其他人的变化。有组员说自己"变得更加乐观、自信、勇敢和谦虚，也懂得了倾听、理解、包容与相信他人"。

在小组过程中，组员遇到过一个小考验：一名住宿的一年级学生小军（化名）非要留下旁观小组不可，而小军是组员眼中的"坏孩子"，所以大家对是否允许小军留下持有不同意见。这时，社工利用这个现实的"考验"，结合小组内容组织大家共同商讨，最后组员一致同意让小军留下，但要求他与大家达成不骂人、不打架、不做小动作的约定。后来当小军再来到小组时，大家欣然接纳了他，并主动关心他，当发现他脸脏时还带他去洗脸。这个"不速之客"的小考验也促进了组员的改变和成长。

这个小组还有一个意外收获——"彩虹话剧社"学生自组织。参加小组的学生认为自己学会了包容、乐观、自信、勇敢、诚信等价值观，希望通过话剧形式让更多的同学了解并得到成长，因此就向社工提议成立这样一个组织，希望能够以趣味性的话剧来实现他们的小心愿。于是，社工支持他们成立了"彩虹话剧社"，并由 7 名学生组织编排了名叫《查理和巧克力工厂续集》的短话剧，在社工服务分享会上首次公开试演，吸引了很多学生，他们纷纷表示想加入社团一起演话剧。

（四）家社教育：建立联结，促进亲社会行为

由于 W 县基于社区的儿童服务较为薄弱，因此社工在开展学校服务的同时也积极推进社区服务。社工与 D 学校所处的 S 社区的居委会主任多次沟通，争取到居委会的支持，利用暑假和周末的时间开展儿童服务。

1. 推动社区儿童服务

社区是儿童日常生活的主要场所。社工了解到，生活在 S 社区的大部分儿童在假期处于"放养"状态，很少主动学习，学业困难重重。为此，在 2018—2020 年这三年间，社工在 W 县教育部门和团委的支持下，与 S 社区居委会合作开展了以提升儿童学习能力为目标的各类服务。

2018 年暑期，社工以提升阅读能力为目标，组织社区内 27 名儿童开展了主题为"童梦客厅"阅读能力提升的主题分享会。社工首先以"情绪放大缩小镜""123 大象""捉虫虫"等游戏，建立起儿童积极参与、自由表达、快乐分享的自我意识和安全氛围，并带领他们一起探索、感知自我的"情绪表达"和自我的"安全边界线"。社工抛出"平时是否读书""平时读什么书""读书有什么意义"三个问题让大家自由发言，引导他们从自身的读书经历说起，分享自己的读书习惯，促进他们相互分享和学习。为了引导儿童建立对阅读的合理认知，社工带领大家分享"我读的一本书"，让儿童讲述书中的故事，进而引导他们认识到可以从阅读不同种类的书籍中感受到不同的乐趣、收获多样的知识。社工还在活动中引入绘本阅读和话剧演绎方式，让儿童在趣味互动中深入感受读书的乐趣以及读书的意义，激发他们的阅读兴趣，并提升他们的自主阅读能力。在活动最后，儿童都表明今后要多读书、读好书，让自己在知识的天空中自由翱翔。

2019 年暑期，社工又组织了"燃学习信心，培人生志气"儿童学习动机提升服务。该服务共有四次活动，服务对象主要是生活在 S 社区的三至六年级学生。社工从影响儿童学业倦怠的三个方面（包括学习动机不明确且较低、学习问题外归因、自我效能感偏低）进行介入，设计了探索科学奥秘、文化奥秘、成长奥秘及环境奥秘四次涉及学习与学习模拟情境的主题活动，提供以科学实

验、传统文化、团体互动和社区环境为核心要素的服务，促进儿童达成明确个人学习动机、培养理性归因思维和发展个人学习潜能的短期目标，进而促进儿童主动学习，提高问题解决能力和培育学习自信信念，减少学业倦怠感，重塑学习希望。社工结合当前社会科技发展和名人故事，让儿童了解到未来国家发展所需的人才是什么样的，引导他们树立更高的志向，明确学习目标。社工还安排了一些挑战任务，引导儿童在团体任务中调整与改善过往处理问题的模式，感受自己从遇到问题时指责他人到表达想法、积极沟通、调整计划的积极转变，协助儿童学习以新的行为方式与积极态度去面对任务，在体验中进行自我认识、自我接纳与自我探讨，重新发现自己的长处与潜能，进而提升信心与勇气。

此外，社工还在S社区开展了健康英语小课堂、"爱满六一•筑梦童年"增能活动等。W县教育部门、团县委看到儿童在服务中的明显改变后，提出希望将服务拓展到位于W县中心的X社区。于是，社工延续了在S社区开展儿童服务的思路，在X社区开展了"做情绪的小主人"儿童情绪管理小组、"向阳花开勇表达，我的梦想我做主"演讲活动等，每次活动都得到了儿童、家长和社区的良好反馈。虽然每次服务的时间比较有限，但是通过社工的精心策划和组织，所有参加活动的儿童都有所成长。

对儿童成长来说，与家长形成积极互动尤为重要。因此，社工专门组织了促进亲子互动的活动。比如，开展"给爸妈的一封信"主题活动，促进儿童与家长的沟通。该活动运用"高低姿态"即兴话剧游戏，带领儿童以趣味形式识别他人的心理活动与情绪，了解如何换位思考，并练习与其他人的沟通交流。活动邀请到两名家长带头进行角色扮演示范，儿童在家长的带动下进行了亲子沟通场景演绎，幽默的语言与鲜明的态度，让儿童理解了在特定情境下自己与家长的情绪、情感，体会到家长对自己的爱与关怀。最后，社工邀请儿童写一封信感谢家长对自己的爱。现场有几名家长表示，这是第一次以文字形式看到孩子对自己的爱，感到非常感动。除了此类亲子互动活动外，社工在开展其他儿童服务时也会邀请家长一起参与。例如：开展"向阳花开勇表达，我的梦想我做主"演讲活动时邀请家长来到现场做评审嘉宾，一起聆听儿童的梦想；让家长陪同孩子参观大青山抗日游击根据地纪念馆和中草药生产科普基地，一起学习与家乡相关的历史和文化知识；开展"七彩假期•情暖童心"爱国主题教育活动时专门招募了 10 名家长志愿者，两人一组担任游戏裁判员，让家长和儿童在与往常不一样的角色互动中看到彼此不同的一面。通过一次次活动，家长对自己和孩子都有了新的认识，看到了孩子在活动中展现出的优点，也学会了与孩子相处和教育孩子的更多方式，意识到教育孩子时可寓教于乐，与孩子共同成长。

2. 亲社会行为提升

青少年正向发展理论认为具备关心（caring）的品格是儿童正向成长的重要方面，而这一品格主要来自亲社会行为意识的培养。根据社会认知理论，儿童亲社会行为可从行为模仿、社会肯定以及社会化中学习得来，通过榜样示范和行为激励的形式加强。于是，社工以社区为主要场域，通过引导儿童关注社区环境和参加公益服务来培养他们的亲社会行为。

服务期间，社工发现 S 社区儿童的环境卫生意识薄弱，并没有意识到随意扔垃圾、在公共区域乱堆放等是不好的行为习惯。为此，社工从社区环境治理需求出发，组织了儿童环保主题教育及清洁环境卫生志愿服务活动，希望通过这样的活动，不仅为儿童提供一个干净舒适的社区环境，而且培养他们形成爱护环境、维护社区家园的良好习惯。社工先通过知识小课堂引领儿童认识到环境保护的重要性，在掌握环境保护知识和垃圾分类知识的基础上，组织 12 名儿童共同制订了清洁社区环境卫生的行动计划。随后，儿童按照计划分工，有序清理起社区广场上的垃圾：有的拿着扫帚负责清扫树叶等垃圾，有的拿着镊子夹树丛里的塑料袋，有的则拿着垃圾袋收集垃圾⋯⋯大家干得不亦乐乎，总共清理了十多袋垃圾，最后将垃圾分类放入了垃圾箱。在分享环节，儿童都表示，自己不仅学到了环境保护知识，也通过亲身参与垃圾清理认识到了保护环境的意义以及养成良好卫生习惯的重要性；他们还表示自己今后要继续做一名"环保小卫士"，不仅自己坚持做到爱护环境，也会及时劝阻身边的不文明行为。

社工组织开展了"一勺米"百家粥和暖心饺子公益活动，引导儿童以实际行动关爱社区老人，提升儿童关爱他人和服务社区的意识。在活动当天，社工让儿童从家里带来了大米和小米等煮粥材料，还专门邀请了儿童家长和社区中的 70 岁以上老人一起参加。大家一起一边熬制爱心粥和包饺子，一边分享雷锋事迹和身边的好人好事。当爱心粥和饺子做好后，儿童在家长的示范引导下送到了现场的老人面前。这样具有仪式感的小行动，不仅加强了儿童与社区老人的互动和交流，也让他们学会了关心和孝敬老人。

此外，社工还组织了"小小粉刷匠""童心送温暖，携手筑和谐"等活动，还在一些活动中安排了说出爱和感谢、绘制社区地图等环节，用实实在在的服务加强了儿童与社区的联结，让他们不是只将社区作为一个生活和玩耍的地方，而是把自己当作社区的小主人，参与到社区环境建设和公益服务中。

三、服务成效

从 2018 年 5 月到 W 县以来，睦友社工经历了快速适应陌生环境并启动服务、"牵手"的当地机构因故更换频繁、新冠病毒感染疫情的突发情况等，睦友赴 W 县的"牵手计划"项目于 2020 年年底正式画上了句号。

三年里，社工在 W 县开展了 120 多天的服务，为当地 450 多名儿童提供了专业服务，为 150 多名民政干部、社区工作者和老师提供了社会工作能力建设服务，联合中国社会工作教育协会以及 W 县民政局、教育局、团县委共同建立了两个社会工作站，助力了一个"青年爱里"儿童青少年服务基地运营发展，培育了两个本地社会组织。三年里，社工看到儿童从一开始羞涩不敢说话到主动表达自己的想法，从想放弃读书到体验到学习的乐趣……从越来越自信的儿童身上，社工看到了专业服务的意义和价值。问卷评估结果显示，在参加项目相关服务的儿童中，超过 50% 的儿童认为自信心和自我效能感有明显提升；80% 以上的儿童表示对学习、时间、情绪、行为等的自我管理能力和自我约束能力均显著提升；50% 以上的儿童在参加活动后人际关系有所改善与发展；超过 90% 的儿童变得更愿意参与家庭、学习、社区活动；90% 以上的儿童表示对自己的家乡有了更多认识与热爱，亲社会行为意识有所提升。学业倦怠量表和一般自我效能感量表前后测结果显示，31% 的儿童的学业倦怠感明显降低，47% 的儿童的自我效能感明显提升。

四、总结反思

在 W 县实施的"牵手计划"项目是睦友第一次在县城开展儿童社会工

作服务。社工在重重挑战面前，坚持服务"两不脱离"（即不脱离当地实际、不脱离服务对象需求），始终以青少年正向发展理论的 5Cs 结构作为干预策略，确保了三年间从不偏离促进儿童正向成长这一服务目标。与此同时，社工关注儿童的主体性及全面发展，秉持助人自助的理念，积极挖掘儿童个人及其所在家庭、学校、社区的优势，促进以儿童为中心的各主体增能与服务联动，最大限度地避免了服务时间短、间隔时间长对服务成效造成的不良影响。

此外，睦友的扶贫实践不仅促进了困境儿童群体的直接改变，也促进了当地政府对在脱贫攻坚工作中发展儿童服务的意识的转变。一是通过社工示范服务，当地政府认识到在新时期脱贫攻坚工作中社会工作在扶志、扶智上可以发挥的重要作用，并表示会加快人才队伍与工作平台建设，提出下一步考虑将社会工作知识学习纳入民政队伍和教师队伍培训。二是通过联席座谈会，当地政府认识到凝聚社会各方力量共同参与脱贫攻坚的重要性与积极意义，联席座谈会形成了加强党建引领并依法推进脱贫攻坚各项工作、建立多方联动机制并形成三年合作协议、多方联动立足社会工作站开展工作、从"家－校－社"的服务途径入手开展工作、发展社会工作提升扶贫成效、开展综合性困境儿童帮扶服务、将妇女工作目标定位为能力和素质提升、培育转化形成一支专业社会工作人才队伍等 8 项决议。三是通过建立社会工作站，当地政府认识到老师在改善儿童服务水平及"家－校－社"联动工作机制中的重要作用，提出希望将社会工作服务引入家长、学校工作中。

三年的"牵手"也留下了些许遗憾。因在当地开展服务的时间很短，社工无法开展持续性较强的服务，对于有个案服务需求的儿童也只能依靠在当地的短暂时间进行服务干预。但通过本项目，社工对县域专业服务的推进策略有了更多认识和思考，在推进县域儿童社会工作服务方面也积累了宝贵经验。

第二节　教学手册

一、教学目标与案例用途

（一）教学目标

进一步了解小学阶段儿童可能存在的发展问题；更全面地了解县域（尤其是相对落后地区）儿童的成长发展状况；了解青少年正向发展理论在儿童社会工作服务中的应用；促进对县域儿童社会工作服务推进策略的思考。

（二）适用对象

本案例适用于社会工作专业硕士研究生及高年级本科生、社会工作领域的研究者与实务社工。

（三）适用课程

本案例适用于"社会工作概论""儿童社会工作"等课程。

二、启发思考题

（1）你如何看待案例中社工在前期调研阶段了解到的 D 学校儿童发展问题？

（2）你认为案例中社工面向 D 学校住校学生开展的儿童服务是否恰当？如果你是社工，你将对 D 学校的住校学生开展怎样的服务？

（3）你如何评价案例中社工在社区开展的家社教育相关服务？

（4）你认为案例中社工对青少年正向发展理论的 5Cs 结构的运用是否恰当？其做得好的地方是什么？其可完善的地方是什么？

三、分析思路

教师可以根据自己的教学目标来灵活使用本案例。这里提出本案例的分析思路，仅供参考。

（1）社工在项目前期从哪些方面对 W 县的儿童进行了需求调研？社工采取

了哪些需求调研方法？分析社工选择的需求调研方法和内容是否恰当，以及有哪些可完善之处。

（2）从青少年正向发展理论的角度思考社工在需求调研后为何选择了该理论作为指导。尝试用案例中的1~2个具体服务来分析社工是如何运用青少年正向发展理论的5Cs结构进行服务策划的。

（3）结合小学阶段儿童发展的特点，分析社工采取的服务形式和服务内容的优势和不足，以及有哪些可提升和完善之处。

四、理论依据与分析

（一）青少年正向发展理论

青少年正向发展理论由利特尔于1993年首次提出，后来由罗思和勒纳等人在理论与实践层面不断完善与充实。该理论为青少年研究提供了新的视角，使得研究者对青少年的研究不再只局限于关注青少年犯罪问题及其预防。

勒纳采用积极视角，强调青少年的优势和健康发展的潜能，认为青少年正向发展理论致力于找出使青少年茁壮成长（即青少年成长为模范的成人，然后反过来完善社会制度）的条件。戴蒙认为，青少年正向发展理论是用一种基于潜能的方法来定义和理解发展过程的。青少年正向发展理论最重要的核心原则就是所有青少年都具有积极成长与发展的潜在能力。

我们看到案例中D学校的儿童大部分长期处于负面的社会评价之下，部分儿童自我评价偏低。较之强调问题的偏差行为矫治，社工从更为积极的视角去看待这些儿童，并通过发展性的服务引导他们实现正向发展。

青少年正向发展理论也认为，社区对积极的青少年发展来说是一个关键的"传输系统"。社区既是一个促进青少年正向发展的摇篮，同时也是一个多层面的背景环境，青少年可以在其中反过来使那些影响他们发展的背景、场所、人物以及政策变得活跃起来。在本案例中，社工意识到社区是促进儿童正向发展的重要环节之一，将社区作为主要的服务场域之一，组织开展了诸多服务，并强调建立儿童、社区、家庭的联结。

而青少年正向发展理论的5Cs结构，是关于积极青少年发展目标的基础理论，由美国发展系统论的奠基者勒纳提出。青少年正向发展理论认为，积极的青少年具备以下五个基本特质（即5Cs）：能力（competence）、自信（confidence）、联结（connection）、品格（character）、关爱（caring）。勒纳指出，每个青少年都具备积极发展的潜力，所具备的这五个特质的水平越高，代表青少年正向发展的水平越高。在本案例中，社工正是以5Cs结构为参考，在服务策划时充分考虑到对儿童的这五个基本特质的培养。

（二）埃里克森的心理社会理论

埃里克森的心理社会理论，强调自我并不仅仅是在自我冲动与超我要求之间进行调节。在每一个发展阶段，自我都会习得一些态度和技能，使个体成为积极的、有贡献的社会成员。埃里克森将人的一生划分为八个心理社会阶段，其中在小学阶段，成人的期望与儿童对掌控环境的动机的结合，会导致勤奋与自卑的心理冲突。

根据埃里克森的理论，儿童在小学阶段主要在学校形成学习能力、合作能力，发现自己和他人的独特能力，并培养自觉的道德感和责任感。而自卑感是这一阶段面对的挑战，主要反映在儿童对自己做事能力缺乏信心的悲观情绪中。而当儿童在与家庭、学校、同伴等的互动中经历很多负面体验而导致无能感时，自卑感就会出现。[1] 因此，儿童可能会在学业追求和同伴交往中退缩，表现出较低的兴趣和成就动机[2]。本案例的前期调研结果就反映出D学校的部分小学生有明显的自卑感，缺乏自信。社工从增强自信入手，在小组活动中引导儿童发现自己的优点，认识到自己具有的能力，改善自我管理能力，促进同辈之间的正向互动，这些都是帮助儿童应对勤奋与自卑的心理冲突的积极尝试。

（三）儿童的自我概念和自尊

处于小学阶段的儿童继续努力找寻"我是谁"的答案，试着理解自己。随着认知能力的发展，这一时期的儿童不再从外部的身体特征，而是更多地从心

---

① 伯克.伯克毕生发展心理学（第7版）.北京：中国人民大学出版社，2021：336.
② 费尔德曼.儿童发展心理学（原书第8版）.北京：机械工业出版社，2021：282.

理特质来看待自己[1]。

这一时期儿童自我概念的内容变化是认知能力和他人反馈的综合产物[2]。儿童会表现出注重他人对自己的评价，会把他人的期望加以内化，形成理想的自我。而当理想的自我与真实的自我存在较大差异时，儿童的自尊就可能受伤害。父母、老师、同伴都是儿童寻求关于自己信息和评价的主要对象，因此来自他们的支持对儿童来说是很重要的。

在自尊方面，根据儿童在不同环境中的经验，他们形成了学习能力、社交能力、运动能力以及身体外貌等四种不同的自尊。这四种自尊整合为儿童的整体自尊[3]。一般来说，整体自尊在小学阶段会有所提高。但有些儿童可能会长期处于自尊水平较低的状态，陷入无法摆脱失败的恶性循环中。而这种低自尊可能与儿童的成就归因、家庭教养方式等有关。比如，有的儿童可能存在习得性无助，将学业和生活中的失败归因于能力，而把成功归因于运气，并认为能力即使通过努力也不可改变。有的儿童则可能有着控制欲过强或长期否定和贬损孩子的父母，传递给儿童深深的无能感。这些情况都可能导致儿童自尊受损。

本案例中的社工认识到儿童自我概念与自尊的关系，通过一系列服务，一方面鼓励儿童全面认识自己，另一方面引导父母和老师对儿童建立起积极的支持和反馈。

五、背景信息

（一）"牵手计划"项目背景

党的十九大报告对坚决打赢脱贫攻坚战做出明确部署，要求动员全党全国全社会力量，坚持精准扶贫、精准脱贫，确保如期完成脱贫攻坚任务。社会工作参与脱贫攻坚，是社会扶贫的重要内容，是政府扶贫的有效补充，在确保精准扶贫、增强内生动力、推进可持续发展等方面有着独到作用。实施"牵手计

---

[1] 费尔德曼.儿童发展心理学（原书第 8 版）.北京：机械工业出版社，2021：282.

[2] 同 [1]283.

[3] 伯克.伯克毕生发展心理学（第 7 版）.北京：中国人民大学出版社，2021：379-380.

划"，是社会工作领域贯彻落实党的十九大精神和党中央决策部署的具体行动，是立足新时代新形势推进社会工作发展的重要任务，对缩小社会工作的区域发展差距，发挥好社会工作在助力脱贫攻坚中的专业作用，推动贫困地区社会治理创新，更好地服务于全面建成小康社会目标，具有十分重要的意义。

2017 年年底，民政部正式启动第一批"牵手计划"项目，从社会工作先发地区遴选 232 家社会工作服务机构一对一牵手帮扶贫困地区（包括国家扶贫开发工作重点县、集中连片特困地区覆盖县和国家深度贫困地区覆盖县）培育发展 232 家社会工作服务机构，培养 700 名社会工作专业人才，支持贫困地区为特殊、困难群众提供 232 个社会工作服务项目，提高社会工作服务水平，搭建社会工作服务东西协作平台，推动社会工作专业力量在打赢脱贫攻坚战中发挥更大作用。

按照民政部相关要求，"牵手计划"项目在实施原则方面，要求立足需求、突出重点、因地制宜、保证效果，从贫困地区社会服务、民生保障、社会治理以及民政事业发展最迫切最紧要的需求出发，遴选确定援派机构和受援机构的类型、层次、分布，并以深度贫困地区的老年群体、特殊人群、农村留守人员服务等为重点，根据贫困地区的差异性，鼓励援派省份、援派机构结合实际进行创新实践。在凸显专业作用方面，要求通过实施"牵手计划"项目，发挥好社会工作在专业精准扶贫、激发内生动力、提升社区发展能力、传递温暖关爱上的优势，让贫困地区人民群众真正认识、切身感受、内心认同社会工作。在任务步骤方面，要求完成四大"硬指标"：援派机构要帮受援地贫困县孵化培育至少 1 家社会工作服务机构，有条件的争取在村或镇层面成立社会工作服务站（室）；援派机构每年要选派至少 2 名社工为受援机构提供不少于 40 个工作日的督导、培训和项目指导等服务，支持受援机构培养至少 3 名社会工作专业人才；援派机构和受援机构每年要合作开展至少 1 个服务人群明确、服务目标明确、服务流程完整、服务对象满意的社会工作服务项目；推动受援地贫困县出台一项促进社会工作发展的政策、探索一套符合贫困地区特点的社会工作发展模式、建立一套社会工作助力脱贫攻坚和壮大基层民政力量的有效机制。

（二）中小学心理健康教育

2012 年教育部正式印发《中小学心理健康教育指导纲要（2012 年修订）》（以下简称《纲要》），对中小学心理健康教育的指导思想和基本原则、目标与任务、主要内容、途径和方法、组织实施等，都做了明确的规定。

《纲要》规定了中小学心理健康教育的具体目标是：使学生学会学习和生活，正确认识自我，提高自主自助和自我教育能力，增强调控情绪、承受挫折、适应环境的能力，培养学生健全的人格和良好的个性心理品质；对有心理困扰或心理问题的学生，进行科学有效的心理辅导，及时给予必要的危机干预，提高其心理健康水平。

针对中国中小学心理健康教育工作开展不平衡的实际情况，《纲要》提出按照"全面推进、突出重点、分类指导、协调发展"的工作方针，不同地区应根据本地实际情况，积极做好心理健康教育工作。大中城市和经济发达地区，要在普遍开展心理健康教育工作的基础上，继续推进和深化心理健康教育工作，努力提高质量和成效，率先建立成熟的心理健康教育服务体系；其他地区，要尽快完善心理健康教育工作机制，建立心理健康教育辅导室和稳定的心理健康专业教师队伍，普遍开展心理健康教育工作。

《纲要》明确提出，心理健康教育应从不同地区的实际和不同年龄阶段学生的身心发展特点出发，做到循序渐进，设置分阶段的具体教育内容。

小学低年级主要包括：帮助学生认识班级、学校、日常学习生活环境和基本规则；初步感受学习知识的乐趣，重点是学习习惯的培养与训练；培养学生礼貌友好的交往品质，乐于与老师、同学交往，在谦让、友善的交往中感受友情；使学生有安全感和归属感，初步学会自我控制；帮助学生适应新环境、新集体和新的学习生活，树立纪律意识、时间意识和规则意识。

小学中年级主要包括：帮助学生了解自我，认识自我；初步培养学生的学习能力，激发学习兴趣和探究精神，树立自信，乐于学习；树立集体意识，善于与同学、老师交往，培养自主参与各种活动的能力，以及开朗、合群、自立的健康人格；引导学生在学习生活中感受解决困难的快乐，学会体验情绪并表达自己的情绪；帮助学生建立正确的角色意识，培养学生对不同社会角色的适应；增强时间管理意识，帮助学生正确处理学习与兴趣、娱乐之间的矛盾。

小学高年级主要包括：帮助学生正确认识自己的优缺点和兴趣爱好，在各种活动中悦纳自己；着力培养学生的学习兴趣和学习能力，端正学习动机，调整学习心态，正确对待成绩，体验学习成功的乐趣；开展初步的青春期教育，引导学生进行恰当的异性交往，建立和维持良好的异性同伴关系，扩大人际交往的范围；帮助学生克服学习困难，正确面对厌学等负面情绪，学会恰当地、正确地体验情绪和表达情绪；积极促进学生的亲社会行为，使其逐步认识自己与社会、国家和世界的关系；培养学生分析问题和解决问题的能力，为初中阶段学习生活做好准备。[①]

六、关键要点

（1）快速、准确了解儿童的发展需求是科学策划项目的前提。

（2）选择契合当地实际情况且符合小学阶段儿童特点的服务形式和内容是确保服务有效性的关键。

（3）要充分考虑当地相关政府部门、学校、社区居委会等不同相关方的诉求和期待，争取各方的支持，并让其发挥作用。

七、建议课堂计划

本案例可以设置专门的案例课来进行讨论。以下是按照时间进度提供的建议课堂计划，仅供参考。

整个案例课的课堂时间控制在80～90分钟。

（一）课前计划

提出启发思考题，请同学们在课前完成案例阅读和初步思考。

（二）课中计划

简要的课堂前言，明确主题（2～5分钟）；分组讨论（30分钟），告知发

---

① 教育部关于印发《中小学心理健康教育指导纲要（2012年修订）》的通知. [2024-02-28]. http://www.meo.gov.cn/srcsite/A06/s3325/201212/t20121211_145679.html.

言要求；小组发言（每组 5 分钟，总时间控制在 30 分钟左右）；引导全班进一步讨论，并进行归纳总结（15～20 分钟）。

（三）课后计划

如有必要，请同学们采用报告形式给出更加具体的解决方案，包括具体的职责分工。

案例八 ｜"三社联动"困境儿童社会工作精准救助

李　涛　卢金艳　任文欣[①]

摘要： 在 2016 年年底由北京市民政局选择北京市东城区作为困境儿童精准救助试点的背景下，北京市协作者社会工作发展中心承接东城区精准救助项目，通过"三社联动"机制建设，整合各方资源，并探索在这一机制下，如何运用专业社会工作方法提升东城区困境儿童的救助质量和水平，为东城区困境儿童带来切实的改变和帮助。同时，探索微观服务与宏观环境改善相结合的"三社联动"困境儿童社会工作精准救助模式，为包含困境儿童在内的困难群体"三社联动"精准救助提供具体可参考的实务路径。

关键词： 困境儿童　社会工作　精准救助　"三社联动"

第一节　案例

一、案例背景

2016 年 6 月，国务院印发《关于加强困境儿童保障工作的意见》，要求加快形成家庭尽责、政府主导、社会参与的困境儿童保障工作格局。与此同时，精准扶贫一直是政府脱贫攻坚任务的重中之重。北京作为我国首都，是我国经济重点集聚区域，同时又是我国政治文化中心，其困境儿童类别多样，成因复

[①] 李涛、卢金艳、任文欣，北京市协作者社会工作发展中心。

杂且问题突出，需要来自政府、民间、企业等的更多元力量的参与，探索及落实困境儿童救助服务体系，形成困境儿童救助北京模式，为全国困境儿童救助工作提供样本经验。

由此，北京市民政局近年来通过"三社联动"试点工作，全面推进社区、社工和社会组织"三社联动"，以及各级政府向社会组织购买服务，加强对包含困境儿童在内的困难群体的保障及精准救助工作。在 2016 年年底由北京市民政局选择北京市东城区作为困境儿童精准救助试点的背景下，北京市协作者社会工作发展中心（以下简称北京协作者）承接东城区精准救助项目，通过"三社联动"机制建设，整合各方资源，并探索在这一机制下，如何运用专业社会工作方法提升东城区困境儿童的救助质量和水平，为东城区困境儿童带来切实的改变和帮助。同时，探索微观服务与宏观环境改善相结合的"三社联动"困境儿童社会工作精准救助模式，为包含困境儿童在内的困难群体"三社联动"精准救助提供具体可参考的实务路径。

二、服务过程

（一）需求分析（预估）

1.服务对象处境分析

2016 年，北京协作者在东城区民政局的支持下，由社工带领志愿者以及困境儿童所在街道、社区工作人员，开展实地走访调查，所完成的《东城区困境儿童及家庭精准救助需求评估分析报告》显示：35% 的困境儿童身体功能与健康状况不良，超过 50% 的困境儿童父母残疾或遭遇疾病与变故，家庭困境直接影响到儿童的心理健康成长。走访调查资料还表明：30.4% 的困境儿童明显存在心理介入需求；22% 的困境儿童朋辈支持不足，在心理和情绪上是不稳定或是较压抑的，缺少朋辈交往的信心与经验；23.2% 的困境家庭家长心理状况不佳，需要介入；41% 的困境家庭缺乏朋友，社会交往严重不足；近 52% 的困境家庭并不是很了解相关的救助政策。

因此，困境儿童及其家庭需要在医疗救助、自我认同、有效陪伴、提升抵御风险及社会交往能力等方面有所提升和加强。此外，在困境儿童及其家庭遭遇困境时，获得支持具有至关重要的作用，但由于"耻感"等传统观念作祟，大部分困境家庭并不愿意向外寻求支持，也因此特别容易长期陷入困境状态，而包括低保家庭在内的困境家庭也非常容易陷入代际贫困的境地。

与此同时，社工通过走访调查还了解到，困境儿童对于困境的理解可能是"我不会做的一道数学题""我暂时迈不过去的一道坎，但只要我努力，终有一天我能迈过去"。由此可见，困境儿童有很大的内在潜能。而且，近年来随着救助工作的发展与完善，困境儿童及其家庭在不同程度上享有很多救助服务，只是囿于缺乏资源整合以及传统物质帮扶的局限，其问题没有得到解决。

2. 执行项目机构能力分析

从专业基础与经验来看，北京协作者从 2003 年成立至今，主要致力于回应城市化进程中困境群体所面临的问题，逐步形成了"团结协作，助人自助"的核心理念（即注重广泛动员社会参与，在回应服务对象实际需求的过程中，培育、提升服务对象自我服务与服务社会的能力），探索出服务创新、研究倡导与专业支持三位一体的服务模式，构成了扎实的困境群体专业服务基础。

从组织基础来看，北京协作者在开展服务的同时，注重在服务过程中提炼经验，并致力于推动本土社会工作发展，先后在 2007 年、2008 年以及 2016 年将探索出的服务模式复制推广至长江三角洲、珠江三角洲以及山东半岛地区，并通过专业支持等为缺乏资源和经验的本土社会工作机构提供专业咨询、能力建设等服务，提升困境儿童服务机构的服务水平与质量。

从专业力量来看，北京协作者团队共有 22 人，其中，有社会工作专业背景者 13 人，持证社会工作师和助理社会工作师 12 人，有困境儿童 3 年以上服务经验者 9 人。服务团队有着丰富的专业知识与服务经验，可以确保项目高质量实施。

（二）服务计划

本项目服务的困境儿童群体，因为缺乏资源和支持网络等，普遍面临风险应对能力弱、人格难以健全发展、容易陷入代际贫困等问题，北京协作者希望依据社会支持理论，从工具性支持和表达性支持两方面进行介入，综合运用社会工作理念和方法，在为困境儿童提供个案救助、陪伴成长等直接服务的基础上，建立以社区为资源配置平台、以社会组织为服务载体、以社工为专业支撑，引领志愿者、群团组织和企业等服务资源精准对接的多方联动救助资源配置平台，在恢复和增强困境儿童的自我功能的同时，构建困境儿童社会支持网络，探索微观服务干预与宏观环境改善相结合的"三社联动"困境儿童社会工作精准救助服务模式（见图 8-1）。服务时间从 2016 年 12 月至 2018 年 4 月，主要内容包括：

（1）开展针对困境儿童及其家庭的需求评估与分析，精准识别困境儿童需求。

（2）建设困境儿童"三社联动"精准救助机制。

（3）开展个案救助、陪伴成长、同伴小组等社会工作专业服务，提升困境儿童的抵御风险能力及社会资本。

（4）建立一个包括政府、群团组织、企业、基金会等在内的区域资源库，巩固"三社联动"精准救助机制。

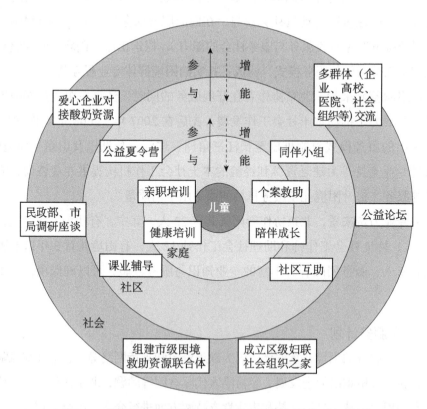

图 8-1 微观服务干预与宏观环境改善相结合的"三社联动"
困境儿童社会工作精准救助服务模式

（三）实施过程

1.组建项目执行小组，保障项目有序开展

在项目成立之初，北京协作者回应项目目标，由机构内 8 名资深社工组建项目执行小组，就项目目标、项目执行方案以及项目购买方需求等内容达成共识，并制定相应推进计划和工作制度，保障项目有序开展。

在项目执行过程中，项目执行小组每周召开项目例会，每月邀请具有丰富支持性项目监测经验的同行予以过程监测与指导，逐步完善执行团队的项目管理与总结提炼能力。

2.开展针对困境儿童及其家庭的需求评估与分析，精准识别困境儿童需求

在项目开展之初，北京协作者社工带领志愿者（社工与志愿者共 120 余人），完成了对 57 户困境儿童家庭的走访调查，通过入户访谈、问卷调查和焦点小组等方式，对服务对象进行了需求评估与分析，并初步建立了联动协作关系；获得了约 3 500 分钟的录音材料，形成了 60 余万字的困境家庭档案，并借助信息化工具完成了走访调查的 57 户困境儿童家庭的家庭地图，进而完成了 2.8 万字的《东城区困境儿童及家庭精准救助需求评估分析报告》。

3.建设困境儿童"三社联动"精准救助机制

在项目成立之初，社工与东城区民政局制定并落实精准救助"三社联动"工作实施方案，探索建立"东城区困境儿童保护与救助联合工作组"，建立长效联动救助服务体系，建立多方联动困境儿童救助长效机制。同时，及时与困境儿童所在社区沟通、对接困境儿童及其家庭的最新情况，定期开展联席会议，每次活动结束后由项目执行社工第一时间发送活动总结，分享活动成效，保障项目有序开展。

社会工作督导卢金艳从社会工作理念的体现与运用方面肯定了项目成效："社工进入家庭绝非易事，每一次拒绝，都值得我们反思。为社工、为公益正名的最好方式就是我们扎根社区，通过我们的行动让服务对象感受到，我们的服务绝不是简单的一次性慰问走访，而是长期的陪伴。也正是因为这种陪伴，我们欣喜地看到了孩子的变化和家长的逐步认同。此外，来自政社企的'陪伴天使'的加入，让项目变得更有力量，让助人自助的实现不是一句空谈。"

4. 开展个案救助、陪伴成长、同伴小组等社会工作专业服务，提升困境儿童的抵御风险能力及社会资本

（1）精准化个案服务。

招募社区工作者、社会组织骨干、社会工作专业学生等，组建社工引领、多方志愿者参与的"陪伴天使"服务团队。在项目开展期间，共有 38 名"陪伴天使"持续为东城区 57 名困境儿童及其家庭开展课业辅导、电话咨询、就业机会提供、医疗资源链接等个性化服务，共计有 523 人受益。

"陪伴天使"潘攀认为："我觉得这个活动非常好，活动的时间比较灵活，真正能够帮助服务对象解决一些问题。我目前做得最多的是课业辅导，帮助孩子学习。我个人觉得这是一件很棒的事情。对孩子来说，好的学习习惯的养成是一件潜移默化的事情。但只要养成了好的学习习惯，孩子将受益终生。"

（2）发展性小组服务。

针对有特殊需求的困境儿童，特别是在自我接纳和社会交往方面存在障碍的儿童，社工开展以提升自信心、抗逆力和人际交往能力为目标的成长小组，并在小组活动中发现和培育骨干，建立困境儿童互助小组，通过朋辈力量解决个案问题。项目期间，社工通过 50 次小组活动，使得 552 名困境儿童受益。

（3）发展性社区活动。

邀请困境儿童及其家长、"陪伴天使"、企业共同参加外出参观联谊活动，促使困境儿童开阔视野，提升社会交往能力，扩大社会资本，初步建立社会支持网络。与此同时，搭建困境儿童及其家庭参与社区公共事务的平台，从活动签到、物资准备，到探望社区孤寡老人、独立开展小组活动等，发挥服务对象的优势和潜能，促进其从受助者成长为助人者。

参与项目的助理社工韩思稳说："困境儿童小甫，通过参加'协作者公益少年营'结识了一群来自珠海的小伙伴，开启了友谊大门，他们一直保持着联系和相互关心。那些温暖的鼓励留在他们心中，在需要的时候将迸发出力量。"

项目期间，社工联结了政府、群团组织、企业以及社区等多元主体，开展了 13 次发展性社区活动，共计有包含困境儿童、社区居民在内的 636 人受益。

（4）社会倡导服务。

开展困境儿童影像发声工作坊活动，培育困境儿童的自我表达和社会表达

能力，传递困境儿童需求，与此同时，通过大型社会倡导活动等，展现困境儿童的生命故事，传播多方联动精准服务理念，提升公众对困境儿童救助工作的认识和了解，倡导多元参与的社会工作精准救助服务理念和方法。项目期间，社工共开展 7 次困境儿童影像发声工作坊活动，共计有 80 人受益。

5. 建立一个包括政府、群团组织、企业、基金会等在内的区域资源库，巩固"三社联动"精准救助机制

项目期间，社工结合困境儿童需求，逐步绘制困境儿童精准救助地图，并建立以社区为资源配置平台、以社会组织为服务载体、以社工为专业支撑，引领志愿者、群团组织和企业等服务资源精准对接的多方联动救助资源配置平台，建立一个由政府、群团组织、企业、基金会等多元群体组成的"救助－治疗－预防－发展"四位一体的分类救助区域资源库，在恢复和增强困境儿童的自我功能的同时，整合资源，构建困境儿童社会支持网络，同时为困境儿童"三社联动"精准救助长效机制建设提供有力保障。

东城区民政局时任副局长曲燕中在活动总结中谈及："从活动前孩子们热情地介绍活动内容，到活动现场孩子们和社工的展示，可以看出他们发自内心地快乐。作为北京市的试点项目，东城区民政局对此特别重视。北京协作者开展的一系列救助服务，取得了比较突出的成绩。"

三、服务成效

（一）发挥社会工作在困境儿童精准救助中的专业力量

社会工作既是一种职业，又是一支人才队伍，也是一个专业的概念。回归社会工作本身，源起于睦邻友好运动的社会工作的最早发端就是进行救助工作。精准救助，在 2013 年习近平总书记在湖南考察时首次提出"精准扶贫"这一理念后，在相对行政化、半行政化的社会救助背景下，强化"精准"，其实也是回归了社会工作的救助本质。

北京协作者通过开展困境儿童"三社联动"精准救助行动发现，相对于传统物质帮扶，社会工作在精准救助方面可以发挥以下三方面功能。

（1）权益保障。社会工作的基本原则是维护公平、正义，目前的救助工作

中存在一些不公正的现象，通过实地走访以及与精准救助系统的对接，社工可以动态评估困境家庭需求，并保障其享有相应权益。

（2）社会工作三大原则助力精准救助。缺少权益视角的救助工作、粗放式的救助工作都极可能将救助对象边缘化。在救助工作中可以参考社会工作三大原则（为服务对象而服务、服务对象利益最大化、个别化），针对不同服务对象，因人因地施策，最大限度地保障救助工作的精准。

（3）发挥社会工作专业的服务力量。社会工作实务通用过程模式对解决问题的基本步骤进行提炼，并拥有一套相对完备的理论体系与实务操作流程等，可为救助工作的开展提供技术保障。

（二）困境儿童精准救助实施路径

1. 精准识别困境儿童

（1）建立多方共享的动态精准评估机制。

困境儿童及其家庭的问题的形成有不同原因，既有物质和精神层面的共性需求，也有个性化需求，还有一些隐性需求。

首先，需要建立一个精准的评估机制，有针对性地精准评估困境儿童需求。在进行需求评估时，应尽量避免单向沟通与任务式的访谈，同时需秉持优势视角，在看到问题的同时，多角度地评估困境儿童的优势，为后期困境的解决搜集资源。

其次，精准评估机制应该是动态的。因为困境儿童及其家庭的需求会因时间和环境的变化而发生变化，因此，应建立动态监测评估机制，至少每半年开展一次评估。

最后，评估数据应多部门共享。在项目开展期间，精准救助系统能够实现对包含困境儿童在内的困难群体信息的共享，使各方能全面掌握救助对象的需求及动态，避免重复救助等导致资源浪费，进而实现更精准的救助。

（2）精准识别困境儿童基本类型及处境，分类开展救助。

在项目开展前期，北京协作者社工带领志愿者，通过社区走访、电话访谈等方式开展初步筛查与需求动态评估，了解困境儿童及其家庭的情况，完善家庭档案，绘制服务地图。

2.使用综合性困境儿童社会工作精准救助介入模式，精准回应困境儿童的个性化需求

首先，项目以社会支持理论为依据，从工具性支持和表达性支持两个角度介入，在提供直接服务的基础上，通过改善困境儿童个人、困境儿童群体和社会环境，注重社会成员身份、尊重等表达性支持，建立多元参与的社会支持系统，最终增强困境儿童的内在改变动力。如在项目开展期间，在个案工作层面，组建由多元群体构成的"陪伴天使"服务团队，对困境儿童开展一对一的情感、学习与成长陪伴。在小组工作层面，结合困境儿童的需求，开展影像发声工作坊等系列小组活动，提升困境儿童的表达能力和抵御风险能力。在第一期项目需求评估与初步社会支持网络建设的基础上，在第二期项目中，根据对困境儿童情况的持续跟进，社工还会在社区层面搭建有助于困境儿童参与社区公共事务的平台，如利用困境儿童及其家长的特长，开展象棋小组、篮球小组以及手工丝网小组等社区互助小组活动。随着项目的开展，社工不仅促进困境群体内部的相互交流与相互支持，而且根据服务内容推动困境群体与社区居民逐步融合与互助。在社会层面，通过大型社区活动邀请困境儿童代表与政府工作人员、专家学者对话，或者通过开办公益成长故事展览、媒体报道等方式，向社会公众倡导对困境儿童及其家庭的全面认识与关注。

其次，困境儿童及其家庭项目的设计与实施抓住精准二字，切实以困境儿童的个别化需求为服务切入点，进而影响和改善困境儿童个人、困境儿童群体和社会环境，从微观、中观及宏观三个层面将直接服务与能力建设、资源链接结合起来，综合性地对困境儿童进行干预，突破了传统的单一、单向、静态的救助服务的局限。

（三）整合多方资源，发挥"三社联动"机制在困境儿童精准救助中的可持续保障作用

《东城区困境儿童及家庭精准救助需求评估分析报告》显示，当前多部门对困境儿童及其家庭问题的介入，因缺乏联动而导致多部门多条任务线，并且都依赖社区开展工作。而社区行政性事务较多，加上社区相关工作人员的专业能力、所掌握资源和政策授权是非常有限的，在多部门没有形成联动机制的情况

下，社区相关工作人员无法有效深入回应困境儿童需求，而是疲于奔命，工作压力大，消极应对或逃避问题。这就导致了困境儿童及其家庭问题表面上谁都在管，但是谁都没能持续深入地有效回应需求的局面。

所以，结合北京协作者对困境儿童"三社联动"精准救助的实践经验，要回应困境儿童及其家庭的需求，需要整合多方资源，组成"救助联合工作组"，建立长效联动救助服务机制，实现"救助信息联通，救助资源联合，救助活动联办，救助技术联动"，充分发挥各方优势，及时回应困境家庭的迫切需求，实现对社区困境人群的精准介入。同时，这样可以降低社区或某个部门单方面介入困境儿童救助服务的压力和成本，减少困境人群给社区发展带来的潜在风险。

"三社联动"机制是以社区为平台、以社会组织为载体、以社工为支撑的新型社区服务管理机制，以政府购买服务为牵引，在市区两级政府的引导下，通过社工提供专业化、针对性服务，把矛盾化解在社区。以助人自助理念为指导的社会工作注重在救助工作中挖掘困境儿童的潜能，通过资源整合，在社区中搭建参与公共事务的平台，在拓展困境儿童视野的同时，培育困境儿童的公益视角与问题解决能力，以促进更持续有效地抵御风险。

（四）社工引领多元群体组建"陪伴天使"服务团队，扩大困境儿童及其家庭的社会支持网络，促进不同群体间的接纳与互助

困境儿童由于缺乏资源或支持网络，因而风险应对能力弱、容易陷入代际贫困。在项目开展初期，北京协作者经过招募、面试、试服务，组建"陪伴天使"服务团队，在回应困境儿童在学习成长、情感陪伴等方面的需求的同时，增强社会主流群体对困境儿童群体的认识，进而扩大困境儿童及其家庭的社会支持网络。

多元群体参与的"陪伴天使"服务团队的建设，是"三社联动"困境儿童社会工作精准救助模式探索的有效方法之一，很好地整合了社会各方资源，精准化地回应了困境儿童个性化的需求，与此同时，促进了包含困境儿童及其家庭在内的社会不同群体之间的接纳、包容与互助，推动了家庭尽责、政府主导、社会参与的困境儿童保障工作格局的形成。

（五）加强项目经验提炼与复制推广，探索"社会组织联动多方力量参与精准救助"的服务模式

由于困境儿童需求和问题成因的复杂性，以及在政府主导、社会力量参与的协同治理中，社区与社会组织本身专业水平参差不齐，在很长一段时间内，困境儿童救助工作难以有效推进和促进困境儿童及其家庭需求得到切实回应。所以，北京协作者在项目开展期间，非常重视项目经验的提炼与复制推广，希望通过社会工作参与"三社联动"精准救助项目经验的有效推广，回应更多包含困境儿童在内的困境群体的需求。

本项目的持续开展增强了困境儿童及其家庭对社会工作参与精准救助项目的正确认识，从之前部分服务对象对社会工作开展精准救助存在很大的质疑甚至是排斥，到后来他们对政府购买社会服务开展精准救助有了更多的认可和好评。2017 年 11 月 15 日，东城区一低保家庭通过所在辖区居委会推荐，来到北京协作者主动寻求帮助，希望能够为其提供相关服务，改善其困境现状。社会工作参与精准救助的模式正逐渐被街道和社区接受。

在政策影响方面，北京协作者多次参与北京市民政局等组织的调研工作会议，就北京协作者开展的"三社联动"精准救助工作进行汇报，各级领导对项目所取得的成绩以及"三社联动"精准救助模式予以肯定，并提出不断加强社会工作参与社会救助的专业力量的建议。

2018 年 3 月 30 日，北京协作者作为唯一一家受邀的社会工作机构，结合东城区"三社联动"社会工作精准救助项目经验，就如何开展个案管理为全市16 个区社救科、低保中心、社工科、民政科的 50 余名代表做经验分享，助力全市精准救助工作的专业化建设。

2018 年 4 月 3 日，北京协作者与东城区妇联共同发起成立全市首个妇联社会组织之家，旨在为服务东城区妇女儿童及其家庭的社会组织搭建平台，整合街道－社区－社会组织多方资源，回应包括困境儿童及其家庭在内的困境群体的需求。

2018 年 4 月 12 日，北京协作者联合先河社会工作服务中心、北京市社会组织发展服务中心组建"首都精准救助资源联合体"，希望通过整合资源，构建政府、社会和市场多方参与的网格化、立体化和参与式的救助体系，探

索"社会组织联动多方力量参与精准救助"的服务模式,共同做好首都精准救助工作,同时,为其他开展精准救助服务的组织提供咨询、培训、指导等支持。

四、总结反思

(一)困境儿童精准救助专业服务人才队伍,需要回归社区

困境儿童性别比失衡、年龄差距较大,难以统一时间开展服务。与此同时,多元化的需求及困境成因,对服务关系的建立提出了更高的要求。在"陪伴天使"服务团队建设过程中,虽然社工动员参与过2016年"三社联动"困境儿童社会工作精准救助项目的"陪伴天使"持续参与服务,但是由于大部分青年志愿者时间所限,只有少数人可以持续参与服务。

所以,社工一方面需要培育和建立一支困境儿童服务的专业社会工作人才队伍,通过开展个案管理,协助困境儿童及其家庭建立起正式和非正式的社会支持网络,链接支持资源,提升面对困境的抗逆力;另一方面需要增强对困境儿童所在社区的社区工作者、居民骨干的动员及培育。

(二)构建困境儿童精准救助资源联合体

困境儿童问题分类复杂,包含困境儿童在内的困难群体数量庞大,传统的以物质帮扶为主的救助方式,难以回应困境儿童的多元化需求,这就需要大量专业社会工作服务机构及专业社会工作人才在政府的引导下投入救助工作,但目前在开展困境救助工作的社会工作机构中,专业社会工作人才数量和服务质量都亟待进一步提升。此外,困境儿童有残障照顾、就学帮扶、职业训练、心理康复等复杂而多元的需求,这就需要各个机构间形成相互转介机制。

针对此问题,北京协作者联合多家机构共同发起建立"首都精准救助资源联合体",并探索"社会组织联动多方力量参与精准救助"的服务模式。

第二节 教学手册

一、教学目标与案例用途

（一）教学目标

进一步加深学生对儿童社会工作及社会救助社会工作理论与实务模式的学习；通过服务案例呈现，引发学生对当前儿童保护、社会救助模式、政策、服务的思考；剖析"三社联动"在社会救助中发挥的作用，探索微观服务与宏观环境改善相结合的"三社联动"困境儿童社会工作精准救助模式，为包含困境儿童在内的困难群体"三社联动"精准救助提供具体可参考的实务路径。

（二）适用对象

本案例适用于社会工作专业硕士研究生及高年级本科生、社会工作领域的研究者与实务社工、非营利组织管理者等。

（三）适用课程

本案例适用于"儿童社会工作""社会救助社会工作""社区社会工作""社会政策""社会工作概论""社会工作实务"等课程。

二、启发思考题

（一）"精准救助"在困境儿童社会工作服务中是如何体现与实践的？

答题思路：

（1）精准识别服务对象的需求。甄别和发现服务对象的需求是开展社会工作的前提。随着社会的发展，服务对象的需求越来越多元化、个性化。除了物质和经济方面的需求外，服务对象心理、社会、情感、文化等方面的需求也在不断增多。在本案例中，北京协作者通过实地走访调查开展服务对象初步筛查与需求动态评估，了解困境儿童及其家庭的共性及个性化需求。

（2）通过专业多元服务精准回应服务对象的个性化需求。针对不同服务对象的特殊情况，社会救助社会工作所能够提供的救助期限、救助形式以及救助服务数量差异很大，内容丰富，种类多样。在本案例中，北京协作者开展的困境儿童及其家庭项目的设计与实施抓住"精准"二字，切实以困境儿童的个别化需求为服务切入点，进而影响和改善困境儿童个人、困境儿童群体及社会环境，从微观、中观及宏观三个层面将直接服务与能力建设、资源链接结合起来，综合性地对困境儿童进行干预，突破了传统的单一、单向、静态的救助服务的局限。

（3）通过精细化的项目管理保障服务质量。项目管理是指在一定时间内为了达到特定目标而调集到一起的各种系统资源和人员，以及为了取得特定成果而开展的一系列相关活动。在本案例中，北京协作者严格遵守"项目需求—项目目标—项目内容—项目方法"的设计与实施逻辑，并在救助行动中不断检验与反思方法是否有效、项目活动设计能否回应困境儿童需求等问题。

（二）社会工作理念指导下的困境儿童精准救助服务与传统的救助服务相比，有什么特点？

答题思路：

兜底线、保基本、救急难、促发展是社会救助的工作原则。其中，"促发展"强调了社会救助不是简单的给予、消极的救助，而应当注重激发救助对象摆脱贫困的内生动力，提升其自我发展能力。近年来，随着救助工作的完善，困境儿童及其家庭在不同程度上享有很多救助服务，但是缺乏资源整合以及传统物资帮扶的局限，导致其问题没有得到解决。在本案例中，北京协作者设计实施的项目以社会支持理论为依据，从工具性支持和表达性支持两个角度介入，在提供直接服务的基础上，通过改善困境儿童个人、困境儿童群体和社会环境，注重社会成员身份、尊重等表达性支持，建立多元参与的社会支持系统，最终增强困境儿童的内在改变动力，提升困境儿童抵御风险的能力，扩大其社会资本与社会支持网络。

（三）助人自助是社会工作服务的核心理念。面对处于困境的儿童，北京协作者是如何在救助服务中实践助人自助理念的？

答题思路：

助人自助是社会工作的核心理念。北京协作者社工针对因缺乏资源和社会支持网络而容易陷入代际贫困的困境儿童，通过专业社工带领多元群体组成

"陪伴天使"服务团队开展一对一陪伴成长等个案服务，并开展多群体交流活动等直接服务扩大困境儿童的视野，促进其社会支持网络的建设。"三社联动"机制是以社区为平台、以社会组织为载体、以社工为支撑的新型社区服务管理机制，以政府购买服务为牵引，在市区两级政府的引导下，通过社工提供专业性、针对性服务，把矛盾化解在社区。以助人自助理念为指导的社会工作注重在救助工作中挖掘困境儿童的潜能，通过资源整合，在社区中搭建参与公共事务的平台，在拓展困境儿童视野的同时，培育困境儿童的公益视角与问题解决能力，以促进更持续有效地抵御风险。

（四）"三社联动"模式是如何应用于困境儿童精准救助工作的？

答题思路：

结合北京协作者对困境儿童"三社联动"精准救助的实践经验，要回应困境儿童及其家庭的需求，需要整合多方资源，组成"救助联合工作组"，建立长效联动救助服务机制，实现"救助信息联通，救助资源联合，救助活动联办，救助技术联动"，充分发挥各方优势，及时回应困境家庭的迫切需求，实现对社区困境人群的精准介入。同时，这样可以降低社区或某个部门单方面介入困境儿童救助服务的压力和成本，减少困境人群给社区发展带来的潜在风险。

（五）困境儿童精准救助的实施路径是怎样的？

答题思路：

（1）开展针对困境儿童及其家庭的需求评估与分析，精准识别困境儿童需求。

（2）建设困境儿童"三社联动"精准救助机制。

（3）开展个案救助、陪伴成长、同伴小组等社会工作专业服务，提升困境儿童的抵御风险能力及社会资本。

（4）建立一个包括政府、群团组织、企业、基金会等在内的区域资源库，巩固"三社联动"精准救助机制。

三、分析思路

教师可以根据自己的教学目标来灵活使用本案例。这里提出本案例的分析思路，仅供参考。

（一）儿童保护方面

导致儿童深陷困境的因素是什么？如何运用小组工作提升儿童的抗逆力？如何构建以儿童为中心的社会支持网络？如何保障儿童优先原则？

（二）社会救助方面

如何理解精准救助？困境儿童精准救助的目标是什么？困境儿童精准救助的服务特点是什么？困境儿童精准救助中社会工作服务理念是如何体现的？困境儿童精准救助服务开展的依据是什么？困境儿童精准救助服务的内容和方式有哪些？

（三）社会政策与社会服务方面

我国困境儿童社会救助的主要政策是什么？社会政策如何促进和引导困境儿童精准救助？社会政策与精准救助的关系如何？如何发挥"三社联动"在精准救助工作中的作用？

（四）以服务对象为本的社会工作方面

如何在精准救助工作中体现以服务对象为本？社会工作理念与方法如何运用在具体的案例当中？如何识别和梳理社区资源？如何通过项目管理保障社会工作专业服务的质量？如何建立和发展志愿者队伍？

四、理论依据与分析

（一）社会支持理论

社会支持网络，是指由个人之间的接触所构成的关系网络，通过这些接触（关系网络），个人得以维持其身份，并获得物质、情感、服务、信息等支持。社会支持包括正式的社会支持和非正式的社会支持。前者是指正式的社会组织（如政府、慈善组织等）给予的支持，后者是指来自亲友、邻里、同事等人际互助网络的支持。

社会支持理论为社工提供了系统分析问题的视角。它将服务对象置于个人、家庭、组织、社区和社会的关系网络之中，以社会支持和资源获取为重点，帮助服务对象构建新的社会支持网络。社会支持理论被广泛应用于低保困难家庭服务、老年人照顾、流浪儿童保护、农村妇女能力提升等多个社会工作服务领域。在本案例中，社工就运用了社会支持理论，协助困境儿童建设并加强社会支持网络。

从内容上看，社会支持包含表达性支持和工具性支持。前者一般是分享感受、宣泄情感、肯定自己和他人的价值与尊严，表现为心理支持、自尊支持、情感支持和认可；后者是通过运用人际关系达到某种目的，表现为有形支持与解决问题的行动等。

（二）增强权能理论

增强权能取向的社会工作认为，个人需求得不到满足和问题出现是环境对个人压迫的结果，社工在为服务对象提供帮助时应该注重增强服务对象的权能，以对抗外在环境和优势群体的压迫。增强权能取向的社会工作注重独特的助人过程，包括：一是社工与服务对象建构起协同的伙伴关系；二是重视服务对象的能力而非缺陷；三是注重人与环境这两个工作焦点；四是确认服务对象是积极的主体，告知其应有的权利、责任、需求及申诉渠道；五是以专业伦理为依据，有意识地选择长期处于"缺权"状态的人作为服务对象。

（三）"三社联动"

2017年6月，中共中央、国务院印发《关于加强和完善城乡社区治理的意见》，从完善城乡社区治理体系的维度提出统筹发挥社会力量的协同作用，"推进社区、社会组织、社会工作'三社联动'"。这是首次在中央文件中明确"三社联动"概念。然而，在这里，社会组织和社会工作扮演外来的专业服务提供者的角色，社区扮演被服务者的角色。这一类建设形式，其优点是见效快，服务专业性强，但缺点是社区内在动力被压抑，容易产生依赖性。而外来的社会工作服务机构出于对争取政府购买服务的需求，会强调自身的不可替代性，"三社联动"很难转化为社区内在的可持续机制。

结合北京协作者的试点经验总结，我们认为"三社联动"是指政府引入社会组织等专业力量，政社合作，将外部的专业支持与社区内在资源有机整合，推动社区内外各类组织之间、各个利益群体之间、各种社会力量之间的良性互动，以社区为资源配置平台、以社会组织为服务载体、以社工为专业支撑，优化配置三方资源，构建以培育社会组织、发展社会工作、促进社区参与为格局的"三社联动"机制。

五、背景信息

本项目在东城区民政局的支持下，持续开展了三期，为东城区困境儿童问题的系统和综合解决提供了保障。2016 年，北京协作者"社会支持视角下的困境流动家庭社会工作服务示范暨'三社联动'机制建设项目"获评北京市"三社联动"服务示范项目；2019 年，北京协作者"社会支持视角下'三社联动'困境儿童社会工作精准救助项目"获评 2018 年度全国百优社会工作服务案例。本案例中提到的小甫等儿童，后续也一直持续参与北京协作者的志愿服务活动。

六、关键要点

（1）社会工作价值观在服务中的具体应用实践。

在本案例中，社会工作在精准救助工作中的运用与实践体现在：其一，为服务对象而服务；其二，服务对象利益最大化；其三，个别化。针对不同服务对象，因人因地施策，最大限度地保障救助工作的精准。

（2）助人自助理念在服务设计与实施中的具体应用实践。

在本案例中，社工与服务对象建立同行者的关系，从前期的需求评估，到服务活动的开展，注重发掘和激发服务对象的潜能，并将其培育为自我服务与服务他人的助人者。

（3）社会支持网络的构建。

在本案例中，通过资源协调与整合，社工调动了主流人群和部门与困境儿童携手，建立了多元参与的社会支持系统，最终增强了困境儿童的内在改变动力。

（4）"三社联动"机制在精准救助服务中的功能发挥。

七、建议课堂计划

本案例可以设置专门的案例课来进行讨论。以下是按照儿童保护、社会救助、社会政策与社会服务以及以服务对象为本的社会工作四个方面设计的建议课堂计划，仅供参考。

（一）儿童保护方面

建议在"儿童社会工作""小组社会工作""社会救助社会工作""本土社会工作实务""社会工作的通用过程"等课程中使用，时间安排为80～90分钟。

1. 课前计划

提出启发思考题，请同学们在课前完成案例阅读和初步思考。

2. 课中计划

简要回顾案例内容（5分钟），以分组的方式组织讨论以下问题（30分钟）：导致儿童深陷困境的因素是什么？如何运用小组工作提升儿童的抗逆力？如何构建以儿童为中心的社会支持网络？如何保障儿童优先原则？

小组发言（每组5分钟，总时间控制在30分钟左右）。

引导全班进一步讨论，并进行归纳总结（15～20分钟）。

3. 课后计划

如有相关实习，可结合课堂所学知识，设计开展以儿童为中心的、以提升儿童抗逆力为目标的小组，通过实践深化对所学知识的应用。

（二）社会救助方面

建议在"社会救助社会工作""本土社会工作实务""社会工作实习"等课程中使用，时间安排为80～90分钟。

1. 课前计划

提出启发思考题，请同学们在课前完成案例阅读和初步思考。

2. 课中计划

简要回顾案例内容（5分钟），以分组的方式组织讨论以下问题（30分钟）：

如何理解精准救助？困境儿童精准救助的目标是什么？困境儿童精准救助的服务特点是什么？困境儿童精准救助中社会工作服务理念是如何体现的？困境儿童精准救助服务开展的依据是什么？困境儿童精准救助服务的内容和方式有哪些？

小组发言（每组 5 分钟，总时间控制在 30 分钟左右）。

引导全班进一步讨论，并进行归纳总结（15～20 分钟）。

3. 课后计划

如有相关实习，可结合课堂所学知识，反思救助服务工作的开展，并通过实践验证社会工作在精准救助工作中的功能发挥。

（三）社会政策与社会服务方面

建议在"社会救助社会工作""社会政策""本土社会工作实务"等课程中使用，时间安排为 80～90 分钟。

1. 课前计划

提出启发思考题，请同学们在课前完成案例阅读和初步思考。

2. 课中计划

简要回顾案例内容（5 分钟），以分组的方式组织讨论以下问题（30 分钟）：我国困境儿童社会救助的主要政策是什么？社会政策如何促进和引导困境儿童精准救助？社会政策与精准救助的关系如何？如何发挥"三社联动"在精准救助工作中的作用？

小组发言（每组 5 分钟，总时间控制在 30 分钟左右）。

引导全班进一步讨论，并进行归纳总结（15～20 分钟）。

3. 课后计划

可结合课堂所学知识，查询目前关于困境儿童精准救助的社会政策，评估政策实施效果，并反思如何优化社会政策对社会工作服务的促进和引导作用。

（四）以服务对象为本的社会工作方面

建议在"社会工作概论""本土社会工作实务""社区社会工作"等课程中使用，时间安排为 80～90 分钟。

1. 课前计划

提出启发思考题,请同学们在课前完成案例阅读和初步思考。

2. 课中计划

简要回顾案例内容(5分钟),以分组的方式组织讨论以下问题(30分钟):如何在精准救助工作中体现以服务对象为本?社会工作理念与方法如何运用在具体的案例当中?如何识别和梳理社区资源?如何通过项目管理保障社会工作专业服务的质量?如何建立和发展志愿者队伍?

小组发言(每组5分钟,总时间控制在30分钟左右)。

引导全班进一步讨论,并进行归纳总结(15~20分钟)。

3. 课后计划

如有相关实习,可结合课堂所学知识,反思社会工作理念与方法在困弱群体社会救助服务中的应用。

八、教辅材料

本案例包含如下教辅材料:《让爱永远陪伴——北京协作者困境儿童"三社联动"社会工作精准救助项目专题通讯》。

请扫描二维码获取教辅材料。

专题通讯

案例九 ｜ 儿童友好服务推动社区治理

摘要： 社区活力的激发、社区自组织的培育对社区治理有着重要的作用。春雨社工针对安居社区居民社区参与不足、社区自组织缺乏等状况，运用专业的社区工作方法和技巧，通过提供儿童友好服务和培育儿童自组织，激发社区活力，进而带动和推进中青年居民的社区参与。春雨社工通过动员和培养居民骨干、培育和赋能社区自组织、营造社区支持网络、开发社区自治项目、丰富社区资源供给等服务，积极推动居民参与社区建设，以众人之力，推动社区创新，推进社区的幸福和谐、发展进步。

关键词： 儿童友好　社区自组织　社区工作　社区自治

第一节　案例

一、案例背景

2018 年，受某银行基金会的委托，春雨社工将在安居社区开展为期三年的社区社会工作服务。安居社区系某高校教职员工家属居住区，银行基金会希望通过购买社会组织的专业服务，提升居民生活品质，增加该高校对银行的认同，稳定银行与该高校的合作关系。

---

① 李雪，哈尔滨商业大学法学院。

（一）某银行基金会

该银行基金会系成立于 2016 年的资助型非公募基金会。其资金由某中小商业银行、银行下属子公司及高管捐赠。银行基金会重点关注社区建设，希望通过完善社区服务、激活社区资源、培育社区自组织，营造互助、互信的社区文化，提升社区居民的生活品质。

（二）春雨社工

春雨社工成立于 2016 年 9 月，是以"助人自助、专业服务、赋权增能、和谐共进"为宗旨，为个体、团体、社区和社会提供专业社会工作服务的社会组织。春雨社工的负责人及骨干力量均为高校社会工作系师生，在以社会工作专业方法服务群体与社区方面具有一定经验。

（三）安居社区

安居社区位于城市中心城区，距离某高校 300 米，是该校青年教职员工及其家属的居住区。安居社区共有高层住宅楼 6 栋，中间有一空地，为社区广场，地下有二层车库。社区内有一独栋三层建筑，系高校附属幼儿园。

安居社区共有家庭 700 余户，常住人口近 3 000 人。社区居民以高学历的中青年居多，儿童家庭较多，帮助子女带孩子的老年人也比较多。居民之间比较熟悉，是典型的"单位社区"和"高教社区"。

社区物业由该高校后勤服务中心下属物业公司负责，但因服务品质多次被社区居民投诉。社区无业主委员会，有较少的老年人文体娱乐团体。2008 年，安居社区划归地方即滨江区临江街道办事处管理。临江街道办事处在此地设置了安居社区居委会，并购买了一处总面积为 566 平方米的房产，其中一部分翻修为居委会办公场所，另一部分建设为安居社区睦邻服务中心，内设居民活动室、图书馆、家长学堂、乒乓球室、棋牌室、儿童服务中心、老年人日间照料室等，但开放程度有限，使用率低。

二、服务过程

（一）需求评估

春雨社工通过社区走访、与居委会工作人员座谈、网格员访谈、居民访谈等方式，对社区进行情况摸底和需求评估，发现社区居民在以下方面有服务需求。

1. 社区公共空间缺乏

安居社区占地面积小，由于面积限制及社区规划等，室外公共空间比较狭小，且冬季会形成寒冷凛冽的"高楼风"，导致居民不得不减少散步等户外活动。

社区睦邻服务中心虽场所面积大，但对居民限制颇多，仅有一个乒乓球室、一个装修简陋的空房间可供居民定时使用，其余场地多是"铁将军"把门。这让社区居民有颇多怨言，还有居民因为这个事情去街道办事处投诉过，和居委会也闹得不可开交，但最后都不了了之。

2. 居民社区参与和社区自治需求

安居社区为单位社区，居民之间多相互熟识，形成了天然的互助网络，社区内聚力较强，但是社区居民仍然缺乏参与、治理、影响和改变社区的机会和途径。用他们的话说就是："大伙儿是挺抱团的，但没能人牵头，什么事情都办不成！"他们说的"事情"，是他们曾在社区里尝试过开办儿童绘本馆，也曾经想做社区居民夏日音乐会，以及曾多次同居委会交涉社区睦邻服务中心的场地使用问题，但出于种种原因，最终都没能实现。

3. 对优质社区服务的渴求

安居社区的居民多为高校教师，大多了解和经历过有成熟服务的社区生活，对优质的社区服务还是很渴求的，尤其是在自己成为父母后，他们对优质社区服务非常向往。

（二）服务目标

1. 总体目标

以推进安居社区居民社区参与和社区自治为目标，从居民共同的需求出发，运用专业的社区工作方法和技巧，发展安居社区居民的互助、自助精神，培养社区自组织和社区领袖，推动居民积极参与社区建设，协助社区完成自组织、自治的发展过程。

2. 阶段性目标

第一年：在情况摸底和需求评估的基础上，与社区居民建立专业关系，开发和实施有针对性的社区服务方案，促进居民参与，形成社区若干服务品牌，探索符合安居社区特点的可能服务模式和工作框架。

第二年：发掘和培育居民骨干，探索和培育社区自组织。在引导居民骨干和社区自组织提供社区服务、满足居民需要的同时，推动社区居民组建自己的支持网络，相互扶持和帮助。

第三年：动员居民发现、聚焦社区公共议题，并探索社区公共议题的项目转化，引导社区自组织参与社区服务和社区自治，解决社区问题，推动社区发展。

（三）服务计划

1. 开展多种社区服务，培育社区居民骨干和社区自组织

（1）发掘和培育居民骨干。在居民互助小组和社区活动中，识别和发掘居民骨干，为其开设骨干支持和陪伴服务，提升居民骨干的社区领导和服务能力，为居民骨干的发展创造良好的支持环境，推进社区自组织的可持续发展。

（2）探索和培育社区自组织。针对社区内的共性问题和需求，动员和组织社区居民组成互助团体，鼓励社区居民组建自己的支持网络，相互扶持，相互帮助。

2. 开发社区自治项目，推动居民参与社区治理、激发社区活力

（1）整合社区的资源优势，征集社区发展提案，动员居民积极参与社区建设。动员社区居民从社区共性需求出发，将社区公共议题变成社区发展提案，积极参与社区治理。

（2）探索培育、孵化社区居民自治的项目。在征求社区发展提案的基础上，探索社区公共议题的项目转化，尝试用项目化的运作方式解决社区面临的实际问题，以面对和解决社区公共议题，满足社区居民的发展需求。

（四）服务实施

1. 社区准入与关系建立

在项目确定后，春雨社工负责人拜访了街道办事处的王主任。王主任表示欢迎社会组织为居民提供服务，并介绍了安居社区的情况，提到居委会共有7名社区工作人员，但因社区行政事务繁多，社区工作人员缺少时间和精力，加上"不太会"运营睦邻服务中心，所以除了乒乓球室经常有零散的居民使用，其他房间一直处于闲置状态，并表示如果春雨社工能够把睦邻服务中心运营起来，"对我们来说也是好事"。他通过电话与安居社区居委会的赵主任进行了联系，赵主任同意春雨社工入驻，并约定了见面时间。

在约定时间，春雨社工项目主任梁女士与两名项目社工来到安居社区居委会拜访赵主任。社工们介绍了项目详情，包括目标、内容、计划、成果和产出等，并期待社区能在居民沟通、场地使用等方面提供便利。赵主任对项目表示认可，也同意社工提出的场地使用请求，但提出两点要求：一是社工开展活动时必须有社区工作人员在场，而且只能在上班时间使用睦邻服务中心的场地；二是社工开展的所有活动，都要写新闻通稿，并标明社区居委会和社会组织联合举办。双方沟通愉快友好，初步达成共识。

2. 社区动员："一颗种子引发的成长故事"

（1）活动设计和成员招募。

对于选择什么服务作为社工进入社区的"敲门砖"，团队内部讨论了很久。虽然安居社区中中青年居民居多，但这个群体往往是社区中最难动员的群体。所以，团队还是决定把服务对象确定为社区里更有参与热情和参与时间的老人和儿童。

在向居委会征求意见时，赵主任表示马上就到6月也就是"儿童月"了，建议开展儿童活动。于是，社工把目标人群锁定为社区儿童。那开展什么活动呢？针对需求评估时居民提到的社区绿地面积少的问题，社工们想开展与植物有关的服务。再结合这个社区中儿童父母的高级知识分子身份，团队就设计了一个小组活动："小园丁·大自然"——安居社区儿童科学启蒙小组。

社工们提供了几种植物种子，以及相应的种植土和种植盆，在社区中招募小园丁。儿童可以按照自己的喜好过来申领，在这个夏天种植植物，观察、记录植物的生长过程。小园丁们每两周聚会1次，分享植物的变化和各自的观察，同时开展各种实验，形成自己的种植日记和研究报告。

在形成小组初步服务方案后，社工向社区工作人员以及几位社区居民征求了意见，并进行了修订和完善。在 5 月的最后一周，社工在社区内张贴了活动招募海报（见图 9-1），在社区居民群里发布了招募信息。社工陆续接到 16 个咨询和报名电话，经过简单沟通和筛选后，初步确定了 12 名儿童，他们将成为春雨社工在安居社区的第一批服务对象。

"小园丁·大自然"——安居社区儿童科学启蒙小组招募啦！

你可知道种子的生命历程？

世界上的植物大多是由小小的种子发育而成的，但一颗种子最开始变成一株植物的时候会发生什么呢？通常，我们是无法观察到整个过程的，因为大多数种子是被深埋在土壤里的。但是，你可以建立自己的植物观察站，对种子萌发、植物成长的全过程进行了解。

我们的开组计划

小组名称："小园丁·大自然"——安居社区儿童科学启蒙小组

小组内容：恰逢春夏，万物生长。我们为儿童提供花盆、泥土和一袋种子，以及一个关于植物成长的计划和梦想。希望在您家里的阳台上展现一个小小的大自然，给儿童提供一个探索的空间，满足儿童的好奇心和探究欲望。我们会为儿童准备种植计划书、观察日志、科学实验的方案和相应工具。我们会定期和儿童相聚，讨论他们的观察、他们的实验、他们成功的经验和失败的教训，以及他们对自然的观察和发现。欢迎父母一起加入我们的计划，为创造理想的儿童成长情境而努力！

招募对象：安居社区 5~12 岁的儿童

招募人数：12 名

启动时间：6 月 1 日上午 9：30

启动地点：安居社区睦邻服务中心

报名方式：电话报名或扫描二维码进群

图 9-1 活动招募海报文案

6月1日，共有9名儿童和他们的家长来到睦邻服务中心，另外3人由于各种原因未能出席。安居社区居委会和春雨社工举行了一个简短的启动仪式，之后两名社工正式亮相。在进行自我介绍后，社工介绍了这个活动的目的、内容、流程和要求，也请孩子们逐一进行自我介绍，并介绍各自的种植目标和种植计划。

小雪（化名）说，她种植小猫草是为了给邻居家的猫咪"小六"吃，因为没见过猫咪吃草，所以想看看；壮壮（化名）说，种植生菜就可以在吃汉堡时，去花盆里摘一片生菜叶子，放到汉堡里，咔哧咔哧吃掉；选择种植香菜的小宁（化名）说，妈妈说香菜很贵，所以就想自己种种看；佳乐（化名）说他想看"麦穗笑弯了腰"，所以想种麦子；叮叮（化名）说，她的种植目标是等菠菜长大了"吃掉它"，她还有计划地设计了这个目标——叮叮拔，爸爸洗，妈妈炒；等等。

（2）活动开展和成员深度参与。

第二次活动在10天后，大部分植物都有了变化，孩子们对小组聚会已经迫不及待了。祥祥（化名）种的百日菊在第四天就萌发了两个嫩嫩的芽孢，小雪的小猫草已青葱一片，开开（化名）的向日葵冒出了四片叶子……孩子们逐一分享种子的变化过程。佳乐的小麦还没动静，孩子们相互传授经验："水太多了，不用每天浇水，你可以摸摸土，潮潮的、手指不沾泥土就正好！""哇，好多经验，你是怎么知道这个的呢？""是我姥姥告诉我的，我姥姥会种菜！"

孩子们很喜欢小组聚会开始时社工带领他们做的手指操，要求聚会结束时再做一遍。在做手指操的过程中，社工邀请本次聚会迟到的佳乐在下次聚会时带领大家做手指操，佳乐很高兴地答应了。

第三次活动，佳乐早早就到了，因为他要带领大家做开场热身活动。社工从这件事上得到启发，让孩子们自愿报名、轮流主持热身活动，还制定了轮值表。佳乐的小麦还没发芽，这让他有点沮丧。社工问他要不要更换种子，他说不要，他还想等等看。在这次聚会中，一个孩子说，他觉得很奇怪，为什么那么小的种子，能长出这么大的叶子。另一个孩子回答道："这就是生命力！"然而，关于"什么是生命力""生命力是什么样子的"，孩子们回答不上来，这时候，祥祥妈妈表示下次她可以带一个显微镜来。

第四次活动，祥祥妈妈从学院借来了一个大号的显微镜，调试好后，孩子们排起队，仔细观察显微镜下的图像。"这就是细胞啊""细胞有点长""是菱形的""是椭圆形的""是长方形的"……孩子们纷纷说出他们看到的细胞的模样，并在日记里认真地记下：生命是由细胞组成的。

随着活动的进行，社工越来越多地把机会让渡给孩子们，不仅是开场的热身活动，也包括主持带领、活动环节设计等，都鼓励孩子们参与进来。最初，孩子们见样学样，在社工的鼓励下，孩子们加入了自己的想法。

第五次活动，轮值园丁是叮叮。叮叮克服了非常大的紧张情绪，在社工的帮助下，把她在种植过程中产生的疑问和搜集到的答案分享给她的伙伴。叮叮分享的内容非常好，但她的声音有点小，而且经常卡壳，叮叮妈妈在旁边急得直冒汗。但叮叮还是磕磕绊绊地坚持讲完了所有内容，大家报以热烈的掌声。晚上，叮叮妈妈在小组微信群里发了一段话，说虽然大家一再鼓励和肯定叮叮，说她今天主持得很好，但叮叮自己不相信。睡前，在和她聊起这件事时，叮叮哭得很伤心，说自己今天"很失败"，简直是个没用的小孩。叮叮的爸爸妈妈不知道怎样才能帮孩子解开心里的这个结。

叮叮妈妈发在微信群里的话，让大家都有些触动。虽然夜已经深了，但几个爸爸妈妈都在回复叮叮妈妈，也在想办法宽慰叮叮。这也引发了社工的深层次思考："成功，才有价值；不成功，就没有价值"，这是社会中很多人都有的价值观，也是很多家庭、学校对儿童进行评价的标尺。许多孩子一出生就生活在这种价值观的负压之下。

社工想了想，回了长长的几段话（见图9-2），请叮叮妈妈转告叮叮：

亲爱的叮叮，真高兴你能提出一个这么好的问题，这个问题值得所有人深思：我们是不是一定要成功、优秀才有价值，否则就没有价值？

这个问题困扰着很多人，包括我。我认真想了想，形成了自己初步的想法，仅供你参考，希望你能一直探究下去，形成自己的答案。

图9-2 社工的回复

我们这一生，其实是要做好多好多事的，一件事的成功或失败并不能代表我们的成功或失败，并不能代表我们这个人是不是有价值。而且，不是所有的事都能用成功或失败来衡量，比如我看见今晚的夕阳特别美，它把天空染成了绯色，我很享受那个时刻，觉得生命很美好。我也知道你今天下午体会了难受的情绪，你会发现这个情绪与别的情绪不同。这些都是体验，都是我们生命的一部分。

也许，在人类的生命中，最重要的是经历和体验，而不是成功或失败。

叮叮，你是知道的，在这个地球上，不只是人类有生命，其他动物、植物、微生物都有生命，除此之外，还有很多非生命的存在，比如头上的天空，脚下的大地，还有山川河流、明月清风，甚至乌云密布、暴雨雷电，它们都是这个地球的组成部分。我们的生活，就是因为有机会去认识、体验这各式各样的存在，才有机会丰富多彩。

如果地球上只有人类这一种生物，那可真是太糟糕了。就像是好多事，只有成功或失败这一种评价标尺，那可真是太乏味了。

所以，亲爱的叮叮，任何人、任何事都有价值。每个人、每件事、每种动物、每株植物、你上学路上踢过的小石子、你吹过的风、落到地面上就融化的雪花，包括你体验到的挫败情绪，都有价值，存在本身就是最高的价值！

我们这些生命，生而具有价值，不会因为我们做了什么和没做什么，以及成功与否，而有所区别！

图 9-2　社工的回复（续）

社工发完这些话，思考了很久，心里的某些东西也被澄清了，深感成长是一个双向的旅程。群里的爸爸妈妈们纷纷回复："学习了！""受教，很有启发！""说得很到位！"叮叮妈妈表示了感谢，说要把这些话打印出来，一字一句读给叮叮听。

社工后来又跟叮叮妈妈沟通了这件事，叮叮妈妈说她给叮叮读完之后，叮叮想了一会儿，没说话，就出去玩了。但叮叮再也没提起这个话题，也许她心里的那个结有所松动了。叮叮妈妈把那页纸贴到了墙上，用来提醒自己。她说，这件事对她也很有启发。

在这件事之后，社工明显感觉父母们对其更为信任了，社工似乎成了他们的朋友和志同道合的同路人，他们的问题和困扰，可以在社工这里得到共鸣和回应。

（3）活动成果展示会：居民的"获得感"。

8月底，小园丁们在社区里举行了活动成果展示会。开开抱来了开花的向日葵，大家发现，这个观赏性的向日葵，也结了小小的瓜子。小雪只展示了植物观察日志，并没有带来她的成果，因为她种植的植物是小猫草。那小猫草去哪里了呢？原来是被小猫吃掉了！这些种子经过小雪的种植和照顾，长成了一棵棵鲜嫩的小猫草，然后，真的就被小猫当作食物全都吃掉了。

佳乐的小麦有点奇怪，生长了72天，有88厘米高，长得越来越像稗草。等它抽出一条大约5厘米长的穗后，确定了就是稗草，但佳乐仍然很开心。他虽然没看到"麦穗笑弯了腰"，但他认认真真地把一株植物养大了。稗草在佳乐家的阳台上，得到了最认真和周到的照顾，长成了"佳乐的小麦"。

金焕（化名）有三次聚会没出席，再出席的时候吓了大家一大跳，他的花盆换成了一个蓝色的水桶，里面的植物看起来像牵牛花。金焕很正式地更正道："不是牵牛花，是地瓜！"

"怎么变成地瓜了呢？"

"妈妈发现地瓜发芽了，就找到了一个破了的水桶，把它放进泥土里，后来一直浇水晒太阳，就长成这样了！"

"它会结地瓜吗？"

"会的，它结的地瓜在泥土里，叫根茎，是它的果实。现在，它被埋起来了看不到，只有收获的时候才能看到。"

萱萱（化名）的生菜长得异常高大，因为萱萱不舍得吃。"我家这个不是生菜，是宠物！"萱萱妈妈笑着说。

社区居民对孩子们的成果都很欣赏，孩子们也说很喜欢这个活动，因为

"好玩""有意思"。没错，好玩、有趣应该是儿童服务的重要指标。

3.居民骨干的培育和能力建设

（1）居民骨干的出现：开开的实验。

在"小园丁·大自然"活动过程中，开开妈妈说了一件家里发生的事：开开爱喝一种叫"开卫"的饮料，有一天突然异想天开地想给小苗浇饮料，被她制止了。社工听了，觉得这是一个很棒的创意，于是设计了一个实验："小朋友喜欢喝的汽水，植物也喜欢喝吗？"

社工让开开找来两个小花盆，里面放上土，从大花盆里移出两棵向日葵，分别种在小花盆里，一个做实验组，一个做对照组，实验组浇饮料，对照组浇清水。

实验结果是令人震惊的，那棵浇饮料的向日葵，在7天之后，迅速枯萎下去，叶子都黑了，而那棵浇清水的向日葵仍然生机勃勃。开开非常惊讶，他把两株植物拿到活动中心，面色沉重地说："喝饮料的这个小苗要死了。"他的实验结论是："细胞不喜欢饮料。"开开妈妈则非常惊喜，因为出于对开开健康的重视，家里一直限制开开喝饮料，结果导致开开对饮料异常热衷。她想了好多办法，都没有奏效。但是这个小实验，居然彻底改变了孩子对饮料的认知，这让她非常惊喜和意外。自此之后，她就成了社工的"铁粉"，不仅积极参与社工的各种活动，而且向周围的人大力推介。

开开妈妈真正成为居民骨干，是从冬天开始的。北方的冬天异常寒冷，很多还没有上幼儿园的婴幼儿就被"封"在了家里。开开妈妈建议社工开展"婴幼儿开放日"活动。这是个好提议，但是社工犯了难，两名社工都是未婚女性，没有带婴幼儿的经验。开开妈妈说："没事，有我呢。"于是，开开妈妈就成了"婴幼儿开放日"活动的带头人。

平时，开开妈妈就是社工的得力助手，这回她变成了负责人。她像社工一样，认真做准备工作，画工作流程图。最初，社工和开开妈妈一起准备各种活动，后来，社工主要进行辅助和支持，由开开妈妈独立开展这些工作。开开妈妈还非常善于动员家长，很快各位家长就从被服务方，变成了开开妈妈的同伴和助手。

目前，安居社区每周三开展的"婴幼儿开放日"活动，为社区里的婴幼儿提供了一个公共活动空间，在探索可能的社区婴幼儿公共服务、促进婴幼儿社会交往的同时，形成了一个有利于婴幼儿及其家庭的支持网络，最终将形成一个有利于婴幼儿发展的友好社区环境，以满足婴幼儿早期发展的需要。

（2）居民骨干赋能：如何把意愿转化为行动？

社工经常与家长聊天，通过聊天了解社区居民的生活和家庭需求。有一天，一位妈妈抱怨道："'双十一'买了两大箱绘本，我儿子坐在地板上，不到两个小时，告诉我，看完了，没有新书看了。"其他几位妈妈也有同感，绘本印刷精美、价格高，而孩子们看绘本的速度又比较快，如果总是想有新书看的话，成本是比较高的。

"咱们换书看啊？"另一位妈妈提议道。

"可以啊，这个想法好！"几位妈妈纷纷表示赞同。

"我家以前和好朋友家换书看，但是坚持不下来。换着换着，书就丢了。"也有妈妈提出不同意见。

"那问题出在哪儿呢？是换书看本身，还是其他？"社工引导妈妈们进行思考。

"换书看肯定是好事，问题在于好事能不能有个好结果。"

社工表示赞叹："太好了，果然是高能妈妈们，马上就能找到问题的关键，那我们逐一来澄清一下。"

社工找出白板，写下：换书看（意愿）→好结果（？）。

社工说："看来，我们要澄清两个问题：一是什么是好结果。二是意愿如何才能形成好结果。"社工把便利贴发给妈妈们，请她们写下对这两个问题进行思考的关键词，并逐一分享。"阅读量""少花钱多读书""共读""分享"等是妈妈们关于第一个问题的关键词。"清晰的规则""有组织""有分工""坚持""态度"等是妈妈们关于第二个问题的关键词。

然后，社工再请妈妈们思考，如果有几个孩子要换书读，那么他们要怎样找到彼此，换什么书，怎么换，要形成哪些规则和怎样的流程，等等。

妈妈们经过几次讨论，形成了"一兜书馆——流动的社区图书馆"这个社区服务产品。

两周后，"一兜书馆"正式开始运行了，妈妈们通过招募海报，在社区里招募了6个孩子，作为"一兜书馆"的首批小成员，每个人拿出10本书，每周聚会一次，交流读书心得，然后，把书进行交换。在6周的时间里，孩子们共读了60本书。

妈妈们的招募海报文案（见图9-3），或许可以成为"一兜书馆"的注脚。

> 　　理想中社区的样子，一定有一个图书馆，在家门口、小区广场旁边，出入时抬眼可见，见了心里就踏实也充实。一个图书馆，即使它很简陋，也一定是社区里最美的地方。
>
> 　　如果我去图书馆不用走那么远的路，如果我可以经常和他人分享彼此读的书，如果这个社区里的每个家庭的书我都有机会阅读，如果社区就是一个隐蔽又开放的图书馆，那么会是一件多么令人振奋的事情！
>
> 　　一个装满书的布袋子，在孩子们的手里，居然就变成了社区里的图书馆！这些流动的书袋子，就像一条条温暖的线，把社区里热爱阅读的家庭串联和凝聚到一起！

图 9-3　"一兜书馆"招募海报文案

4. 服务成效：社区发生的变化

（1）公益创投孵化出的社区儿童自组织：儿童发展联盟。

8月，某基金会举行小额公益创投活动——"社区微公益提案大赛"，面向全省公开招募社区微公益提案，重点资助由本地城乡居民和社会组织发起的群众性公益活动。社工把这一信息分享给孩子和家长们，问他们是否愿意成立一个团体，开展公益性社会服务活动。

经过讨论，孩子和家长们决定申报该活动，成立了社区儿童自组织"儿童发展联盟"，以社区内的儿童为主体，策划并开展有趣的活动。经过多次培训、模拟答辩，他们的提案最终成为35个中标提案之一，并创造了"最小提案发起人、答辩人、答辩助手"的纪录。

儿童发展联盟的第一次活动是在重阳节探访养老院老人。在活动过程中，社工和家长负责与养老院联络，家长和孩子共同讨论活动内容。经过讨论，孩子决定通过表演魔术、舞蹈以及与老人一起做游戏的方式，为养老院老人带去欢乐和陪伴。这次活动举办得非常成功，当活动照片传到业主群之后，社区居民反应强烈并纷纷表达了参与意愿。因此，经过与养老院沟通，儿童发展联盟将探访养老院老人设置为其常规活动。儿童发展联盟的第二次活动是探访儿童福利院。在与儿童福利院进行沟通时，院方说儿童福利院目前比较缺乏儿童的鞋子和内衣裤。于是，儿童发展联盟在社区举行了衣物募集活动，还动员家长出资购买了崭新的内衣裤。

经过这两次活动，儿童发展联盟中的孩子们对集体活动愈发有自己的想法，并且组织能力和行动力有所提升。儿童发展联盟在社区里也越来越有号召力和影响力，在两次活动后就新增了7名成员。

（2）基于共同需求而孵化出的社区妈妈互助组织：社区妈妈互助会。

以解决困扰大部分家庭的儿童爱喝饮料的问题为契机，社工鼓励社区中的妈妈建立了社区里的第一个妈妈互助组织"'超级妈力'——安居社区妈妈互助会"。社区妈妈互助会是开放式的，随时接受妈妈入会。几位活跃的妈妈作为骨干力量，负责沟通和组织活动。社工希望通过互助会，团结社区妈妈的力量，在为孩子创造良好的成长环境的同时，拓展妈妈的社会支持网络。社区妈妈互助会成立后，开展了健康食品系列活动，旨在通过社区教育的方式，引导孩子养成健康饮食的意识和习惯。在一位妈妈的提议下，社区妈妈互助会还组织了"社区美食工坊"活动，由社区居民相互传授美食的做法。此外，社区妈妈互助会还建立了"妈妈应急网络"，为社区内有情绪困扰的妈妈提供情感支持和慰藉。

（3）社区自治探索：社区公益创投计划。

安居社区占地面积小，几乎没什么绿地。经过社工与物业的协商，社区内的老旧花箱将通过微创投的方式，面向社区内的儿童家庭招标，通过参与式社区规划的引导，撬动居民以共建共享的方式参与社区公共空间的设计与营造，使居民关注身边环境，有意识地参与社区公共事务。

活动公告一发出，就受到了社区居民的热烈欢迎。孩子们纷纷组队，在经历了讨论、做设计图、竞标、参与答辩、签订协议等招投标程序后，成了花箱的"小责任人"。社区里的孩子们，也因为创造了属于他们自己的花园，不仅与植物、大自然建立了联系，而且建立了社区归属感和领域感。

（4）居民下午茶：安居社区议事会。

在安居社区项目启动 10 个月时，春雨社工在社区里共开展了 65 次服务活动，内容涵盖社区动员、邻里融合、儿童保护和发展、居民互助、社区支持网络建设等，携手向建设更有活力、更适合儿童成长的宜居社区的目标而努力。

为了更广泛地征集意见，促进居民沟通和参与，社工和居委会举行了"安居社区议事会"，以"居民下午茶"的形式，邀请热心公共事务的居民骨干，共同探讨现存问题及未来服务和发展规划。在议事会中，居民列举了期待开展的活动并制定了计划方案，如开展竞技比赛、义卖、环保植树、特殊群体爱心探访、礼仪学习、儿童主题生日会、国际儿童融合交流等活动。议事会体现了居民对安居社区的归属感。议事会的形式将成为安居社区的常态，各类居民群体会定期化身"议员"，共议社区公共事务，携手参与安居社区的发展和建设。

（5）社区公共空间的曲折协同路。

春雨社工在开展活动前，会向居委会主任报备活动时间、具体内容等。居委会主任会安排一名社区工作者全程跟随，负责打扫卫生、上传新闻稿等工作，春雨社工则负责组织活动、撰写新闻稿等工作。初期开展活动时，双方合作愉快且顺利，但随着活动的增多，围绕活动场地的使用问题，双方矛盾逐渐显现。在很长一段时间里，经过社工的多方沟通和协调，街道办事处同意为春雨社工提供单独的办公室，还决定在周末时继续开放社区睦邻服务中心，解决了举办居民活动的场地问题。

三、服务成效

（一）目标达成情况评估

春雨社工为安居社区所提供服务的目标达成情况如表 9-1 所示。

表 9-1　目标达成情况

类型	计划目标	目标达成情况
总目标	以推进安居社区居民社区参与和社区自治为目标，从居民共同的需求出发，运用专业的社区工作方法和技巧，发展安居社区居民的互助、自助精神，培养社区自组织和社区领袖，推动居民积极参与社区建设，协助社区完成自组织、自治的发展过程。	项目围绕居民的公共空间需求、社区参与需求和社区自治需求，通过设计、提供多种多样的社区服务，有效动员了居民的社区参与，目前已经培育出 7 位社区领袖、12 个社区自组织，实施了 3 项社区自治计划，初步完成社区的自组织和自治目标。
阶段目标 1	在情况摸底和需求评估的基础上，与社区居民建立专业关系，开发和实施有针对性的社区服务方案，促进居民参与，形成社区若干服务品牌，探索符合安居社区特点的可能服务模式和工作框架。	项目组对社区进行多次漫步走访，对居民、社区工作人员等累计进行 12 次深度访谈，评估出社区居民的主要需求，并设计出完整的社区服务方案。社工与居民建立稳固、深入的信任关系，形成"一兜书馆""儿童科学启蒙小组""社区妈妈互助会""社区美食工坊""社区英语角"等 15 个社区服务品牌，形成符合安居社区特点的服务模式和工作框架，阶段目标达成。
阶段目标 2	发掘和培育居民骨干，探索和培育社区自组织。在引导居民骨干和社区自组织提供社区服务、满足居民需要的同时，推动社区居民组建自己的支持网络，相互扶持和帮助。	截止到结项前，社工发掘出开开妈妈、张莉、彤彤姥爷、大龙爸爸等 7 位具有社区影响力的居民骨干，培育了"儿童发展联盟""社区妈妈互助会"等 12 个社区自组织，居民骨干和能人们设计出多种社区服务，融洽了邻里关系，凝聚了社区力量，形成了居民之间的互助网络，阶段目标达成。
阶段目标 3	动员居民发现、聚焦社区公共议题，并探索社区公共议题的项目转化，引导社区自组织参与社区服务和社区自治，解决社区问题，推动社区发展。	截止到结项前，通过社区公益创投、居民议事会等环节，社区居民和自组织了解并探索了社区公共议题的项目转化，在社区公共空间使用、社区节假日活动方面，社区自组织开始回应社区需求，解决社区共同的问题，初步实现社区居民自治的目标。

2019 年年底，即三年计划中的第三个年度，该项目已初步完成预定的全部阶段目标。在 2020 年年初，新冠病毒感染疫情的爆发，导致项目后续停滞，后

因银行基金会的战略调整，以及春雨社工的人事变动，该项目未能继续，在运行两年后结束。

在疫情防控期间，安居社区的居民自组织、居民骨干积极参与疫情防控，从组织多项社区采购到协助居委会、物业开展人员排查、物资递送、环境消杀、核酸检测等各种志愿服务，在顺利完成疫情防控任务的同时，大幅度地提升了安居社区的危机处置能力、服务能力、多元共治能力和资源整合能力，将新冠病毒感染疫情带来的严峻挑战，转"危"为"机"，实现了社区治理结构和治理策略的优化，促进了社区的协同共治和可持续发展。

（二）服务对象评估

社工通过发放活动满意度反馈表以及对居民的深度访谈得知，绝大多数居民对社工的服务表示非常满意，对社区的发展变化表示满意。他们说："社区活动比以前多了。""社区比以前活泛了。""认识了不少新邻居。""社区更像家了。""大伙开始抱团了，什么事都有商有量，能做成一些自己想做也喜欢做的事情了。"

四、总结反思

（一）儿童活动会推动中青年居民的社区参与

社区里的中青年居民通常很少参与社区活动，但当他们有了孩子之后，这一情况通常会发生变化。他们会增加在社区中活动的时间，会频繁地与其他居民互动交流，会开始留心并参与社区公共事务。所以，社区内的儿童活动不仅会有益于儿童本身，也会引导和推动中青年居民的社区参与。

（二）社区参与可以增强儿童的社区意识和归属感

儿童参与社区建设的机会往往是很有限的，但其作为社区公共空间最频繁的使用者，如果也能参与社区建设，那么不仅会让社区更符合儿童的身心发展特点，而且会增强儿童的社区意识、归属感和领域感，儿童也能在某种程度上获得决策的能力和机会，进而保障自身权益。

（三）在实务中摸索与相关方联动的经验和技巧

安居社区项目，在与居民建立专业关系、需求评估和方案制定、服务提供、社区内在力量的调动和发掘方面，都是非常顺利的，但在与社区居委会、街道办事处的协作方面，却颇为曲折。在整个项目实施的过程中，场地问题以及与社区的关系问题，始终困扰着项目团队，项目负责人、督导和一线社工也在反复复盘和探讨这件事。不管是"三社联动"还是"五社联动"，大家都知道这个事需要"联"，也应该"联"，但在具体操作的过程中，却缺少具体的操作指引，只能靠项目团队在实务工作过程中一点点摸索。项目团队也在这个过程中，对自己的工作进行反思，并探索与社区、基层政府打交道的经验和技巧。

第二节　教学手册

一、教学目标与案例用途

（一）教学目标

（1）进一步加深学生对社区社会工作理论与实务模式的学习。

（2）引发学生对当前社区社会工作现状、政策、服务的思考。

（3）理解社区社会工作方法与其他社会组织的工作方法之间的区别。

（4）掌握社区需求评估、社区服务设计等基本工作方法，学习在真实的情境中根据社区的真实需求制订服务计划并实施。

（5）了解和掌握社区自组织的培育和发展。

（6）了解社会组织与多部门的合作联动。增进、提升社工与居委会、街道办事处等相关方合作共赢的能力。

（二）适用对象

本案例适用于社会工作专业硕士研究生及高年级本科生、社会工作领域的研究者与实务社工。

（三）适用课程

本案例适用于"社区社会工作""小组社会工作""儿童社会工作""家庭社会工作""社会工作实务"等课程。

二、启发思考题

（一）儿童科学启蒙小组服务的开展，使社工成功敲开了社区大门。这个小组在方案设计上有哪些优点，使社工能迅速被居民认可？

答题思路：

（1）方案设计能洞察居民需求，回应社区公共议题（如社区绿地过少、城市儿童与大自然接触不足、居民渴求社区服务和社会支持网络等议题）。

（2）方案设计与社区文化相匹配。儿童科学启蒙小组的定位，能引起社区居民的兴趣和共鸣，也能调动起居民的积极性和参与热情。

（3）方案设计与组员特质相匹配。小组过程以儿童为本，尊重儿童的发展规律和需求，组员互动自然、真实、具体，充满鲜活的细节和天真的童趣，这使得小组过程具有丰富、饱满、愉悦的参与体验感。此外，植物的生长特性，使聚会主题不断变化更新，既增加了聚会的趣味度，也增进了组员与小组的黏性，避免了组员的流失。

（4）方案设计符合组员的发展需求。小组不仅满足了儿童自然观察和科学探索的成长需求，而且给儿童提供了家庭、学校之外的社会交往机会，有助于儿童在社区建立自己的兴趣和玩伴群体。同时，在儿童面临一些较为复杂的议题时，社工能协助儿童及其家庭一起面对。

（5）方案设计注重给组员提供参与机会。小组坚持组员参与原则，不断地邀请组员加入小组发展进程，组员不是被动的服务对象，而是小组活动的参与者、主导者、创造者。

（二）在社区服务中，如何挖掘和培育居民骨干？

答题思路：

（1）居民骨干是指在社区发展中自发形成或经过培育而出现的，能满足和反映社区居民的需求，在社区内具有一定影响力和行动力，并且愿意参与社区公共事务的骨干力量。

（2）挖掘居民骨干，主要遵循三个步骤。

第一，初步了解。在服务过程中接触、了解居民，判断其是不是想做些有意义的事情来服务社区。比如本案例中的居民骨干开开妈妈通过参与社工活动，解决了困扰她许久的"孩子爱喝饮料"的难题，让她看到了社区环境的功能和社区服务的魅力，她也愿意参与到社区服务中来。

第二，能力建设。即提升居民骨干服务社区和居民的能力。比如社工为开开妈妈提供了一些学习和参与机会，使开开妈妈逐渐形成了一定的社区意识和服务社区的能力。而且当开开妈妈发现了社区的一些问题和需求时，社工的支持和"示弱"，使开开妈妈找到了自己的角色和任务。

第三，扩大影响。即扩大居民骨干在社区中的影响力，使更多的居民陆续参与社区建设。

（三）在"一兜书馆"这个社区服务产品的形成过程中，社工发挥了什么作用？

答题思路：

（1）能敏锐地觉察和发现居民的共同问题和需求。

（2）能组织和动员居民参与到问题讨论中来。

（3）能澄清关键问题，厘清过去的做法失败的原因，以及今后如何避免失败。

（4）能引导大家梳理内容、原则、流程和步骤。

（四）培育社区自组织的步骤是什么？

答题思路：

（1）通过社区动员，搭建互动的渠道和平台。

（2）发掘居民骨干，聚集社区本土资源。

（3）寻找共识，召开居民骨干会议。

（4）通过引导和培育，使社区自组织的工作逐步规范化。

（5）搭建资源平台，推动社区自组织正式运作。

（五）哪些原因导致了春雨社工在"三社联动"的过程中"被分手"？

答题思路：

（1）春雨社工和居委会的合作，出发点和目的都是使用居委会的"场地"，春雨社工没有识别和考虑居委会的发展性需求，而是仅仅对居委会进行"工具性"利用。

（2）在和居委会打交道时，春雨社工对居委会做了一个"低能力设置"，不仅视角片面，而且有专业的居高临下感和优越感。这使得春雨社工看不到居委会的其他优势和资源，缺乏整体性视角，导致合作只能是低层次的。

（3）当居委会提出要派人"跟活动"时，春雨社工只识别到了"不信任和不放心"，没有看到这是个机会，可以在面对面接触中获取信任、发展伙伴关系，甚至是向社区工作人员赋能，从根本上解决对方能力不足的核心问题。

（六）如果有机会重来，那么你会建议春雨社工怎么做，以与居委会和街道办事处顺利合作、少走弯路？

答题思路：

（1）理念：合作。促进双方的相互了解，站在对方角度看问题，兼顾双方甚至是多方利益。

（2）在项目初期，要花费时间了解居委会和街道办事处的工作计划和内容。

（3）定期向居委会和街道办事处汇报项目进展。

（4）发动社区工作人员一起参与项目活动。

（5）积极与居委会讨论风险管理问题，并发展出应对办法。

三、分析思路

教师可以根据自己的教学目标来灵活使用本案例。这里提出本案例的分析思路，仅供参考。

本案例重点讲述了春雨社工通过提供儿童友好服务和培育儿童自组织，激发社区活力，进而带动中青年居民的社区参与，推动社区自治的发展过程。本案例有以下几条分析主线，供不同专业课程教学研讨使用。

儿童服务：如何理解社区中儿童的需求？儿童社区服务的目标是什么？儿童服务活动如何设计？衡量服务品质的关键指标是什么？服务供给的模式有哪些？如何动员儿童家庭参与？如何动员各方面的力量建设儿童友好社区？

社区自治：什么是社区自组织？如何培育社区自组织？社区自组织运作管理的基本规范是什么？

社区为本的社会工作：社会工作如何体现社区为本？如何将社会工作方法运用在具体的案例当中？如何识别和梳理社区内的资源？如何进行社区倡导？如何进行社区营造？如何建立和发展社区自组织？

社会组织与相关方的联动：社会组织在社区领域为什么要与居委会、街道办事处以及其他社会组织联动？如何联动？联动的方法和技巧是什么？在联动过程中应该注意什么？

四、理论依据与分析

（一）社区工作三大模式

美国学者杰克·罗斯曼总结了美国大量社区工作的实践经验，对社区工作各个要素进行了科学的整合和组织，进而提出了地区发展模式、社区策划模式、社会行动模式三大社区工作模式。

1. 地区发展模式

地区发展模式的目标在于发展社区自助能力和加强社区整合，社工的工作重点在于推动社区内不同群体和居民的广泛参与，界定社区以及居民自身的需要，并采取自助以及互助的行动改善社区关系，解决社区问题，进而推动社区发展。

托马斯将社区服务目标更具体地划分为：重新建立各种社会网络；增加居民互动及交往；改善邻里关系；重建居民及地区团体间的紧密联系；居民认识到参与的重要性，并愿意承担责任；居民对社区更加认同；更强调提升社区居民解决自身问题的能力，以实现社区自助，并将此作为最重要的服务目标。

在介入策略上，地区发展模式强调推动居民参与及合作，通过改善社区的沟通和合作渠道，以充分利用地区资源，解决社区现存的问题。地区发展模式很注重与掌握资源的权力机构、社区领导者的合作，合作方式偏重和谐及互利。同时，其也重视居民及地区团体广泛的参与，先界定社区问题与需要，然后设计及采取行动去解决问题。

2. 社区策划模式

社区策划模式认为，每个社区都有这样或那样的问题，解决社区现存的各类问题是社工的工作重点。社区策划模式注重专家、权威人士等专业人士的参与，通过专业策划，为社区中某一问题的解决提出具体方案，是典型的问题导向型模式，强调问题的解决。社工在该模式中，也是作为专家而存在，并以专家的角色开展工作的。社工通过资料和信息收集、社区诊断、规划制定、组织运作和成效评估等，为社区居民解决问题。显然，该模式强调社工的主导地位，在工作中需要社区居民的配合，但后者是作为辅助者而出现的。

3. 社会行动模式

社会行动模式也被称作"社区行动模式""冲突模式"。这种模式将社区问题的出现，归结为社会上存在不同的利益群体，而不公平的资源及权力分配政策，导致边缘群体或弱势群体的利益受到忽视或剥削，因而不同利益群体之间存在利益冲突。解决此类问题一般是通过组织居民（边缘群体、弱势群体）参与集体行动，争取所需资源，合力解决社区问题，改善社区环境。社会行动的本质并不涉及推翻整个社会制度，或是改革整个政治、经济及社会结构，它只不过在现存的制度下，改变不公平的政策，为社会边缘群体、弱势群体争取更多的资源，使社会变得更加公平、公正。

（二）社会资本理论

布迪厄指出，社会资本是实际或潜在资源的集合，这些资源与拥有相互默认和承认的或多或少制度化的关系的持久网络相联系。科尔曼进一步指出，社会资本具有公共物品性质，它的表现形式包括信任、规范、信息网络、在自愿基础上建立的组织等。社会资本不仅仅是一个人的资源，更是全社会的资源。它强调网络结构的强大力量，善于运用这一关系网络，不仅能帮助自己，还能解决集体行动困境。国外学者霍伊东克、德罗默斯将社区社会资本操作化为社区互动关系、归属感和满意度进行测量。还有学者提出可用于界定社会资本的因素有以下八种——社区参与、能动性、信任与安全感、邻居关系、家庭与朋友的联系、差异化的承受力、生活价值以及工作联系，并通过设计一系列问题对这八种因素进行测量。

自20世纪90年代中后期开始，以开展社区建设为标志，中国城市基层管理体制改革创新进入了新的阶段。但社区复杂多样的文化和社会环境使社区治理过程中不断出现困境，引起学术界对社区治理的不断关注和研究。社区治理并不仅仅指社区基础设施建设、社区环境改善和进行有效的社区管理，更重要的是促使社区成员拥有共同价值观、相互信任、遵循无形的互惠规范以及认同社区文化，以提高社区成员的归属感和认同感，实现社区共同治理。可见，支撑社区发展的因素正是社会资本的基本构成要件。所以，社会资本作为一种可用于改善群体生活状态、提高群体福利的资源，能够促进社区建设。

有学者认为，社区社会资本是社区内部的个人和组织在长期的内外互动中形成的互惠规范和互利交往关系，是在长期内外互动的社区参与基础上形成的社区居民和组织之间的关系网络，是有助于社区实现自治目标的无形资源。还有学者认为，社区社会资本是社区行动主体经由互动合作而建立的社会关系网络，在其内部所蕴含的历史文化、价值理念和行为规范等都是利于居民行动的合力。尽管学者的界定不同，但他们基本上都认为社区社会资本的构成要素主要包括社区关系网络、社区规范与社区信任，这三者是衡量社区社会资本的最稳定并已得到普遍认同的指标。

社区社会资本是以社区为依托或载体而形成的集体性社会资源。就一个社区而言，社区社会资本决定了社区活力和凝聚力的强弱以及社区治理的绩效。社区管理需要重建社区社会资本，使社区成员具有普遍的价值观和强烈的集体认同感与归属感，社区成员之间相互合作、信任，以成为社区管理的有效资源和内在动力。

（三）资产为本的社区发展模式

传统的社区发展模式强调社区的"问题"和"需要"，强调社区的"缺陷"和"不足"，然后通过引入外来资源，协助社区解决问题，满足需要。1993年，美国西北大学的麦克奈特和克雷茨曼提出推动资产为本的社区发展（asset-based community development，ABCD）模式，强调社区建设必须"由内至外"，发现和重视社区的资产、优势、能力和机会，视社区成员为合作者、参与者，核心策略是依靠社区的内在动力，培养公民意识，让社区成员重整和集结力量、开拓新的发展机会。其发展策略如下。

（1）欣赏式评估。寻找和分析社区过去的成功经验和故事，以加强社区成员的自我认同和社区认同。

（2）重视社会资本。将社会资本看成社区的重要资产加以巩固和强化，并突出它在社区发展中的作用。

（3）参与发展。强调每名社区成员的能力和资源，给予其平等和充分的参与机会，加强其对社区发展的责任感。

（4）社区经济。联系和动员社区内的不同资产，通过集体合作，探索不同类型的经济发展模式。

（四）赋权理论

赋权（empowerment）也称充权、增权、权能激发等。

赋权是一个"减少无权感"的过程，服务对象往往是社会上缺乏权力的弱势群体，这些群体因缺乏权力而处于不公平的社会位置，也缺乏能力去改变他们自身的不利处境。赋权就是协助弱势群体增加权力以改变自身不利社会处境的活动与过程。

赋权包括三个层面：一是个体层面的赋权，二是人际关系层面的赋权，三是政治层面的赋权。

（1）个体层面的赋权。主要是增强服务对象的能力与信心，减少服务对象的无力感，帮助服务对象聚焦于个人发展、个人权力感和自我效能感的提升，重新定位自我，让服务对象感受到自己有能力去影响或解决问题。

（2）人际关系层面的赋权。强调社工运用有关家庭、群体和社区的专业知识提升服务对象的优势，使服务对象可以有更多的影响他人能力的具体技术的发展。也就是增加服务对象和其他人合作促成问题解决的经验，让服务对象了解到自己是有能力去解决很多问题的。

（3）政治层面的赋权：强调社工要帮助服务对象学习知识技能去认识和影响政治进程，实现社会行动和社会改变的目标。这一层面的赋权是要让服务对象感到他不是只能被他人或环境改变，而是有能力去改变他人或环境。

（五）优势视角理论

优势视角理论形成于 20 世纪 80 年代的美国，丹尼斯·塞勒伯是该理论的主要代表人物。优势视角理论超越了传统病态模式下的问题中心主义和专业中心主义，转而注重对个人能力、家庭与社区资源的发掘。它的基本信念是，面对环境和生活的挑战，个人实际上具备一定的应对能力与内部资源。

优势视角理论强调人的潜能和优势，主张个体、家庭和社区都有这样或那样的优势，都有自己解决问题的力量与资源，相信人可以改变，每个人都有尊严和价值，都应该得到尊重。

五、背景信息

2020 年年初，新冠病毒感染疫情的爆发，导致案例中的服务项目停滞，后因银行基金会的战略调整，以及春雨社工的人事变动，该项目未能继续，在运行两年后终告结束。

银行基金会目前以资助社区志愿服务为主，减少了对社区自治服务的资助。但随着政府购买服务的推进，以及社工站的建设，该社区已经入驻了新的社会组织。而且该社会组织和居委会协同办公，二者在工作内容上做了一定的区分：居委会主要负责行政性事务，社会组织主要负责居民服务和居民自治。二者各有所长，相得益彰。

六、关键要点

（1）社区服务的关键是与居民建立信任关系，同时寻找改变的机会，这是社区得以发生变化的前提和基础。

（2）社区的发展最终要依靠社区自己的力量，因此外来组织应该将社区服务目标定位于培育社区力量，而不是长久依靠外力解决社区的问题。

（3）社区的改变是一个细致的、润物细无声的过程。

（4）形成政府、社区和社会组织的联动，相互借力、取长补短，而非单打独斗。

（5）社工的角色不是单纯的服务提供者，而也是教育者、组织者和倡导者。

七、建议课堂计划

本案例可设置专门的案例课来进行讨论。以下是按照时间进度提供的建议课堂计划，仅供参考。

整个案例课的课堂时间控制在 80～90 分钟。

（一）课前计划

提出启发思考题，请同学们在课前完成案例阅读和初步思考。

（二）课中计划

简要说明教学目标和内容，明确主题（2～5分钟）；分组讨论（30分钟），告知讨论内容和具体的发言要求；小组发言（每组5分钟，总时间控制在30分钟左右）；引导全班进一步讨论，并进行归纳总结（15～20分钟）。

案例十 | "安全号列车"：城市流动儿童安全社区营造

翁欢琪[①]

摘要：随着城市更新的快速推进，城市的规模、结构和布局发生着深刻变化。处于转型期的城中村，人口结构变化，人员流动频繁，社区场域复杂，规模庞大且"流而不动"的外来务工子女大多跟随父母居住在房租低廉、拥挤杂乱的城中村中。儿童作为城中村中的弱势群体，最容易受到安全侵害。而且，城中村社区大多缺乏让儿童安全成长的环境，对儿童来说隐藏着很多危及健康发展的安全隐患。

城中村的儿童安全，是社区安全的重要组成部分，是社会稳定的重要标识。作为一家本土社会服务机构，深圳市龙岗区龙祥社工服务中心（以下简称"龙祥"）基于在深圳市城中村社区长达13年的服务研究与实践，尝试以儿童为本的视角，围绕处于监护真空的城中村流动儿童居家及社区环境高危的安全隐患问题，以社区参与式治理模式介入，动员和培养流动儿童及其家庭成为"社区安全卫士"，开展社区安全隐患排查，并形成围绕儿童安全的社区环境改善与营造计划，使社区发生行动改变，避免流动儿童安全事故的发生，从而使流动儿童在城市中更安全、更有质量地生活。

关键词：城中村　流动儿童　儿童友好型社区

---

① 翁欢琪，深圳龙岗区未成年人保护社工人才工作室负责人，深圳龙岗区青睐青少年发展中心总干事。

第一节 案例

一、案例背景

（一）街边无处安放的孩子

社区安全是城市发展的基石。城中村由于城市化进程的加快，社区风险系数增大，社区安全受到威胁。2008年年底，社工在一次外展活动的过程中进入深圳SP社区。SP社区位于龙岗中心城区边缘，被高楼大厦圈地包围，属于典型的城中村社区。社区内建筑集中，大多是矮且老旧的自建房，社区内86%以上的人口为外来流动人口。社区中常住的流动儿童达6 400多人，每年有超过2 500名儿童跟随父母从家乡来到该社区学习和生活。

城中村社区由于人口特征及社区环境的特殊性，各种管线杂乱无章，电线裸露在外，排水排污不畅，雨天积水严重，垃圾成灾，街巷狭窄拥挤，存在严重的安全隐患。近几年经安全整治之后，城中村社区环境有了很大改善，但社区内仍缺少可供儿童自由玩耍和学习的空间。

> 社区里儿童太多了，他们放学后没有地方去，就和小伙伴们在城中村狭窄的道路上追逐打闹，随处可见的建筑垃圾、快速行驶的车辆都威胁着他们的安全。曾发生流动儿童穿着拖鞋，踩着建筑废材的木板当跷跷板玩时，被突起的钉子刺伤脚底的事故。社区中发生的大大小小的意外伤害事故，如家中失火、交通意外、烧烫伤等等，我们也总能听说。儿童的安全需要得到关注。如果不重视儿童在城中村的安全，那么不仅会影响儿童自身，还会影响他们的家庭，以及整个社区。
>
> ——龙祥社工

（二）城中村的儿童安全风险集聚

城市化不一定能为儿童带来安全的空间环境，也可能给儿童带来风险和隐患。城中村作为城市化进程的特有产物，是大量流动儿童主要的生活场所。对跟随进城打工的父母来到城市生活的儿童而言，城中村是其中大部分儿童玩耍和成长的天地，儿童对于城中村社区空间的活动需求和使用频率远远超过了他们的父母。让儿童安全地在社区活动和成长是城中村安全风险防控的基础性指标。但在现实中，城中村大多不能提供儿童可以安全玩耍和成长的空间环境，儿童意外伤害事故频发也突显出城中村社区在空间环境方面对于儿童安全保障而言仍存在许多问题。

从城市面貌上看，城中村作为城市发展的特殊形态，其发展逐渐脱离了城市的规划步调。城中村建筑缺乏统一规划，在极大程度上追求城市空间的经济利益，城中村的公共空间被不断挤占和区隔。儿童的主要户外活动场所便是社区，儿童在城中村的公共活动空间需求受到严重影响。社区的公共区域是儿童活动频度最高的地方，城中村公共区域的不安全也让社区中的儿童成了社区安全事故最直接的受害者。最新的儿童安全调查报告显示，每年有超过 20 万名儿童因意外伤害而死亡，在受害者中，流动儿童占 50% 以上，意外伤害多发生在家中及所居住社区的公共区域，其中溺水、摔伤、交通意外伤害及社区周边走失是城中村儿童最常见的意外伤害类型。

城中村规划滞后，公共区域因为历史"欠账"，本身在基础设施上存在不足，再加上大量流动人口涌入城市对住房的刚性需求和城市旧改拆迁的推动，城中村在高密度的原始建筑形态上又出现了大规模的违章建筑。城中村一直处于不稳定的状态，城中村社区安全隐患增多，进一步加剧了儿童意外伤害事故的发生。例如：街巷狭窄弯曲、建筑结构混乱、侵占道路等导致儿童交通意外伤害；城中村的违章建筑没有相应的规范和标准，未经验收即投入使用，极易爆发大型恶性事故，威胁儿童生命安全；此外，城中村商户林立，人口复杂，存在生产与居住二元区域，城中村的安全生产问题等容易形成较大范围的儿童安全隐患；再加上城中村环境卫生条件差，儿童食品安全问题也值得关注。儿童在社区的安全需要与城中村现实的环境形成了鲜明的冲突。

2017 年，在社工提供服务的社区发生了一起触电身亡事故，一名妈妈和她的儿子因触电而死在了出租屋的卫生间中，事发时妈妈正在给儿子洗澡。当孩子爸爸发现妻儿情况不对时，已经是 2 天之后了。当时在陪伴孩子爸爸、给孩子爸爸做哀伤辅导的时候，社工深受触动。后来经过相关部门对发生事故的居民楼进行检测和评估以及尸检结果，认定了死者是触电身亡，死因是洗澡时触电，更详细的原因是这栋居民楼是业主为了获取更多的拆迁款而违章抢建的楼房，并没有按规定安装好地线，从而酿成了这一惨案。在深圳，类似案例每年都会发生，需要全社会给予更深层的关注。

城中村是城市发展的产物，是城市中难得的既能享受城市中心便利的公共配套设施又租金低廉的城市居住空间。基于城中村的区位优势，为了对城中村空间进行最大化和极致利用，城中村大多呈现紧凑、杂乱、超高密度的空间格局。对居住在城中村的人们，特别是相对弱势的儿童而言，超高密度的城中村不仅仅不能提供足够的居住空间（其房屋面积和结构不适合有孩子的家庭），其杂乱无序的空间结构甚至在很大程度上威胁着儿童的安全。不完全数据显示，儿童意外伤害超过一半发生在家庭场景中。基于实地观察，社工发现：因为城中村的结构密度和人口密度，大部分家庭拥挤杂乱，家中杂物堆积，电器设备老旧，大多未配置消防器材，存在较大的居家消防安全隐患；大多数城中村家庭呈现出多元混居的居住模式，工作和生产场景侵占了儿童玩耍和学习的空间，这也给儿童安全带来了更大的隐患；此外，由于父母的工作性质，几乎所有儿童均有独自在家的经历，无人看管的居家状态再加上环境因素，流动儿童磕碰、烫伤、食物中毒、火灾等意外伤害事故屡见不鲜，城中村的儿童安全问题不容忽视。

此外，在社会压力层面，儿童安全在城中村社会结构的变化中受到挑战。首先，由于经济、就业等因素，城中村家庭存在生存压力，更多的父母无暇照顾儿童，直接影响儿童安全，造成安全监管的缺失；由于社会压力和不良的家庭关系、教育方式，城中村儿童面临更多的家庭暴力事件。其次，城乡二元分割的现实处境，使尝试融入城市的流动儿童及其家庭面临社会区隔，缺乏包容的社会氛围也极易影响儿童性格、行为的养成，对儿童的健康成长形成隐性侵害。更有甚者，城中村不良的社会结构因素长期累积，极易导致群体性社区安全事件的爆发，这也将对儿童造成不可估量的伤害。

城中村的儿童安全问题涉及方方面面，具有复杂的时代背景。儿童安全问题已然不仅仅是个体的问题，目前来说，城中村的儿童安全问题现状不容乐观。除了儿童自身缺乏安全意识、他们的居住空间缺乏安全的环境，城中村社区也缺乏系统、协同的服务行动以更好地保障儿童在城中村的安全成长。因此，进一步建构城中村儿童安全网络将有助于防范风险，降低儿童接触危险源的概率，从而确保儿童的生活环境更加安全。

二、服务过程

自 2008 年起，龙祥成立项目调研团队，从城中村社区着手，对流动儿童及其家长、学校老师开展流动儿童生活状况调研工作，调研采用问卷调查法、半结构式访谈法与参与式观察法，以了解流动儿童的生存状况以及流动儿童及其家长关注的问题。基于实地调研，龙祥社工从不同层面分析了流动儿童的生存状况：在微观层面上，城中村流动儿童及其家庭多被贴上负面标签，未能发挥自身的潜能和优势；城中村流动儿童在心理、人际关系、安全等方面的需求呈现多样化，介入服务存在迫切性。在中观层面上，城中村流动儿童的"家-校-社"这一生态系统圈断裂、零散、不成体系；城中村流动儿童的关系构建能力较弱，社会支持网络较稀疏。在宏观层面上，城中村流动儿童数量激增与社会流动儿童服务缺乏之间存在着不可调和的矛盾，专业流动儿童服务机构少，政府的资源投入不足。以上种种都反映出解决城中村流动儿童融入城市，并在城市中获得良好成长的机会和空间这一问题的紧迫性和必要性。

（一）建立城中村第一个流动儿童公共服务空间

为更好地服务城中村儿童，龙祥社工尝试获得政府支持，多方筹措资源、整合场地，在城中村开展亲子手工坊、小义工培训训练营、小鬼当家抗逆力训练营、暑期夏令营等项目，为这一群体提供服务。但当时的服务断断续续，服务场地经常更换，并不能满足儿童及其家庭的需求。龙祥社工开始期待能在城中村建立一个专门为流动儿童提供服务的平台。

建立流动儿童服务平台的想法首先得到了龙岗团区委的支持，龙祥社工获得了项目启动资金 5 万元，结合前期从各方筹集到的资金和资源，2012 年 7 月，在 SP 社区的一个小院里，深圳市首个服务城中村流动儿童的服务中心——"儿童成长服务中心"正式揭牌成立了，为社区流动儿童搭建起一个开放空间和服务平台。在成立之初，儿童成长服务中心启动新市民成长计划：从个体、家庭、社区、社会四个维度为流动儿童提供情绪心理疏导、亲子沟通、安全教育、社区参与、城市融合教育等多项综合服务，最终协助流动儿童更好地融入城市，并在城市获得良好成长的机会和空间。儿童成长服务中心还积极动员各类社会资源，为流动儿童及其家庭提供临时托管、四点半课堂、读书会、兴趣拓展、社区融入等综合服务。"每一个来深建设者都是这座城市的主人，每一个来深建设者子女都是深圳的孩子！"儿童成长服务中心门口的这句话，也正是龙祥成立这样一个儿童公共空间所秉持的理念。

随着儿童成长服务中心服务的逐步深入以及对流动儿童家庭的不断了解，社工发现流动儿童在安全、家庭教育等方面都需要支持，于是社工的服务也越来越丰富和有针对性。渐渐地，儿童成长服务中心成了流动儿童的家，不用前期招募，平均每天就有 30 多名流动儿童来到儿童成长服务中心活动。儿童成长服务中心已经成了流动儿童在社区的安全公共空间。

（二）需求聚焦：关注城中村儿童的安全保护

儿童成长服务中心在建立之初期待能够为城中村儿童提供安全玩耍和写作业的公共空间，但随着服务的深入，中心演变成提供广而全的服务。该项目尽管取得了一定的成效，但在服务过程中，社会资源缺乏、团队精力和能力有限等，也在一定程度上影响了项目预定目标和期望的实现。

时间来到 2013 年，随着社区服务中心在全市范围内大规模建设，由政府出资购买的社区综合性服务平台——社区党群服务中心诞生，为包含流动儿童在内的社区居民提供综合性社区服务。社工进一步厘清服务群体的需求，调整自身的服务定位，从而能够更具针对性地为流动儿童提供精细化的服务。

基于前期的需求调研，社工发现安全需求是流动儿童的首要需求。6~12 岁流动儿童面临的最迫切需要解决的 3 个安全问题分别是交通安全问题、儿童拐卖问题和居家安全问题。就交通安全问题来看，SP 社区内的道路错综复杂，但是没有红绿灯、斑马线等，而这些道路都是儿童上学的必经之路。原本配置落后的小村庄在城市化过程中逐渐负荷越来越拥挤的生活配套功能：道路上停放、行走的车辆多，道路上随意占位摆摊的摊贩多，道路成为缺少监管的儿童最主要的活动场所。有超过 93% 的幼儿家长对孩子的交通安全表示担忧。而家长普遍采取的方式仅仅是在危险来临时及时制止孩子的行为。

经过系统的服务调研，2013 年年初，儿童成长服务中心逐步转向提供更聚焦的服务内容——城中村流动儿童安全教育。2013 年 7 月，城中村流动儿童安全预防与自救项目"安全号列车"启动。项目基于城中村流动儿童生存现状调研，针对城中村流动儿童社区安全事故频发的现实问题展开，通过提升流动儿童及其家庭的安全意识，增强流动儿童及其家庭对社区存在的安全隐患的识别能力，并倡导改善流动儿童所居住的社区的环境，使流动儿童能在城市中更安全、更有质量地生活。

（三）儿童安全项目设计与产品开发

1. 基于儿童的体验：社区安全教育的游戏探索

从 2013 年开始，基于儿童的安全保护，龙祥社工已经充分动员了个人、学校、家庭、社区等多方力量，在城中村社区开展了各类安全教育活动，例如"平安校园在我心，安全行动手中行"的小学生安全教育活动、"安全社区行，亲子搭把手"的社区亲子安全教育活动、"关注消防，安全为上"的青少年消防安全知识活动、"社区安全跑，亲子益起来"的社区安全教育活动，以及旨在查找社区安全隐患的"社区天使护卫队在行动"活动等等。社工在儿童服务实践中发现，大多数流动儿童对所处环境中的风险的识别和防范能力较弱，家庭对于儿童的安全教育也仅限于饭桌上的叮咛和儿童出门前的警示，学校层面的口头说教形式的安全教育显然没有很大成效。因此，从儿童的思维出发，形成一套受儿童喜欢、具体而鲜活的儿童体验式安全教育体系是第一要务。

儿童天生喜欢游戏，他们在游戏中获得对生活、对环境的感知。那么，为什么不让儿童从游戏中获得对安全的认知和体验呢？2014 年伊始，龙祥社工从儿童的视角出发，与流动儿童一起开始了编写漫画书的工作。社工和流动儿童共同挑选出了身边常见的安全隐患，由儿童自己撰写想向读者传递的安全知识，并邀请漫画师进行插画创作，历经两年时间，在安全专家的指导下，经过反复试读，最终形成了由 60 则安全漫画小故事组成的《安妞全仔历险记——儿童安全教育漫画读本》。

此外，"互动情境式"安全卡牌则采用儿童喜欢的桌游卡牌形式，由儿童组成的桌游研发小组参与开发，让他们在"奇幻之旅""冒险之行"等安全情境中，闯关升级，学习安全知识。"体验式"安全游戏册则是汇集社工服务的各类儿童安全游戏，如安全大冒险、安全标识拼图等，让儿童通过游戏提高安全意识。

这些从儿童思维出发的安全游戏让安全知识的学习不再那么单调和枯燥，同时也让儿童在动手体验的过程中真正获得知识、感悟和经验，从而引发他们的思考方式和日常行为的转变。

2.和儿童一起玩、创安全教育产品

在项目实施过程中，社工不仅注重服务提供，也注重邀请儿童及其家长参与服务设计。同时，为了能够让儿童安全服务成果突破地域的限制，惠及更多儿童，2016年项目组成立安全实验室，集结各方力量研发项目产品，如儿童安全教育系列产品、居家安全排查与改善标准化操作工具包、儿童社区安全环境改善提案集等。而正是有赖于项目产品的开发和优化，项目得以在广度和深度上有所拓展，使项目具备标准化的操作方式和规模化发展的基础。

在总结服务经验和成果的基础上，社工顺应儿童的游戏天性，探索出符合儿童兴趣特点的社区安全教育模式，开发出基于儿童游戏体验的"安全教育魔法工具箱"。具体包括：一本"自编自导"的儿童安全教育漫画读本、一套"互动情境式"安全卡牌、一本"体验式"安全游戏册。

在项目实践中，社工初步形成与流动儿童安全预防和自救服务框架相匹配的服务产品18个，包括：儿童个体层面的《安全小实验操作手册》《安全广播操作手册》等，家庭层面的《家长安全委员会培育孵化指导手册》、《居家安全环境检核表》、居家安全工具包等，社区层面的《社区安全行动操作指南与提案汇编》《安全委员会运作与管理手册》等。从前期的项目经验来看，安全知识传播成效的取得主要得益于安全活动的体验式与实践性，利用了足够多的安全小工具。产品化的推进，让城中村社区儿童安全行动得以快速高效地发展。特别是在项目执行过程中，通过互联网及居家安全检核小程序，为有需要的家庭开通自主申请渠道。目前，项目培养的儿童安全种子师资团队也将儿童安全理念和知识在全市范围内进行传播和推广，极大地拓展了行动的覆盖范围。

（四）迈向儿童友好的社区安全营造
1.儿童为本的社区服务逻辑
安全需求是流动儿童的首要需求，了解安全常识、学习自护技能，是有效增强儿童安全意识和提高儿童自我保护能力的重要途径。而且社工在服务实践中发现，儿童对于安全，拥有自己独特的观察和体验视角。相较成人而言，儿童对他所处的生活环境更为敏感，以儿童的视角观察其所生活的环境，既有现实性安全需求，又有更多对未来的美好畅想。

因此，在项目设计方面，龙祥社工在社会生态理论指导下建构起涵盖个人、家庭、学校、社区等多重维度的儿童安全教育体系，并且坚持儿童为本、体验式服务的服务理念和项目逻辑。践行儿童视角的安全保护是社会工作项目执行的基础原点。儿童为本，即把儿童作为活动实践的主体，强调服务的开展应建基于儿童的生存和发展，强调以儿童的安全发展和成长为根本出发点。儿童为本，包含两个层面的基本含义。

一是"基于儿童"，把社区安全服务实践的逻辑起点锁定在儿童本身。基于儿童的立场和视角，基于儿童所处的现实环境去设计和开展社区服务活动，并在实践中倾听儿童的意见，重视儿童的感受和体验。

二是"与儿童一起"。除在服务中融入儿童的观点和思想外，尝试与儿童一起发现问题，一起探讨和寻找社区问题的解决办法，让儿童意识到他们是社区的主人，促进儿童积极参与社区发展活动。

社工在服务过程中最大的感受是，儿童真的比社工想象的能承担更多的事情。虽然社工很现实地看到了儿童的年龄、阅历限制，但儿童作为未来社区的建设者，实践证明了其对于整个社区发展的不容小视的推动作用。社工坚定地相信，儿童创造性的想法和意见能够带给社区，特别是正在变迁中的城中村社区的发展更多不一样的思考和启发，儿童有能力参与与他们息息相关的社区问题的解决，能够为社区发展贡献他们独特的力量。而社工需要做的是，尽可能为儿童创造更多的参与机会。

2. 以儿童安全为中心联动社区多元力量

在传统的儿童服务中，儿童往往成为被动的服务接受者，但在长期陪伴儿童的服务实践中，社工发现，儿童对于社区发展具有很重要的推动作用，他们也是社区的主人。相较成人而言，儿童对其生活环境更为敏感，而且，以儿童为中心的社区服务策划更能带动社区中家长、学校等社会力量的参与。基于以上发现，社工在社区服务中融入儿童视角，并运用儿童本身所拥有的社会资本网络，推动以儿童安全为核心的社区环境营造，从而实现以儿童为中心的社区联结。

首先，从儿童视角出发，绘制儿童社区安全地图。由城中村的流动儿童组成社区"小天使"护卫队，深入了解其所生活的社区的环境，识别和排查社区安全隐患，快速标记安全隐患的地点和类型，形成儿童社区安全地图。在社区探索过程中，社工重视儿童关于社区安全的想法，努力创造条件对环境创设中的儿童视角进行有效落地。

其次，以儿童为中心，推动建立社区安全联盟。从儿童的社区安全出发，与流动儿童家庭、社区商家、学校及有关组织进行联结，共同营造儿童安全社区。如随着"安全号列车"项目在 SP 社区的不断推进，最先加入安全联盟的是儿童家长，10 名积极的儿童家长组成了社区家长安全委员会，设计和印制了《居家安全环境检核表》，利用自己的熟人网络，穿着统一的服装，同社工一起进入流动儿童家庭，协助家庭找出住所的安全隐患并进行改善。在服务的过程中，城中村社区的各个商家构成了社区的非正式公共信息网络。社工通过拜访商家，动员了第一批商家组成社区商家安全联盟，发布安全信息，共享安全服务，为儿童社区安全出谋划策，筑起社区儿童防护网。

整个项目以儿童为中心与社区实现联结，着眼于城中村儿童安全发展的真实需求，以尊重儿童天性为项目认知原点，以整个社区为基础，将儿童视为城中村家庭、社区的核心和主要连接者，以儿童为本的社区服务带动社区中的家长、学校等社会力量的协同参与，为城中村儿童营造安全的社区家园。项目融合人、社区、空间三大要素，在城中村超高密度空间的真实处境下，以城中村儿童的安全为导向，面向儿童出行、居家等空间类安全要素，创新探索，有针对性地推动城中村的安全治理行动，促进儿童在城中村的安全成长。

3. 迈向儿童友好的城中村安全营造

大量的流动儿童在城中村环境中成长，城中村环境对儿童的成长有很大的影响，同时，儿童也能促动城中村环境的进化与发展。研究和实践证明，儿童作为社区多元力量的有力连接者，可以成为化解社会问题的有效动力。如果从儿童的需求出发进行社区发展规划，那么这样的社区环境不仅仅有助于儿童的成长，更有助于社区的有序发展。

能否让儿童在社区中安全成长，无疑能够直观地说明一个社区的安全状况。儿童对家庭和社区来说至关重要，因此基于儿童安全的社区规划与设计，将促使社区多元主体参与到社区建设中来。儿童无疑是撬动社区发展的重要一环。

自2016年起，为营造更适宜儿童成长的城市环境，深圳市启动建设儿童友好型城市，并将"积极推动儿童友好型城市建设"纳入市委工作要点和深圳市"十三五"和"十四五"总体规划。这充分证明了儿童是城市与社区发展中不可忽视的力量。儿童为本的社区参与模式为社区提供了从儿童视角寻求社区未来发展有效路径的机会。社工需要更系统地让儿童了解社区，推动儿童的社区参与，尽可能地将儿童与社区发展紧密联系起来，为儿童提供更多的社区参与机会以及更大的思考空间；社工需要动员社区多元主体的联结与参与，整合社区公共资源，尽可能地营造一个开放的、能让儿童自由探索的社区环境，使儿童的权利在社区落到实处，让社区成为儿童广阔的成长平台。

作为本土社会服务组织，龙祥基于儿童安全，进一步以城中村环境改善为方向，建立联系、整合资源、促进互动并引发落地行动；搭建社区共商、共议、共治、共享平台，围绕社区儿童安全议题探索相关解决方案。

（1）组织社区"扫雷行动"，聚焦社区安全风险问题。

通过安全地图绘制、社区安全检核测试等形式，动员社区力量，排查社区安全隐患。通过举办安全艺术摄影展、安全剧场、安全广播等形式多样的社区动员活动，鼓励社区居民和社区组织的参与。

（2）开放社区儿童安全议事空间。

由儿童、居民骨干、社区干部等多元主体组成社区安全议事会，负责制定环境改善提案，鼓励社区各主体针对安全议题进行思维碰撞，并形成提案发布。通过这个过程，强化各行动主体的主人翁意识，形成社区安全议题共商共议的局面。

（3）举办"安全总动员"社区安全提案大赛。

通过举办社区大赛，展示由社区各主体形成的社区安全提案，以增强行动影响力。由社区居民、社区组织组成的小组进行安全提案路演，展示共创的社区安全提案成果。同时，邀请专家对提案进行修改，并链接专业设计师资源带领儿童进行解决方案模型制作。通过城中村社区居民、组织的共同参与，形成全社区关于安全风险防控问题的共识，并描画出理想的社区图像。2017年，社工联合坪地街道办事处在12月开展社区安全提案大赛，在活动过程中，社工发现了多方联动的力量。最后有12个提案在社区落地，环境安全改善真正在社区实现可视化，参与的各方都很受触动。

（4）政社企联动，支持城中村儿童安全提案的落地实施。

经过全社区居民的共同甄选，选出可执行的提案进行落地实施，由社区安全联盟推动环境改善行动。充分发挥社区多元力量共创儿童安全社区，最终引导全民参与其中，达到营造儿童安全社区的目的。

三、服务成效

"安全号列车"项目在流动儿童居住密集的城中村社区开展了长达13年的服务，项目始终坚持以儿童为本，以参与式的社区动员方式进行城中村儿童安全实践。随着项目的持续推进，项目服务也不断进行优化升级，服务对象数量不断攀升，服务成效日渐凸显。社工在实践中意识到，当儿童安全成为城中村社区的价值追求和行动共识时，将有序推进儿童安全社区的营造。

截至2023年12月，服务覆盖深圳9个行政区的183个社区、41所民办学校、13所公立学校，为0～14岁流动儿童提供安全教育及环境改善服务，累计超过25万人受益。

在流动儿童个体层面，直接服务了59 700余名儿童，使儿童的安全意识显著提升，这主要体现在对安全的重视程度提升，对安全隐患的识别能力提升，个人的自我保护能力提升。儿童对安全的重视程度从46.67%提升到80%，儿童对安全隐患的识别能力从65.71%的儿童只能识别6种以下安全隐患，提升到67.14%的儿童能识别7种以上安全隐患，94.76%的儿童表示能比原先更正确地应对安全事故。67%的儿童成功介绍身边的同伴加入项目，平均1名儿童能够向身边的9个同伴传递安全知识。乐于分享、自助助人，是本项目的重要驱动力量。

在家长层面，有不少家长表示，担任志愿者把安全知识传递给更多的人很有意义。社工曾经很困惑如何测量"安全号列车"项目的整体成效。从对儿童及其家长的访谈中，社工发现，如果不参与"安全号列车"项目，家长们很少关注身边的安全隐患。有家长提出："如果不参与项目，就获得不了这么多安全知识，更不知道如何识别安全隐患。""不参加的话可能安全意识没那么强烈，尤其是注意不到生活中的一些细小的安全隐患。""不参加的话可能对生活中的一些很小的安全事故没那么在意。""通过参与项目，才发现日常生活中习以为常的习惯会埋下那么大的安全隐患。""参与项目后，在日常生活中会自觉地改善居家安全环境。"所以，总体而言，"安全号列车"项目在提升服务对象的安全意识方面成效显著。

在家庭安全层面，4 000多名流动儿童的居家环境得到了切实改善，累计配备了儿童居家安全工具包1 085个、儿童食品包30个、成长关爱包60个；间接受益人数超过50 000人；居家安全改善率达到80%。服务对象调研结果显示，73.17%的家长认为参与社区安全隐患排查在一定程度上解决了社区安全问题，为改善社区安全环境切实带来了成效。69.51%的家长认为社区是大家共同的家园，居民能通过自身力量，发挥自身的价值和作用，切实改变、改善社区环境。关于入户排查与改善取得的成效，认同度最高的是自己家庭及入户家庭安全意识的提升，其次是入户家庭实际的安全隐患得以改善，也有相当数量的家长认同入户排查与改善增进了人与人之间的信任。

项目培育了34个社区在地儿童安全保护组织共同编制儿童社区安全保护网络，收集了社区安全提案815个，200余处社区安全隐患得以改善，调动社区超过2 700名志愿者参与，培育了135名儿童安全种子师资团队成员进入社区，初步搭建了儿童安全社区联合行动网络；提出"共创儿童安全社区"计划，并在项目启动仪式上邀请企业、安全组织、社区服务组织等推动儿童安全社区共建；吸引了30余家单位组织加入儿童安全社区联合行动网络，有效强化了行动力量和行动效率。

四、总结反思

（一）与儿童一起行动：共同搭建儿童社区参与的阶梯

在社区参与实践中，儿童不仅是社工的服务群体和受益群体，也是社工不可或缺的合作伙伴。社工不仅仅是为儿童而工作，更重要的是与儿童一起工作。在本案例中，社工基于儿童的社区需求，学着与儿童建立平等的合作伙伴关系，尝试共同搭建儿童社区参与的阶梯。一是同儿童一起找寻参与行动的初始动力，从儿童自身关注的问题出发，鼓励儿童发表意见和想法，倾听儿童的声音；二是增强与儿童的互动，尊重儿童的权利，与儿童共享信息，引导儿童从更大层面去发现和思考问题；三是发挥儿童的主动性，让儿童与社工一起探讨社区发展性问题，并持续不断地帮助和引导儿童提高社区参与能力，鼓励儿童从身边做起，从社区小事做起，由浅而深地培养对社区的参与感和归属感；四是推动儿童为社区发展做出行动改变，尽可能让儿童参与到整个社区事务中来，实现整个社区的变化。

儿童为本的社区参与是个系统工程，最理想的方式是让儿童有序地参与到整个过程中。但如何才能让儿童在社区发展中发挥更积极、更重要的作用？从儿童在社区参与中扮演的角色出发，有以下三个关键节点。

一是在调研启动阶段，让儿童作为调研者参与到社区服务的调研和策划中来。龙祥社工的做法是在项目之初启动社区安全提案大赛，与儿童共同发现问题和探讨问题，鼓励儿童表达自己的观点和想法。儿童的参与可以让社工更客观、更全面地分析社区儿童安全问题和需求，从而可以更切实地寻找合适的服务策略和方案。

二是在组织实施阶段，希望儿童在前一阶段提出的意见和建议的基础上，作为社区行动的决策者和行动者进一步参与决策和行动。龙祥社工依据儿童的年龄和成长特点，将社区按照危险系数划分出不同的"雷区"，分层次、分阶段地在社区开展"扫雷行动"，推动儿童的梯次行动参与，让儿童从改善周边环境开始行动，使社区发生"可视化"的行动改变。

三是在宣传倡导阶段，鼓励儿童成为自己权利的代言人。龙祥社工通过在社区建立"儿童之声"广播站，培养社区流动儿童成为广播站的播音主持，围绕各类安全主题，用儿童稚嫩的声音向大家传递安全信息，呼吁大家关注社区安全状况，营造安全的社区环境。

虽然到目前为止，儿童为本的社区参与尚未形成大规模的影响。但不可否认，以儿童为中心，为儿童营造友好社区，关注儿童安全，能更好地动员社区中的多元主体对社区安全环境的关注，建立基于儿童安全的社区互动。因此，基于社区治理现状，现行城中村的安全治理方式亟须创新。建议以儿童为中心建立儿童友好型社区，将儿童安全纳入城中村安全治理网络，逐步推进搭建多元、多层次的以儿童为中心的城中村安全保护服务网络。

（二）社区发展视角下的儿童安全治理

城中村儿童安全治理是一项需要长期开展的工作，不仅仅需要解决眼前发生的问题，更需要着眼长远、统看全局。要强化系统性思维，加强对城中村儿童安全治理的整体规划，从关键环节上减少社区安全问题的发生。当今社会发展愈加复杂和不确定，社区安全风险因素日趋增多，城中村儿童安全问题成因复杂，牵涉到社会变迁和城市发展的多个层面，并非一朝一夕就能解决。高度动态复杂性正逐步成为这个世界的新常态。如果我们仍以线性、局部的方式去思考儿童安全治理问题，那么必定是无效的。我们只有从整个社区乃至社会系统的视角出发，准确判断问题出现的成因并做出科学决策，争取主动，才能总揽全局，从而增强城中村儿童安全治理工作的预见性和创造性。

城中村儿童安全治理工作需要我们以系统性的思维全面考虑和行动。一是要高鸟瞰，从整个社会、整个社区出发来考虑问题、确定规划，在顶层设计上把握工作的格局和结构；二是要深显微，要看到社区中千丝万缕的工作体系、资源体系和关系链条，在了解各方诉求的基础上，确定各自的服务角色和工作板块，从细节着眼建立有序有效、可操作可持续的城中村儿童安全治理工作网络。

1. 建立儿童优先的城中村安全治理结构

在城中村儿童安全治理的组织体系中，要把握社区协同共治的方向，就必须发挥党和政府在社区治理中的主导和统筹作用，发挥党组织的政治核心作用和党员的先锋模范作用，鼓励各方社会力量积极参与基层社会治理，形成政府引导、社会参与、运作规范的城中村儿童安全治理格局。一是积极探索儿童优先的城中村安全治理有效路径，以社区党组织为核心，整合工作力量，将儿童安全置于城中村安全治理行动的优先位置，以此推动和引导儿童安全风险防控行动的联动。二是始终坚持问题导向，充分发挥政府作用，制定和完善相关工作制度和机制，并确保相应的儿童安全风险防控经费的投入，从而加强对安全协同治理整体工作的统筹和把握。三是理顺体制、创新方式，联动社区中的居民、企业、学校、社会组织等多方主体，切实促进城中村安全治理问题的解决，推进城中村安全问题的社区协同共治。

2.鼓励以儿童安全为议题的社会协同行动

城中村安全治理是一个需要众多参与方参与和协同工作的工程。社会中各行动主体能通过协同行动，充分发挥智慧和功能，减少内耗，使组织内各子系统有效地进行协同工作。鼓励大众以"主人翁"姿态关注、支持、参与城中村社区安全建设，持续增强社会的安全宣传，面向儿童及其家庭、社区居民与组织，分别进学校、进社区开展儿童安全行动。通过建立社区议题枢纽平台及动员机制、组织召开社区安全议题联席会议等形式，以"属地原则"发动在地力量解决社区安全隐患，组织党员、社工、义工、安全专家、社会组织广泛参与，从而更广泛地收集社会安全隐患及议题，更灵活机动地掌握基层安全反馈，为相关部门打破壁垒、构建分层分级综合性安全管理体系并做出科学决策提供参考。

面对复杂多变的城中村现实，面对碎片化的儿童安全风险防控现状，项目实践为我们证明了城中村儿童安全协同治理的可行性。儿童的安全与福祉越来越成为城市发展、社区建设的重要指标。结合城中村的现实需求和问题，秉承有序规划、分步实施、有序规范、多元参与等原则，用有效的行动去探索以儿童为中心的城中村安全风险防控体系，从源头上把握和解决问题，将能更加充分地掌握城中村儿童安全治理行动的主动权。

第二节　教学手册

一、教学目标与案例用途

（一）教学目标

本案例的教学目标是对深圳市"安全号列车"项目进行全面了解，深入剖析城中村儿童安全保护服务实践的发展过程。基于本土实践经验，尝试建立生态系统理论指导下的服务框架，并在此基础上，以儿童视角分析儿童成长和发展的安全需求，并从社区的整体系统去推动儿童安全议题的实践。

（二）适用对象

本案例适用于社会工作专业硕士研究生与高年级本科生、社会工作领域的研究者与实务社工。

（三）适用课程

本案例适用于"儿童社会工作""社区社会工作"等课程。

二、启发思考题

（1）如何理解"儿童为本"？

（2）使"安全号列车"项目可持续、可复制推广的关键性因素是什么？

（3）城中村儿童安全环境改变策略有哪些？

（4）你认为社工在儿童安全社区共创的过程中，扮演了什么样的角色？

（5）通过该案例的学习，你认为哪些经验可以用于你所设计的儿童社区服务项目？

三、分析思路

教师可以根据自己的教学目标灵活使用本案例。这里提出本案例的分析思路，仅供参考。

（1）基于社会大背景和城中村的现实处境，分析城中村儿童安全风险存在的根本原因。

（2）从生态系统理论和儿童视角出发，分析城中村儿童成长和发展的现实处境，以儿童为中心分析保护因素和风险因素。

（3）从儿童友好型社区层面，理解以儿童为中心的社区动员与参与实践。

（4）理解项目中"儿童为本"的服务理念与服务策略、服务方法的连接，以及如何将服务理念贯穿于整个服务过程。

（5）从社区动员与参与实践角度，深入分析城中村社区儿童安全治理的未来行动方向。

四、理论依据与分析

生态系统理论源于生物学，是系统理论和生态理论的有机结合。而在社会工作中，生态系统理论与社会工作实务中的"人在情境中"观点一脉相承，强调个体嵌套于相互影响的一系列环境系统中，在这些系统中，个体与系统相互作用并影响个体发展。生态系统理论强调的是将个体放在一个有层次的系统中，将个体与其所处的社会环境当作一个整体来看待，强调消除阻碍个体成长和发展的环境因素，发掘和利用社会资源，促使社会环境满足个人需要。

（一）生态系统理论视角下的流动儿童安全现实需要

基于儿童安全的现实问题，从生态系统理论来看，流动儿童具有多重脆弱性和高风险性。在流动儿童个体层面，城中村存在较多的安全隐患和不可预见的风险，亟须提升儿童的社区风险识别意识和预防自救能力。在家庭层面，流动儿童家长受教育程度相对较低，且因忙于生计而监护力度不够，家庭安全教育缺失。在社区层面，社区照顾缺失，城中村空间环境条件未能满足儿童安全的基本需求，缺乏与满足儿童安全需求相对应的安全预防和服务措施，城中村儿童伤害事故呈现不断增长的趋势。基于儿童在社区的脆弱性和风险性评估，亟须全方位考虑城中村儿童安全的风险因素和保护因素。

应以儿童安全为切入点，从生态系统理论视角建构起涵盖个人、家庭、学校、社区等多重维度的儿童安全风险防控体系，并且坚持儿童为本、体验式服务的项目逻辑。此外，应更积极地链接各类社会资源，为深圳流动儿童及其家庭提供综合服务。

（二）生态系统理论支持下的城中村儿童安全治理

城中村儿童的安全状况与社区环境有着密切关系，更深层的儿童保护与城中村社区中的社会结构有强相关性。事实上，城中村流动儿童周围的环境及服务并不能有效预防安全事故的发生，再加上儿童社会接触面窄、社会支持系统缺失、社会融合能力较弱等群体特征，建立流动儿童正式与非正式社区支持网络是重点方向。在社区实践层面，需要从关注儿童安全入手，建立协同、系统的社区儿童安全治理体系，深入推动社区环境的系统改变，进一步推进城中村社区的安全风险防范。

要从整体性视角出发认识城中村社区的安全问题，对社区进行更全面、深入的了解，以跨部门协同、整合资源和社区环境的可视化改善为行动理念，动员和激发更多组织和个人就社区安全治理和社区发展产生根本的联结，从社区宏观的角度去改变环境，推动社区的发展与变革。

五、背景信息

（一）"总体国家安全观"之下的城中村安全治理现状

新时代的来临，在给社会带来新的机遇的同时也引发了社会结构的深层变化。社会风险日益集聚，社会矛盾日益多发，亟须进行社会治理，以适应快速的社会变革。城中村社区作为基层治理的第一线，在城市化进程中形成了多元复杂的治理网络，人口流动加速、陌生化社区再加上人们复杂的社会心理等新情况，使城中村社区的安全面临新挑战。习近平总书记提出以人民安全为宗旨的"总体国家安全观"，对新时代面临的复杂安全挑战进行了科学的分析研判。党的十九大报告也指出，"统筹发展和安全，增强忧患意识，做到居安思危，是我们党治国理政的一个重大原则"。城中村安全治理需要我们在新时代"总体国家安全观"的战略背景下，推动和落实国家治理体系和治理能力现代化，以人民安全为中心统筹安全与发展，探寻与时代发展相适应的城中村现代化安全治理机制，从而构建一个协同高效的城中村安全治理体系。

就我国目前城中村社区的安全治理现状而言，政府安全管理层级式、行政化导向较重，旧有的安全管理思维与现实社会发展需求不匹配、不适应的问题愈加暴露：社区安全治理多停留在政府对安全事故的处置上，未能做到安全事故的常态化预防和风险防控；社区安全治理主体单线条、模块化工作，难以发挥整合作用，缺乏社区公共安全协同治理平台和机制，导致社区安全治理效能不强；城中村社区居民多为流动人口，主动参与社区安全治理的意识不强、积极性不高。随着社区安全治理需求的不断发展，城中村安全治理已然不能仅仅停留在自上而下的社区管理层面，而需要社区更多主体的广泛参与，这是城中村安全治理的必然现实趋向。

（二）城中村儿童安全保护的现实需要

2014 年发布的《国家新型城镇化规划（2014—2020 年）》将农民工随迁子女义务教育纳入各级政府教育发展规划和财政保障范畴，再加上各地市关于外来务工人员子女积分入户、积分入学等政策的落地实施，伴随大规模的人口流动，大量儿童跟随父母来到城市。据推算，我国城乡流动儿童规模约为 3 426万人，约 2 896 万名流动儿童居住在城镇。大量流动儿童跟随父母居住在房租低廉、拥挤杂乱的城中村，儿童安全问题也随之面临严峻的考验。

城中村是流动儿童生活聚集区，城中村社区大多缺乏让儿童安全成长的环境。城中村环境复杂，房屋拥挤脏乱，道路狭窄，电线电缆裸露交错，社区防护不足，潜藏着很多危及儿童健康发展的安全隐患；加之忙于生计的务工父母无暇顾及流动儿童的安全，且儿童安全教育缺失，使得流动儿童安全隐忧重重。全球儿童安全组织 2017 年发布的 2010—2015 年《中国青少年儿童伤害状况回顾报告》显示：每年有超过 20 万名儿童因意外伤害而死亡，意外伤害已经成为我国 14 岁以下儿童死亡和残疾的首要原因。且据调研，在受害者中，流动儿童占 50% 以上，而且意外伤害发生场景大多是家中及所居住社区的公共区域。城中村流动儿童的生存状况堪忧。

（三）深圳市城中村安全治理的行动契机

党的十九大报告明确要求"打造共建共治共享的社会治理格局"，这是国家从顶层设计上为社会治理机制创新和体系完善指明了方向。目前，基层社会治理在城市化、网络化的发展进程中面临许多共性问题，特别集中在社区安全治理层面，亟须在新时代、新格局、新理念的引领下找到突破口，以党的领导为核心引领和促进行政体系和社会力量的有效衔接，深入一线切实开展多元协同的社会治理实践探究。

深圳市是目前我国城市化进程最快的城市之一，也是城中村最为密集的城市之一。2017年年底，深圳市率先编制并印发了《深圳市"城中村"综合治理行动计划（2018—2020年）》，确定了城中村治安、消防安全、用电安全、燃气安全、食品安全、弱电管线、环境卫生、市容秩序、交通秩序、生活污水等十项综合治理任务，覆盖面广、力度强，且呈现出城中村治理逐渐由行政控制主导转向社区多元参与的发展态势。但目前，城中村整体治理行动仍显急躁，尚处于环境治理阶段，对社区安全治理的风险防控未深入拓展，不同主体在城中村治理中的权责划分等仍不明确，这为本案例提供了进一步深入探究的契机和方向。2016年，深圳市率先提出建设"儿童友好型城市"，并将"积极推动建设儿童友好型城市"纳入深圳市经济和社会发展规划，以"人-社会-空间"为主线提出在地化行动纲领。全面构建儿童安全友好的空间体系，也成为城中村安全治理的重要契机，有助于提高多元主体对儿童安全空间权利和儿童安全风险防范工作的重视，为本案例提供了创新的思维和行动的逻辑。

六、关键要点

中国基层治理进入攻坚期，城中村作为城市发展的重要核心阵地，将愈加呈现复杂多变的局面。变局之下，城中村儿童安全保护何以可能？这是个深层次的、系统的问题，需要从整体社会公共安全层面去把握。

（1）以儿童安全为核心的社区动员和参与，有待进一步提出策略。目前的实践尚处于城中村各行动主体的动员和参与阶段，尚未深入挖掘各行动主体持续参与的动力机制，未能摸索出一套可持续的动力维系机制以保障儿童安全保护的持续性，这需要在实践中持续地探索和检验。

（2）对于城中村儿童安全保护实践如何平衡各方利益关系，还需深入调研。处于快速变化中的城中村情况复杂，在儿童安全保护实践中仍存在各方的利益冲突，对于如何在儿童安全保护行动中平衡各方利益关系，还需结合城中村变迁的大环境进行深度探讨。

七、建议课堂计划

本案例可以设置专门的案例课来进行讨论。以下是按照时间进度提供的建议课堂计划，仅供参考。

整个案例课的课堂时间控制在 80～90 分钟。

（一）课前计划

提出启发思考题，请同学们在课前完成案例阅读和初步思考。

（二）课中计划

简要的课堂前言，明确主题（2～5 分钟）；分组讨论（30 分钟），告知发言要求；小组发言（每组 5 分钟，总时间控制在 30 分钟左右）；引导全班进一步讨论，并进行归纳总结（15～20 分钟）。

（三）课后计划

如有必要，请同学们采用报告形式给出更加具体的解决方案。

八、教辅材料

本案例包含如下教辅材料："安全号列车"项目宣传文本，以及相关项目视频。

请扫描二维码获取教辅材料。

宣传文本 　　　　　　　　　　项目视频

后　记

随着我国社会转型和社会结构的变迁，儿童保护和福利需求日益凸显，儿童事业由此被纳入"十四五"经济社会发展整体规划。2021年《中国儿童发展纲要（2021—2030年）》颁布实施，进一步明确了这十年我国儿童发展的总体目标，在为新时期儿童生存、发展、受保护和参与权利的实现提供重要保障的同时，也对儿童事业的高质量发展提出了新的要求。在此背景下，中国社会工作学会儿童社会工作专业委员会于2021年6月1日在中国人民大学正式成立，旨在为儿童社会工作理论、政策和实践发展提供智力支持和交流平台，并向社会大众传播儿童优先理念，普及专业知识。

儿童社会工作涉及的问题复杂多样，其教学过程不仅需要严谨的理论作为支撑，还需要鲜活生动的案例来引导学习者理解和掌握。在讲授"儿童社会工作"这门课程时，本人常常感到教学材料的缺乏，尤其是缺乏专门针对本土儿童社会工作实践的教学案例。在社会工作专业教育中，将基于现实的案例教学融入课程设置和教学实践，帮助学生在真实、复杂的情境中更好地了解并掌握儿童社会工作的理论与方法的实际应用，对于培养具备扎实的专业知识和高度的实践敏感性的儿童社工意义重大。有鉴于此，在中国人民大学社会学院教学案例与创新研究中心的资助下，我们编写了这本聚焦我国本土儿童社会工作服务的案例教材。

本书是集体智慧的结晶，汇聚了中国社会工作学会儿童社会工作专业委员会的多名理事在儿童社会工作领域深耕多年的成果。本书共收录了10篇教学案例，在篇章结构上分为上、下两个篇章。其中，上篇聚焦儿童社会工作实务，内容涉及"孤儿危机介入与监护安置服务""智力障碍儿童社会康复促进的个案管理服务""青少年偏差行为矫治的个案服务""农村儿童保护的线上小组服务"以及"大龄心智障碍儿童的整合社会工作服务"；下篇围绕儿童保护政策实践主题，内容涉及"儿童福利体系建设的县域实践""县域困境儿童正向发展的综合服务""'三社联动'困境儿童社会工作精准救助""儿童友好服务推动社区治理""'安全号列车'：城市流动儿童安全社区营造"，反映出儿童社会工作领域服务的多样性和复杂性。在编写设计上，本书采取了以案例为核心的教学方法，强调实践与理论知识的结合，鼓励学习者通过批判性思维来分析和解决问题。每个案例都配有详细的教学手册，包含启发思考题、分析思路、建议课堂计划等内容，方便教师使用本案例组织课堂教学。

　　感谢所有参与本书编写的作者，他们在儿童社会工作领域的精深造诣为本书提供了专业保障，是本书得以出版的重要基础。感谢贾泽婕同学协助本书做了大量内容整理和编辑工作。此外，感谢中国人民大学出版社的编辑盛杰女士在本书出版过程中的大力支持。

　　最后，由于儿童社会工作理论、政策和实践发展迅速，本书难免存在一些疏漏，案例的后续进展有待于跟进和完善，恳请各位读者批评指正！

祝玉红

2024 年 4 月 30 日

图书在版编目（CIP）数据

儿童社会工作教学案例 / 祝玉红主编 . -- 北京：
中国人民大学出版社，2025.1. --（明德群学 / 冯仕政
总主编）. -- ISBN 978-7-300-33347-2

Ⅰ. D432.5

中国国家版本馆 CIP 数据核字第 20244BV787 号

明德群学　　冯仕政　　总主编

明德群学·社会治理与社会政策　　陈那波　　主编

儿童社会工作教学案例

祝玉红　主编

Ertong Shehui Gongzuo Jiaoxue Anli

出版发行	中国人民大学出版社			
社　　址	北京中关村大街 31 号		**邮政编码**	100080
电　　话	010 - 62511242（总编室）		010 - 62511770（质管部）	
	010 - 82501766（邮购部）		010 - 62514148（门市部）	
	010 - 62515195（发行公司）		010 - 62515275（盗版举报）	
网　　址	http:// www. crup. com. cn			
经　　销	新华书店			
印　　刷	唐山玺诚印务有限公司			
开　　本	720 mm × 1000 mm　1/16		**版　　次**	2025 年 1 月第 1 版
印　　张	17.25 插页 2		**印　　次**	2025 年 5 月第 2 次印刷
字　　数	265 000		**定　　价**	79.00 元